143 (Los eva
porados

280 - Ros Re[illegible]s

AUTOBIOGRAFÍA DE LOS ESPAÑOLES

· La España Plural ·

AMANDO DE MIGUEL

AUTOBIOGRAFÍA DE LOS ESPAÑOLES

ASÍ NOS VEMOS.
¿ASÍ SOMOS?

PLANETA

Colección: La España Plural

Diseño de la colección: Josep Bagà
Ilustración de cubierta: Peret

Primera edición: abril de 1997
Depósito Legal: B. 9.637-1997. ISBN 84-08-02046-3
Composición: Fort, S. A.
Impresión: Liberduplex, S. L.
Encuadernación: Cervantes Encuadernación, S. L.
Printed in Spain - Impreso en España

Índice

A todas las personas
que han ido trenzando su biografía
con la mía. Ellas han sido
lo mejor de mí mismo. Espero
que se reconozcan en estas páginas,
tan personales y sentidas

0. Advertencias y agradecimientos

Un libro se escribe por una primera y potísima razón. El autor no lo encuentra publicado. Hay otra más recóndita. El autor recapacita que lo que ha escrito hasta ahora no le satisface. En efecto, a los sociólogos nos han enseñado a entender la sociedad como un campo de fuerzas, procesos, donde las personas concretas cuentan poco. Esa reducción es injusta. Vaya si cuentan los nombres y apellidos. Este libro es *otra* manera de entender la sociedad española contemporánea, muy alejada de lo que se estila entre los sociólogos. Se parece más al gusto de los libros de Historia. La idea central es que la sociedad es *también* la intervención de personas concretas, que se refieren, además, a otras personas, en una interminable cadena de individuos. Pero, al mismo tiempo, lo que sigue es un ejercicio que se aleja bastante del método que siguen los historiadores.

Este libro no se refiere a todos los españoles ilustres de la época contemporánea, sino sólo a algunos que han sido capaces de posar para un retrato de su biografía. Bien la han escrito ellos mismos o han dado pistas suficientes para que otros la hayan publicado. Como se verá, los hay de todos los colores, pero casi todos son varones. Es parte de la Historia que se cuenta. De nada serviría disimular esa realidad con la expresión, estúpidamente correcta, de «españoles y españolas». Admítase el masculino genérico, por lo mismo que persona o personalidad son femeninos genéricos. Lo que no voy a llamarlos es «españolitos». En mala hora se le ocurrió a Antonio Machado ese diminutivo. El cual lo aplicó con toda propiedad, porque el poeta quería decir los recién nacidos, incluso los que iban a venir al mundo. Aquí se trata de españoles hechos y derechos, por lo general influyentes, que tienen algo que decir. Casi se podría decir españolazos.

Estas páginas no contienen la pretensión de reconstruir la vida de las personas biografiadas por ellas mismas o por algún autor curioso. Esa aspiración es sencillamente imposible y por tanto pretenciosa. Ninguna biografía puede dar cuenta verdadera de la vida que narra. Es inútil tratar de reconstruir lo que ni siquiera se construyó. El objetivo de este ensayo es mucho más modesto. Se trata de extraer materiales de las biografías para dibujar con ellos una especie de cuadros que nos hagan revivir algunas escenas de la sociedad española contemporánea. El cuadro es una representación idealizada de una parte de la sociedad, no su reconstrucción. En todo caso, a través de esa representación podemos imaginar lo que sucedió. Si una pretensión tan humilde no parece científica, pues que no lo sea. Sería desmesurada la consideración de las biografías como espejos de la realidad. Bastará considerarlas como linternas para guiarnos por el laberinto de la realidad. Después de todo, ese procedimiento no es más que el que se describe en el viejo mito de la caverna platónica.

La idea de que se puede revivir la historia de una sociedad a través de las biografías de algunas de sus personalidades eminentes es el huevo de Colón. ¿Qué otra cosa puede ser una sociedad sino el trasunto de las vidas que la integran? Pero aquí entra una consideración de método que no es tan evidente. No se trata de poner una vida detrás de la otra, como podían hacer las enciclopedias infantiles. La sociedad es el resultado complejo de infinitas interacciones humanas. Así que se necesita un cierto ejercicio de abstracción. El estudio de las biografías nos permite dar con los elementos constantes que forman el cañamazo de la sociedad.

El punto de vista del método del «análisis biográfico», que aquí se sigue, implica una gran dosis de aleatoriedad. De ahí lo que parece un capricho, pero es una necesidad: la ordenación alfabética de los capítulos. Quiere esto decir que el lector puede seguir el camino de la lectura que más le convenga. Por ejemplo, si no le interesa mucho la explicación del método, puede saltarse este capítulo y acudir al siguiente o a cualquier otro. Todos tienen sentido por sí mismos. La única primacía es la que establezca la curiosidad del lector, a quien de antemano agradezco esta colaboración.

El agradecimiento tiene que ser más expreso para las personas que me han ayudado a componer este volumen. Vaya mi reconocimiento para las librerías de lance que me han provisto de las fuentes que yo necesitaba. Cito así las librerías Auca (Valencia), Camagüey, Dédalus, La Candela (Murcia), Libros Madrid, Luciano J. Navas, Miranda y Renacimiento. Cuando no se indique otra cosa, entiéndase que me refiero a librerías madrileñas. A las que habría que añadir las de la tradicional Feria del Libro de Lance y de Ocasión del paseo de Recoletos. Algunas veces las fuentes están todavía «vivas», pero hay que encontrarlas. A lo cual me han ayudado mis amigos libreros Jesús Ayuso (Fuentetaja), Carlos Pascual y Luis Domínguez (Marcial Pons) con dedicación y entusiasmo. Extiendo la memoria agradecida a algunos libreros que han colaborado especialmente en la difusión de mis libros, como Antonio Rubiños o los libreros de El Corte Inglés.

Las primeras versiones de este texto han podido mejorar gracias a los impulsos que he recibido de Roberto-Luciano Barbeito, María José Benavente, Javier Castillo, Álvaro Delgado-Gal, Benjamín García Sanz, Antonio Herrero, Luis Herrero, Julio Iglesias de Ussel, José Jiménez Blanco, Federico Jiménez Losantos, Jaime Martín Moreno, Jesús Martínez Paricio, Iñaki de Miguel, Benjamín Oltra, José María Tortosa y Miguel S. Valles, entre otros. Con todas esas personas he establecido alguna colaboración, que para mí ha sido fructífera. Algunas de ellas me han proporcionado, además, valiosas sugerencias bibliográficas y orientaciones para mejorar la redacción de este texto concreto. A veces, simplemente la colaboración amistosa en el trabajo constituye una excelente provisión de ideas. El original de este libro ha sido tratado con esmero por

María Dolores Gutiérrez Berlanas. Las gracias se extienden al resto de los compañeros de Tábula-V, de las tertulias de la COPE y de la Facultad de Sociología de la Universidad Complutense. Inicialmente, la idea para trabajar sobre biografías surgió de las obras de dos viejos amigos, Juan F. (Pancho) Marsal (*Pensar bajo el franquismo*) y Benjamín Oltra (*Pensar en Madrid*). Tengo que agradecer a ambos muchas horas de conversación en una época crítica de mi ajetreada vida. Todavía antes, el estímulo intelectual de Juan J. Linz me fue muy valioso a la hora de interesarme por las personas concretas a la hora de hacer sociología.

El agradecimiento más expreso debe ir para los nombres y apellidos que aparecen reseñados como fuente de conocimiento. Me perdonarán si, al entrometerme en sus vidas, no he alcanzado a comprender bien lo que los textos querían decir. Todo es muy subjetivo y yo soy un sujeto más de los que aquí intervienen.

Tendría que explicar mejor lo que aquí he querido hacer. A través del método propuesto intento transmitir algo que a veces se pierde en los libros de los humanistas o los científicos sociales: la emoción. Es algo parecido a lo que le sucede al visitante del Museo del Prado, sobre todo en la difícil circunstancia de que no coincidiera con una turba de turistas. Resulta que la sucesión de aquellos magníficos retratos proporciona el intenso placer de revivir la época correspondiente con todas sus pasiones. Resulta así que la Historia con mayúscula (por encarnarse en una musa, Clío) se resuelve en una serie de historias. Cada una de ellas es la vida de una figura. Ahora que escribo lo anterior me viene a la memoria una última razón personalísima por la que escribo estas páginas. Resulta que el primer libro «de mayor» que tuve, a los nueve años, fue el de Jaime Vicens Vives *Mil figuras de la Historia: Nombres ilustres, vidas famosas.* Fue una corazonada de mi padre que aquel libro —tan caro— me iba a interesar. Realmente me embelesó. Lo manoseé una y otra vez a lo largo del bachillerato y aun después. Todavía lo conservo. Tiene la particularidad de que, junto a las precisas biografías, se aportan los mil retratos de los personajes en cuestión. Son fotografías espléndidas para la época. Su recuerdo me proporciona la idea de que la Historia es algo que se fija plásticamente en algún lugar del cerebro.

Este libro pretende aportar a los lectores un efecto benéfico sobre sus sentimientos. Va a suscitar múltiples recuerdos de su vida personal. Así lo ha hecho ya con el autor. Espero que, al término de la lectura de este libro, algunos lectores se verán acuciados a revivir los sucesos más lejanos u ocultos de sus respectivas biografías. De esa forma se prueba la tesis fundamental de estas páginas. A saber, que la miríada de vidas humanas, dispersas como son, se pueden contener en muy pocos elementos constituyentes. No se trata de recordar por un puro ejercicio memorístico o de evocación. Si se revive la biografía de uno es para amarla. Muchos de los desajustes —personales y sociales— de nuestro tiempo provienen de que mucha gente está insatisfecha con su vida, su cuerpo; rechaza incluso el nombre y los apellidos. Vengan estas páginas en auxilio de la reconciliación con nosotros mismos. Al menos a mí, buena falta me hace. Si consigo despertar esa emoción, me daré por satisfecho.

Lo que más le interesa al hombre es la vida de sus congéneres, sus prójimos. Es en ese espejo donde se refleja su propia vida, la real y la deseada. Por eso se han escrito siempre biografías, se han trazado genealogías. Se podría pensar que el asunto es de ahora, de las sociedades complejas. Nada de eso, eran biografías los libros de caballerías, las vidas de santos, las hazañas de los nobles, esto es, los relatos que interesaban hace cientos de años. Después de todo, el libro más editado, leído, comentado, defendido y vituperado de todos los tiempos es una colección de biografías entrelazadas. Se llama la Biblia, esto es, el libro por antonomasia. Dentro de esa colección, la parte de los Evangelios es, todavía con mayor claridad, la vida de una persona contada por cuatro autores. Esa persona, no hay que decirlo, ha sido la más influyente de toda la Historia. Es nada menos que el Hijo de Dios para medio mundo. Su vida ha sido el ejemplo para millones de personas. Ninguna otra ha sido tan influyente. La Biblia, como el poema épico o el cuento infantil, satisface una necesidad: la de situar al lector «en aquel tiempo». Se hace así la ilusión de que su vida es más larga. La vida humana es inteligente e interesante porque es capaz de comprender otras vidas.

Los historiadores, los científicos del arte o de la literatura, los investigadores de distintos campos estudian muchas veces las biografías de las personalidades eminentes. Pero su trabajo no suele ser propiamente «análisis biográfico» como el que aquí se desarrolla. La pesquisa del método histórico tradicional empieza y termina con la vida del sujeto en cuestión, que suele seguir un estricto orden cronológico. Todo lo más se interpreta en el contexto de la época. El «análisis biográfico» es algo distinto y algo más. Considera una y otra biografía, contada por el sujeto o por otros. De cada una de ellas extrae datos que puedan contrastarse unos con otros hasta formar una idea cabal de las experiencias vividas. Con ese método comparado se consigue expresar los rasgos de una época, un grupo profesional, un sentimiento, un territorio, una institución. La noción subyacente es que la sociedad está formada por individuos concretos, en los que cuentan sus avatares vitales, las relaciones con los demás. Desde luego conviene acotar, primero, una unidad territorial y temporal con límites claros. En el caso que nos ocupa es la España contemporánea, digamos, alrededor del último siglo y medio (cinco generaciones). El tiempo tiene que dilatarse un poco porque las biografías cortan los tramos de varias generaciones: conviven nietos y abuelos. En un momento del calendario coexisten personas de distintas profesiones, de varios ambientes, de diferentes talantes. Por eso la selección de biografías tiene que ser amplia a lo largo del tiempo y según el espacio social.

Siempre me ha parecido una pedantería o un acto de orgullo esa pretensión de los científicos sociales de «reconstruir» las sociedades o los ambientes que estudian. Es una pretensión imposible si el asunto se toma literalmente. La época o el mundo que se estudia simplemente se construyó una vez. Lo mismo se advierte cuando se trata de una particular biografía. Es una mala metáfora lo de la «reconstrucción» de esas realidades ajenas, más aún cuando han concluido su representación. El diccionario nos señala, cauto, que esa evocación de los hechos anteriores nos sirve para *completar* el conocimiento que tenemos de la realidad ajena o pasada. Valga esa labor de complemento, pero sin que lleguemos a creer que la operación consiste en volver a construir lo que una vez se erigió. Por eso me parece más exacta y humilde la operación de «revivir», que es simplemente evocar lo que pasó. Ese recuerdo con los materiales ajenos pasa por ser una interpretación personal, discutible y subjetiva, pero válida por ser sincera y poco pretenciosa. Prescíndase, si se quiere, de la contraposición entre reconstruir y revivir. La sustancia del asunto es la de entender mejor la realidad estudiada.

No basta con que las personas biografiadas sean contemporáneas o incluso de la misma comarca para que podamos entender un ambiente. Las personas se relacionan realmente con un número increíblemente pequeño de parientes, amigos y vecinos. Cada uno de esos círculos de radio reducido es un pequeño «mundo», el que realmente existe para uno u otro tipo de personas. Tomemos el núcleo, aparentemente reducido, de los intelectuales y escritores de Barcelona de la posguerra. Ni siquiera todos ellos se relacionan entre sí. En todo caso puede haber dos grandes círculos según la lengua predominante. Esta circunstancia exige que las fuentes del análisis biográfico tengan que ser muy nutridas y variadas. De otra forma nuestra comprensión del fenómeno considerado (un grupo social, un talante, una institución) tendría muy mala definición, en el sentido fotográfico del término.

Un sesgo inevitable del «análisis biográfico» es que los textos publicados, casi por definición, no son un corte estadísticamente representativo de la población. Pero tampoco tiene ese carácter el índice onomástico de los tratados históricos o literarios. En la marcha de la sociedad unas personas pesan más que otras. Esas más influyentes son los *personajes*. Este sesgo «aristocrático» no es tanto del método como de la realidad que estudia. Lo que hay que hacer, para compensarlo un poco, es abrir un poco la mano de la posible serie de observaciones. Lo hace el científico de la literatura con las obras menores, incluso anónimas. Los historiadores compensan la narración «heroica» (la clásica narración de hazañas y dinastías) con los sucesos de la vida cotidiana de las gentes corrientes. También aquí se puede hacer algo así. Los documentos biográficos deben ser variados. El fundamento es, desde luego, el *memorialismo*, esto es, los diarios, recuerdos y autobiografías de los sujetos que a sí mismos se confiesan. Pero eso es insuficiente. Hay personajes que dan muy pocos datos sobre sí mismos. Tenemos el caso de Galdós, que dicta, ya de mayor, una especie de memorias de un «desmemoriado», como dice él. No sólo da pocos datos sino que oculta y hasta falsea otros muchos. Así que hemos de recurrir a los estudiosos y biógrafos para recomponer, desde fuera, su personalidad simuladora. Es imprescindible esa operación porque don Benito es uno de esos raros personajes que llenan casi un siglo de vida. Más todavía porque su dedicación fue la de observar los avatares de sus compatriotas, incluidos los de sus inmediatos antecesores.

Voy a llamar *memorialista*, por extensión y comodidad, a quien estampa sus recuerdos, su autobiografía. Es la fuente de conocimiento más atractiva para reconstruir la vida española del inmediato pasado. Se podrá objetar que sólo son unos pocos los que realizan esa tarea y, además, se hallan encumbrados. Se acepta la primera objeción, pero no la segunda, en aras de la correcta representatividad de los testimonios. El hecho de que sean pocos los que escriben no es una gran falla. Puede que sean menos aún las fuentes de las que manan las crónicas de los historiadores. El hecho de que sean encumbrados no quita mucho tampoco. Precisamente, las pocas autobiografías que he podido consultar de gente común no expresan mucho más que las de los hombres ilustres. El escritor, sobre todo si lo es de verdad, tiene una gran capacidad introspectiva de recoger él mismo otras muchas vivencias. De ahí que las autobiografías de escritores sean las más interesantes. Naturalmente me refiero a los escritores que han logrado tener un verdadero público. Recuérdese que España es un país donde se escribe más que se lee; y se conversa más que se escribe.

Anna Caballé arremete contra el tópico de que en España hay escaso lugar para el género autobiográfico. Lo rebate con el argumento de la abundancia de textos (Caballé 95:136). Lo que ocurre es que no hay muchos textos que se hayan convertido en verdaderos *clásicos*. Es decir, se trata de un género con escasa calidad literaria y quizá con poco atrevimiento introspectivo. Por lo menos esto es así como contraste en relación a las culturas transpirenaicas, en las que hay más hábito de poner por escrito las reflexiones y vivencias del sujeto. La mediocridad de este género en España quizá se explique por siglos de persecuciones, inquisiciones y venganzas. Era una sabia medida la de no guardar papeles. Incluso una decisión muy castiza era la de mandar su quema en el momento de la agonía o del testamento. Ante esta miseria, no nos extrañemos de lo difícil que resulta este género biográfico y por tanto el consiguiente análisis que pueda hacer luego el sociólogo. Pero esa misma dificultad incita la curiosidad.

Hay ensayos sobre las autobiografías como el de María Zambrano, *La confesión*, que es una vacuna para no seguir leyendo obras de ese tipo. El título citado es una abstrusa disquisición sobre las *Confesiones* de san Agustín y Rousseau, respectivamente, que no lleva a ninguna parte. Es un buen ejemplo del carácter estéril, inane, del pensamiento español. Pero hagamos de la necesidad virtud. Simplemente veamos lo que tenemos y aventurémonos a leer el material disponible con espíritu observador.

Hay muy pocos textos biográficos completos. Sobre todo, los memorialistas deciden con cicatería lo poco que dejan traslucir de sí mismos. Por eso hay que leer el mayor número posible de documentos, de los más variados personajes. Tranquilícese el lector que, por lo menos por este lado, la mitad del trabajo aquí lo tiene hecho. Complételo con sus recuerdos personales. Así verá lo difícil que es acordarse de todo. El hecho de ir viviendo parece que se apoya sobre la operación de borrar las experiencias desagradables. Pero es también morir un poco al ir enterrando el pasado. Por eso mismo, la operación del memorialista, en el sentido aquí indicado, viene a ser el equivalente de revivir.

Francisco Ayala, al escribir sus *recuerdos*, se pregunta también, angustiado, por sus *olvidos*. En efecto, confirma que, a la hora de recordar, se le han borrado de la memoria situaciones y sobre todo personajes. Es una rara censura seguramente defensiva (Ayala 82:13). Mas no importa mucho para nuestro trabajo de tratar de revivir el pasado inmediato. Sobran materiales. Peor que olvidar es deformar, operación que algunas veces se hace, incluso a conciencia.

Lo más difícil de los textos de los memorialistas es leer entre líneas, colegir lo que se oculta. Los personajes escriben muchas veces sus recuerdos, memorias o diarios para encubrir su vida, aunque pueda parecer increíble. La insinceridad es la norma estadística de este tipo de materiales. Pero también lo es en las declaraciones de los testigos, y no por eso los jueces dejan de juzgar. Los confesores, los policías, los médicos, todos los que hacen preguntas se encuentran con el mismo problema. Simplemente hay que saberlo. Con un poco de experiencia se puede llegar a averiguar más de lo que quiere decir el que depone un testimonio. El método comparado es aquí imprescindible. El memorialista no habla sólo de sí mismo, sino de los que le rodean. A través de los testimonios cruzados se puede recomponer una especie de careo entre los personajes estudiados. A lo largo de este libro, el lector curioso encontrará numerosas ilustraciones de ese procedimiento.

Algún purista siempre podrá aducir que, si tantos son los defectos de las biografías publicadas, mejor será acudir a las biografías auténticas, directas, que pueda extraer el sociólogo de sus sujetos. Quien dice el sociólogo, puede poner el psicólogo, el antropólogo o cualquier otro investigador que trate de estimular a un individuo para que cuente su vida a una grabadora. Pero aquí hay otra imperfección. Ese acto de «contar su vida» es menos ingenuo de lo que parece. A un investigador social, los sujetos le cuentan un poco lo que el dueño de la grabadora quiere oír. Ese sesgo es todavía mayor si existe una previa relación entre el investigador y el biografiado. Hay menos espontaneidad de la que parece en esos cándidos relatos. Es el mismo sesgo que pueden tener las entrevistas periodísticas. No es casualidad que los personajes entrevistados suelen decir cosas interesantes a los periodistas inteligentes. Frente a este sesgo, el balance positivo sigue estando a favor del testimonio impreso, incluso aunque se hiciera con propósitos de vanagloria o vanidad. Son bien humanos. Tanto como el de querer complacer al investigador social o al periodista armados de grabadora.

Otra ventaja del testimonio impreso es la que pudiera parecer inconveniente. Pertenece, por lo general, a un personaje de cierta relevancia, aunque sólo sea dentro de su limitado círculo profesional o familiar. La ventaja es que suele ser una persona interesante por sí misma, con una vida llena de significado. En cambio, la opción de grabar la vida de una persona del común es la querencia por la «muestra representativa» que suelen tener los sociólogos. Vale ese método para los trabajos cuantitativos. Pero no hay que extenderlo, por inercia, a los métodos cualitativos. Éstos exigen un carácter expresivo a las ilustraciones que se intentan conseguir. El «individuo medio» no es así el más relevante para los propósitos de entender la realidad. Es mejor ir directamente a los epónimos de cada época, los individuos más caracterizados, los que tienen algo que decir. Y la verdad es que la mayor parte de las vidas humanas son grises y sin sustancia, incluso lo son muchas veces las de las personalidades famosas.

La biografía de una persona poco conocida, y no digamos cuando oculta su nombre, pierde interés por cuanto no se sabe cómo engarzarla con otras vidas. Es un prurito de falsa moralidad el que distingue a los sociólogos y antropólogos cuando ocultan los nombres y apellidos de los sujetos que cuentan su vida. Bastante artificio es ya cualquier autobiografía como para que le añadamos ese disfraz del forzado anonimato. Si además se puede averiguar fácilmente la identidad del «tapado», la operación enmascaradora del sociólogo puede llegar al ridículo. No quiere decir esto que las personas anónimas carezcan de interés para el sociólogo. Antes bien, la sociedad es la integral de esas vidas anónimas. Los sentimientos que parecen más excepcionales los tienen muchas personas. Sólo que, a efectos del método que aquí se emplea, los textos biográficos más interesantes son los de personas con nombres y apellidos. No hace falta que sean encumbrados. Simplemente conviene que exista esa identificación para poder interpretar mejor todas sus circunstancias vitales.

Es imposible hacernos con las memorias realmente completas de una persona como tal. Casi siempre se trata de los recuerdos de un médico, un actor, un emigrante, un político, etcétera. La vida se interpreta a través de un papel predominante, por lo general la ocupación central del sujeto. Por eso es más difícil que se escriban autobiografías de mujeres. Paradójicamente, las mujeres son más «hombres», en el sentido de que en ellas no suele predominar tanto un solo papel. De ahí que las mujeres hayan contribuido menos como memorialistas. Esta reducción de la vida entera a un papel destacado no es mala por sí misma. En realidad nos recuerda que, a efectos de conocimiento, la sociedad (el gran teatro del mundo) se compone de papeles más que de individuos.

Un caso peculiar, pero bastante ajeno a las tradiciones españolas, es el de las «esposas adoradoras» y las «hijas respetuosas» (Roth 95:10). Se refiere a las mujeres de la burguesía alemana del siglo pasado, adalides de la intelectualidad femenina y biógrafas de los hombres que marcaron sus vidas. En España tenemos el caso del *Diario* de Zenobia Camprubí (esposa y musa de Juan Ramón Jiménez) y la biografía de Xavier Zubiri que escribe su mujer, Carmen Castro. No consiguen la capacidad de penetración que muestra Marianne Weber al redactar la biografía de su esposo, Max Weber.

Es curioso, pero cuando algún texto biográfico trata de presentar la vida entera, plenamente humana, de una persona, el asunto pierde interés analítico. Es el caso de muchas biografías de personas sin relieve público. Por el otro lado, hay veces en las que la reducción es tan forzada que el personaje en cuestión resulta sin alma (sin llegar a desalmado). Véase, por ejemplo, los *Recuerdos de juventud* del cardenal Enrique y Tarancón. Son interesantes, pero se reducen sistemáticamente a su papel sacerdotal, incluso desde niño. Seguimos sin saber cómo era el hombre, que intuimos magnífico. Después de fallecido el polémico cardenal (polémico por su decidido apoyo a la transición democrática), se publican unas voluminosas *Confesiones* de más de novecientas páginas en cuarto. Pues bien, todavía hay menos referencias, no ya íntimas, sino personales. Es muy posible que sus albaceas eclesiásticos hayan dejado de publicar la parte más íntima de unas «Memorias» más completas que, como tales, permanecen inéditas. Es una lástima porque se adivina una personalidad de una pieza. Cuando apunta algún testimonio realmente personal se produce además el sesgo de la reinterpretación desde el presente, de tal manera que quita verosimilitud a la narración. Por ejemplo, escribe el buen cardenal: «Desde que fui obispo [en 1945] mantuve siempre una distancia calculada con las autoridades civiles» (Enrique y Tarancón 96:24). Pero ya para la consagración como obispo, en 1946, tuvo que recurrir a una relación privilegiada con las autoridades civiles, y en este caso militares. Resulta que al obispo que tiene que oficiar en la consagración, su amigo Casimiro Morcillo, se le olvidan las bulas papales en Madrid. El acto es en Castellón. El nuevo obispo presiona para que le envíen personalmente las bulas en un coche oficial del Ejército (p. 28). El suceso es mínimo, y el autor lo cuenta con entera ingenuidad, pero por eso mismo retrata muy bien la imposible «distancia» entre la autoridad eclesiástica y la política.

El cardenal Tarancón se pregunta, con la misma ingenuidad, cómo es posible que, siendo él «poco amigo del régimen», Franco lo presentara como candidato para obispo de Solsona y después de Oviedo, Toledo y Madrid. «No resulta fácil entender esa aparente contradicción... Misterios de la providencia de Dios» (p. 40). Nada de eso. La explicación es sencillísima. Enrique y Tarancón pertenecía a una de las familias del régimen (la de los «católicos» de Martín Artajo o Ángel Herrera). No era «poco amigo del régimen». Sólo se puede calificar así retrospectivamente porque contribuyó, como tantos otros franquistas, años después, a traer la democracia. Esto le honra y deja en paz a la providencia. Él mismo reconoce más adelante que «el obispo era entonces [en el franquismo] una autoridad oficial con rango e incidencia en al ámbito civil» (p. 47). La prueba es que, en 1954, nuestro obispo predica una «misión» en Bilbao y el gobernador coloca altavoces en las calles para lograr una «máxima audiencia» (p. 155). Eran los tiempos del llamado nacional-catolicismo.

Hay un impresionante memorial, escrito desde el papel de madre, el de Elena Soriano. Es una lacerante confesión de su sentimiento de culpa por la progresiva autodestrucción de su hijo drogadicto. Impresiona sobre todo la ordalía de los varios tratamientos psiquiátricos a los que su hijo se ve sometido. El calvario que sufre toda la familia estimula en la madre una notable lucidez, una generosa capacidad autocrítica. Es una notable excepción a la queja que queda expuesta. Primero, porque la que narra es una mujer. Segundo, porque todo es personal e íntimo.

No hay que asombrarse, y menos escandalizarse, de que los textos biográficos aquí utilizados se refieran sobre todo a vidas de varones. El repertorio de fuentes es el que es. A los varones les ocurren más cosas que a las mujeres. Naturalmente, no hay nada genético en la distinción. Es, otra vez, la distinta atribución social de papeles que hasta fechas muy recientes ha acordado la organización social. De hecho hay materiales autobiográficos de escritoras célebres, como María Zambrano o Rosa Chacel, que resultan indigeribles de puro bobos. Las *Memorias de la Bella Otero* son simplemente falsas. El *Diario* de Zenobia Camprubí, dedicada esposa de Juan Ramón Jiménez, es una fatigosa colección de nimiedades. Ojalá no fuera así, pero la realidad es como es. Lo cual no quita para que haya casos excepcionales de mujeres con una vida subyugante. Suelen ser escritoras: Emilia Pardo Bazán, Concepción Arenal, condesa de Campo Alange, Concha Espina, Elena Soriano. Pero sigue siendo un elenco minoritario.

La lectura paciente de los textos biográficos lleva a la conclusión de que no se registra bien la vida verdaderamente íntima de los personajes. Es razonable que así sea. Todo el mundo tiene derecho a dejar traslucir sólo una parte de sus vivencias. Algunos memorialistas declaran de modo explícito esa humanísima reducción. Véase esta sincera confesión de un gran periodista, explorador, a su vez, de otras vidas: «Pienso no hablar ni mucho ni poco de las principales sombras de mi corazón. ¿Para qué, si no se puede ser sincero sin herir, sin molestar, sin poner sobre aviso de una curiosidad pública a gentes que andan por la calle y por las calles del tablero de nuestra propia vida?... Nunca se tiene derecho a disponer de la intimidad y ponerla en la plaza pública, ya que la intimidad no es sólo nuestra» (González Ruano 56:78). Es una lástima que ese autor no fuera más explícito sobre sus sentimientos. Su vida es la de un pícaro de alto copete literario que pasó por muchos sucesos de importancia pública de su tiempo. Como tantos otros, se fue sin revelar sus secretos. Sus diarios resultan fatigosos. Da la impresión de que los publicaba para justificar el anticipo del editor.

Josep Maria de Sagarra es autor de unas fascinantes *Memorias*, realmente una réplica del *Cuaderno gris* de Josep Pla, sobre todo la parte que toca la descripción de Madrid. Ambos detallan mucho, sobre todo cuando trazan la explicación física y moral de personajes, pero evitan los pormenores íntimos. Sagarra hace explícita esa decisión pudorosa: «La necesidad romántica de vaciar el corazón y mostrar las miserias de uno, para justificarlas o para pasar por cínico o por aprensivo, es una cosa que, aunque hoy proporciona grandes éxitos editoriales, no entra en mis gustos» (Sagarra 81, I:12). Por cierto, tanto Pla como Sagarra escriben sobre los mismos ambientes literarios, son coetáneos y sin embargo apenas se refieren el uno al otro. Es un indicio de cómo las memorias más minuciosas administran también sus silencios. Esta cautela se aplica incluso a los memorialistas catalanes, que son particularmente decidores. El biógrafo de Cambó destaca que el insigne prócer catalán hizo todo lo posible por ocultar su interesantísima vida privada. Dejó muchos rastros y papeles, pero todo ello sobre su vida pública (Pabón 52:9).

El antiguo jonsista Javier Martínez de Bedoya insiste en que, al final de la guerra civil, rompe con su carrera política y se retira a la vida privada. Realmente, lo que le ocurrió es que se mostró siempre como un disidente, incluso dentro de las JONS y de la Falange. Por eso fue siempre un «ministrable», como tantos otros «camisas viejas». Pero durante toda su vida fue un alto cargo del régimen franquista, por mucho que Franco no le cayera muy bien. No sólo eso, su mujer (Mercedes Sanz Bachiller, viuda que fuera de Onésimo Redondo) también estuvo muchos años en el fichero de altos cargos. En contra de la expresa declaración del autor respecto a su decisión de retirarse a la vida privada, sus memorias reflejan una actívísima y constante vida pública. Tanto es así que desempeñó durante varios años una dificilísima misión entre diplomática y de «inteligencia» (en el sentido inglés del término) en Lisboa. El título de su autobiografía, *Memorias desde mi aldea*, es sólo una expresión literaria. La tal «aldea» es el recuerdo de su Llodio infantil o de su finca de retiro en Torremolinos. Pero esa parte verdaderamente personal o íntima queda velada por su incesante motilidad como personaje público. Nos quedamos sin saber cómo fue su vida particular, que sospechamos fascinante.

Tampoco nos tienen que preocupar mucho esos naturales ocultamientos. ¿Quién no los practica? Seguramente, si se dejaran ver con total transparencia para los demás, no existirían propiamente las efusiones amorosas. Ese tipo de relación íntima consiste en el privilegio que se concede a otra persona para conocer la parte de uno que se desea ocultar a los demás. El amor es encubrimiento para los de fuera. El ejemplo lo tenemos en el oscurecimiento del lenguaje del amor místico que proclaman santa Teresa de Ávila o san Juan de la Cruz. El análisis biográfico no debe pretender la ruptura de esos sellos. Una biografía completamente descarnada no es atractiva, como no lo es una historia clínica.

La enseñanza del análisis biográfico es que, por encima de las circunstancias contingentes de cada época, hay una naturaleza humana igualadora. Los sentimientos, las pasiones, las necesidades de los hombres componen un repertorio muy limitado. De ahí que, paradójicamente, se pueda generalizar a partir del estudio de los «casos únicos» que son los libros biográficos.

Al llegar aquí se impone decir que los escritos consultados difieren mucho entre sí. No basta con decir quién es el autor del volumen, si el sujeto mismo (memorias, diarios, recuerdos, autobiografías) o un observador (biografías propiamente dichas). Dentro del primer conjunto, que llamamos memorialismo, caben todos los talantes. Hay uno muy común que plantea problemas de análisis. Es el caso característico de los textos, aparentemente biográficos, de algunos escritores. Tenemos, por ejemplo, los de Corpus Barga, Cansinos Assens, Sagarra y Baroja. Empiezan hablándonos de sí mismos, lo que, como escritores, hace el relato muy interesante. Pero luego se cansan. Las pretendidas memorias son más bien recuerdos de *las otras* personas que han tratado. Es decir, estamos más bien ante galerías de retratos. Si así fuera, menos mal. Pero es que se trata realmente de «ajustes de cuentas», dicho con una exagerada expresión del mundo delincuente. Corpus Barga deja muy explícito que él no va a escribir su autobiografía, sino más bien sus memorias, en el sentido dicho de recuerdos de las personas que ha conocido (Barga 63:9). El asunto pierde interés desde el punto en que esos retratos son demasiado interesados. A pesar de ello, algún provecho podemos sacar de esa labor testimonial sobre los contemporáneos. Después de todo, la vida de uno es la integral de las personas que ha conocido.

El hecho de que muchos de los sujetos observados pertenezcan al gremio intelectual en sentido amplio (escritores, artistas, profesionales) no los hace intercambiables. Mantienen rasgos comunes, que da el oficio, la época o el territorio. Pero se dibujan tipos humanos muy distintos. Probemos a establecer una clasificación dicotómica, que podríamos apellidar, respectivamente, los depresivos y los neuróticos. O para que nadie se ofenda, los del tipo A y los del tipo B.

Los del tipo A (secretamente los depresivos) suelen ser personajes perfeccionistas, apasionados, inconsecuentes o dubitativos a veces. Son de creencias políticas o religiosas oscilantes. Cambian fácilmente de dedicación, de escenario, de amigos, de gustos. Lógicamente suelen ser de amores promiscuos o, todo lo más, mantienen lo que podríamos llamar «monogamia sucesiva». Suelen ser imaginativos y creadores. Aquí entrarían, sin ningún orden, Carlos Barral, Fernando Fernán-Gómez, Ángel Ganivet, Benito Pérez Galdós, Jaime Gil de Biedma, Juan Goytisolo o Salvador Pániker. Todos ellos son de la turba literaria.

Los del tipo B (los neuróticos) suelen ser constantes, obstinados, ordenados, con ideas religiosas o políticas estables y consecuentes. No cambian mucho. Suelen ser bastante fieles en sus gustos afectivos o de cualquier otro orden. Esta categoría define bien a Manuel Azaña, Manuel de Falla, Julián Marías, Pío Baroja, Julio Caro Baroja, Severo Ochoa o Enrique Tierno. Como se verá, son personajes igualmente creadores. En donde se demuestra que la creatividad es compatible con personalidades muy distintas. Es un tipo humano que tiene muy claro lo que va a ser de su destino. El cardenal Tarancón declara: «He tenido siempre el convencimiento de que no podía ser otra cosa que sacerdote» (Enrique y Tarancón 84:14). Léase «cardenal» donde pone «sacerdote» y lo entenderemos todavía mejor. Un tipo parecido es el de Manuel Mindán Manero, un oscuro profesor de Filosofía (naturalmente de Filosofía perenne) y sacerdote. Lógicamente, la vocación sacerdotal se acomoda bien al tipo B. También la del científico y muchas veces la del político.

Los dos tipos polares expuestos son un tanto arbitrarios, claro está. Sirven para entender la realidad; no son tanto un reflejo de la misma. Tampoco hay un valor de qué sea mejor, si uno u otro polo. La vida es un arreglo entre esos dos extremos, lo que podríamos llamar la tensión y la rutina. Sin la tensión caemos en la neurosis y, si la tensión se extrema, la vida puede hacerse vegetal. Pero sin la rutina nos volvemos depresivos, circunstancia que, si se exagera, hace gaseosa la vida. Como siempre, el equilibrio está en el medio virtuoso. Sólo que, para ser creador, quizá haya que moverse un poco hacia el polo A o el polo B. La elección va según gustos y posibilidades.

El propósito por el que los memorialistas se disponen a escribir su vida no es siempre el mismo. La vanidad es el elemento común, pero hay otros motivos. Tenemos, por ejemplo, la consideración muy corriente de que la vida de uno «es una novela». El sentido que se da a esa reflexión es el que hay vidas que parecen inventadas de tanta excitación y variedad como consiguen. ¿Cómo privar al lector de esa experiencia que tan única parece?

Francisco Jurdao, un ejemplo muy típico del autodidacta, relata una interesante experiencia. Cuenta que, al escribir su autobiografía, siente la necesidad de contar algunos recuerdos lejanos en tercera persona. Realmente no percibe que aquellos recuerdos pertenezcan a su «yo», sino a un ajeno «él» (Jurdao 96:48). Esta misma sensación la experimentan algunos otros escritores ante el mismo trance. De tal manera que redactan una biografía novelada (es el caso de Barea) o sencillamente una novela autobiográfica. Éste es el caso de *la novela de un literato*, un profuso diario o galería de retratos y evocaciones del escritor Rafael Cansinos Assens. Empieza así, pero acaba novelando su vida hasta desprenderse de los personajes que describe.

César González Ruano reconoce expresivamente que su

autobiografía es «una novela en primera persona», en la que no es sólo la vida lo que se cuenta, sino también los «fantasmas» que le asaltan (González Ruano 56:621). Hay episodios extrañísimos en la vida de ese autor, cuya manifiesta simpatía por el fascismo no impidió que fuera encarcelado por la Gestapo. Por encima de todo, enseñó a escribir a la siguiente generación de periodistas. En España, los fascistas siempre han escrito mejor que los socialistas; tómense las etiquetas en su acepción original y más generosa.

Las memorias de Fernán-Gómez se arman con el deliberado propósito de replicar lo que habían dicho de sí mismos otros personajes, singularmente actores. Al empezar a escribir, «caí en la cuenta de que mis lecturas de autobiografías eran muy escasas» (Fernán-Gómez 90, I:77). Sin embargo, ya avanzado el texto, confiesa que el libro infantil «que más ha contribuido a perfilar aspectos de mi conducta» fue el texto *Vidas de hombres célebres* de la Editorial Sopena. Lo reconoce expresamente: «Bastantes años después de haberlo leído, sospecho que aquellas *Vidas de hombres célebres* me habían impresionado tanto que tenía que ser *hombre célebre*» (p. 257). Es el signo de la categoría de emulación que tanto distingue a las personas que llegan a ser personajes. Lo son porque no tenían más remedio que serlo.

Otras veces, el móvil del memorialista parece más sencillo y privado. Por ejemplo, el historiador Ramón Carande publica unos *Recuerdos de mi infancia* para que sus hijos sepan cómo fue él de niño. Añade que a él le hubiera gustado eso mismo de sus padres (Carande 87:21). Pero este propósito es tan ingenuo como insincero. Si se proponía relatar la vida de la infancia del autor a sus hijos, bastaba que se la hubiera contado de viva voz. O también podría haber dejado una larga carta con el testamento. Cuando urge el impulso de publicar las memorias, lo que interfiere es la vanidad. Es el pecado más universal y el que menos se reconoce. Normalmente se disfraza de espíritu de superación. Visto así, el defecto podría ser virtud porque es un impulso para la acción.

Si una cualidad humana es la vanidad, los libros de memorias suelen ser un buen ejercicio de esa pasión. Los autores famosos, al escribir sobre sí mismos desde la vejez, se entretienen con toda suerte de medallas y homenajes que reciben. Algunos narran con detalle los viajes y cruceros que realizan, los congresos o reuniones en que toman parte. Los catedráticos rememoran sus oposiciones. La cuestión es quedar bien. De ahí que la primera parte, sobre la infancia o la juventud, suele ser más natural y más interesante. Los capítulos de reconocimiento y homenajes suelen ser bastante aburridos, o al menos monótonos, poco variados. Da la impresión de que esta parte de éxitos externos viene a ser como una justificación compensatoria de los fracasos interiores, tan comunes como difíciles de reconocer. En la vida de los personajes famosos hay muchas veces la oscura frustración de que querían haber sido otra cosa de lo que fueron.

El ejercicio de escribir las memorias lo es de autojustificación en otro sentido. Algunos hombres públicos intentan reinventar hacia atrás su biografía ideológica. De tal manera, por ejemplo, que se destaca un pasado izquierdista donde objetivamente, con los mismos datos del texto, no fue así. Un caso eminente puede ser el de Fernán-Gómez. El famoso cineasta confiesa, en 1990, que «siempre me ha parecido más justa la economía socialista», se entiende, que la capitalista o liberal (Fernán-Gómez 90, II:167). Sin embargo, esa declaración posterior no se compadece con el mundo de ideas o de relaciones que se describe a lo largo de su vida, según su propio testimonio. Es una honrada declaración, pero que se escribe *hacia atrás*, si así puede decirse. A lo largo de estas páginas se contienen muchas ilustraciones de ese proceso. No se vea como denigratorio. Es perfectamente natural. Algo así hacemos todos de continuo. El lector que aprenda a interpretar los textos autobiográficos, viendo como se escriben *hacia atrás*, logrará una gran fruición. Verá más humanos a los hombres. Entenderá cabalmente la sociedad como un baile de disfraces. Ése es el genial descubrimiento de Cervantes con su *Quijote*.

Se dirá que los escritores profesionales tienen la facilidad del uso de la escritura, por lo que sus autobiografías tienen que ser particularmente interesantes. No siempre. Hay autores que prácticamente lo único que han escrito ha sido el laborioso libro de sus memorias. Éste es el caso, por ejemplo, de las que componen Arturo Barea o Eleuterio Sánchez. Ambas están entre las más interesantes, bien contadas y emotivas de todas las que he podido leer. En el caso de Eleuterio Sánchez parece increíble que hubiera sido analfabeto hasta pocos años antes de ponerse a redactar sus memorias. Su estilo no es modélico; abundan las expresiones hechas, los adjetivos manidos. No puede ser de otro modo. Pero dice lo que quiere decir, lo cual es de agradecer. Las vivencias personales de Eleuterio Sánchez son las del conocido como *el Lute* en su etapa de famoso delincuente menor, pero sañudamente perseguido. Aparte de esa secuencia cinematográfica, su narración equivale a un formidable estudio sociológico o antropológico sobre la marginación. Visto así, es un documento excepcional. Tiene un algo de auténtico que contrasta con la artificiosidad de muchas de las memorias escritas por intelectuales o novelistas de renombre. Algunas son tan relamidas y tan falsas que ni siquiera las he podido aprovechar para esta excursión por la literatura testimonial. De ahí que el texto de Eleuterio Sánchez se lea de un tirón. Es un canto a la capacidad de adaptación que tiene el ser humano. Después de todo, ésa es la definición de inteligencia.

Pío Baroja es un enorme escritor. Por eso mismo se agradece su parecer de que el interés de los libros de memorias no tiene nada que ver con la «altura intelectual» de sus autores. «La vida puede tener interés si está contada con ilusión y sencillez.» A lo que añade la «exactitud». Por eso le reprochaba a Galdós el que describiera lugares donde no había estado (Baroja 70, I:8 y 673). Es decir, Baroja le da la vuelta a los géneros. Lo que tiene que hacer el novelista es contar su vida. Éste es el fundamento de un librito mío, donde parto de la novela realista como una de las fuentes para llegar a comprender la sociedad (De Miguel 95). La otra, claro está, es la literatura biográfica, que es en la que estamos. Las dos fuentes deben complementarse. Realmente hay obras que no se sabe muy bien a cuál de los dos géneros pertenecen.

Lo menos que se puede pedir a una autobiografía es que nos proporcione algún rasgo de la intimidad de las personas. No hace falta llegar hasta la alcoba o el retrete, que suele ser lo menos personal. Basta con que podamos entender los sentimientos y afectos de las personas. Desgraciadamente, muchos textos nos defraudan sobre ese particular. Hay algo en la cultura española, en los usos convenidos, que fuerza a esconder la vida interior. ¿Será una consecuencia de siglos de Inquisición?

El polifacético escritor y humorista Eusebio Blasco escribe un tomito con sus *Memorias íntimas.* Pero precisamente en ese libro se advierte que lo «íntimo» es lo que hoy entenderíamos por más público, una mezcla de teatro, política y periodismo. Ni siquiera lo refiere Blasco a sí mismo, sino a los que le rodean del mundo de la farándula, la política o los periódicos. *Íntimo* se utiliza ahí en el sentido de la expresión común «amigos íntimos». En los ambientes madrileños significa más bien cofrades, amigotes de francachelas, incondicionales de lances y aventuras, conocidos que hacen favores. Realmente todo muy alejado de la auténtica intimidad.

Insúa se resiste a escribir un diario íntimo. En su lugar, las memorias que redacta son «recuerdos de mi vida literaria... Yo me importo muy poco a mí mismo. Lo que importa es toda la España que llevo dentro y las Españas que descubra en cualquier corazón» (Insúa 52:445). Es vana retórica para no dejarnos ver su yo. El lector, honradamente curioso, acaba fatigado. Quizá haya más vida suya en sus novelas que en su autobiografía. Desde luego, el caso excelso de esa paradoja es el de Galdós. ¿Por qué tanto empeño en ocultar su vida y al tiempo el incesante esfuerzo por encarnarse una y otra vez en algunos personajes de sus ficciones? Misterio.

La ausencia de intimidad es todavía más llamativa en algunas obras propiamente biográficas, esto es, las que narran la vida de otra persona. Un ejemplo de esa ausencia es precisamente la titulada *Vida íntima de Manuel de Falla* escrita por su admirador Juan J. Viniegra. La vida del biografiado se reduce a su profesión. El personaje fue, sin duda, genial, pero ese libro lo presenta con total ausencia de sentimiento. Y eso que la música es la forma más sentimental del arte. Quizá por esto sea la pintura, y no la música, la forma artística que más han cultivado los españoles. En la pintura están los otros retratados, más que el pintor. Por lo menos estamos ante una cuestión de grado. Por eso muchos textos autobiográficos son realmente «retratos» de los contemporáneos.

Otro ejemplo de un título frustrante es *La vida íntima de Canalejas*, escrita por la duquesa viuda de Canalejas. Ya el doble disfraz del nombre de la autora (duquesa y viuda) nos lleva a sospechar que el libro no va a responder al título. Como así es. Ni siquiera se hacen explícitos algunos rasgos fundamentales de la vida familiar de Canalejas, que aparece así como un personaje acartonado. Con lo interesante que fue su personalidad y no digamos su papel público.

No es cuestión de abrumar al lector con detalles y minucias particulares. La biografía hay que entenderla como un todo. Es así como adquiere verdadera grandeza e interés humano. Cuando las personalidades ilustres aparecen sin intimidad, sus méritos pueden resultar ridículos.

La biografía es un todo, pero a veces es tan rica que se pueden distinguir etapas o fases bien distintas. No es sólo una cuestión de la capacidad clasificadora del biógrafo. El memorialista puede tener esa sensación de que su vida es una línea que se dibuja a saltos. Para eso están las edades convencionales (infancia, juventud, etc.) o los años que se cumplen. Los noviazgos y matrimonios, el fin de los mismos, subrayan todavía más esas etapas vitales. El sensible poeta José Antonio Muñoz Rojas narra su primera salida al extranjero, a los veintitrés años. Pensaba entonces que ése era el corte que iba a dividir su vida en dos mitades. Pero luego piensa, retrospectivamente, que «la vida admite pocos cortes» (Muñoz Rojas 94:115). Lo que pasa es que esos escalones más abruptos de la pendiente vital no se ven bien en el momento de ascender por ellos. Se definen mejor una vez superados. Todo depende de la *cantidad de vida* que uno despliegue. Es algo más que el número de años de sobrevivencia. Es esa cantidad multiplicada por un factor de intensidad o de variedad. Por lo general, las biografías que se escriben exhiben una generosa *cantidad de vida.* No es mayor en los hombres de acción que en los creadores, sean artistas, empresarios o profesionales.

En las biografías hay a veces un hiato, un punto de sutura a partir del cual la vida deja de ser creadora o auténtica. Hasta ese momento pudo haberlo sido, pero de golpe se queda como exhausta. Diríase que el mineral agota su combustión y ya sólo queda la escoria. No es el proceso lógico de la edad lo que determina ese punto de inflexión. La prueba es que hay biografías enterizas en las que el mineral resiste hasta la antesala misma de la muerte. Hay otras en las que se percibe la escoria desde muy temprano. No es tampoco algo objetivo, perceptible. Es una impresión que queda después de sumergirse en los testimonios biográficos. No lo es sin consecuencias la llegada de ese hiato a partir del cual la vida se hace escoria. Si ese momento llega pronto, el personaje-escoria se hace dañino. En la vida de los grandes hombres no todo es grandeza. No se vea tampoco un estricto juicio valorativo en lo que antecede. Escoria quiere decir simplemente que ya no da más de sí. Hay un momento cotidiano en la vida de las personas en las que éstas empiezan a hablar más de sus hijos que de sí mismos. Ésa es la señal del hiato entre el mineral y la escoria. Puede que los hijos cumplan esa función latente: ayudan a proyectar las expectativas que los padres no han podido realizar. Por eso casi se podría decir que en la sociedad no hay individuos, hay familias.

El lector curioso pensará: «Bien, pero ¿cómo se lleva a cabo el análisis biográfico?» Ya lo estamos haciendo a medias, entre el autor y el lector. Eso explica la primera persona del plural. La lectura de los textos nos obliga a pensar. Revivimos la vida del personaje en cuestión (según nos la cuenta él mismo o alguien la interpreta) y también, ocultamente, la de cada uno. La esencia de este trabajo es la comparación. Cada vida parece un mundo, pero no es así. Más bien, cada vida es sólo una pincelada del gran cuadro que compone la sociedad. De ahí que se pueda comparar lo que parece incomparable, vidas de distintos ambientes e incluso épocas. Simplemente se anotan las constancias. El mosaico no tiene por qué ser completo. El método biográfico no puede sustituir a los libros de Historia. Sólo pretende completarlos con algunos materiales de primera mano.

Veamos un ejemplo de cómo los testimonios de los memorialistas pueden ayudar a rectificar las visiones canónicas de la Historia. Los manuales al uso suelen advertir que el movimiento primordial de las JONS representa la parte realmente fascista, totalitaria, incluso antisemita, del falangismo. Sin embargo las intrigantes memorias de uno de los primeros jonsistas, Javier Martínez de Bedoya, presentan la imagen contraria. Al menos su grupo de Valladolid, próximo a Onésimo Redondo, se opone al estatismo y al fascismo, que son más bien joseantonianos. Él mismo desempeña una delicada misión diplomática, durante los difíciles años cuarenta, como enlace con los grupos judíos de distintos países. De hecho, contribuye al episodio, poco conocido, de la iniciativa de Franco para salvar la vida de numerosos judíos sefardíes que huían de la persecución nazi. Lo más curioso es que uno de los interlocutores de esa operación era un tal Franco, apellido sefardí, como al parecer lo es también el de Bahamonde. El éxito de esa callada actividad de presión fue tal que se consiguió del *lobby* judío norteamericano que no se hicieran películas antifranquistas (Martínez de Bedoya 96:246). Nótese que nos referimos a los años cuarenta, la época en que destaca tanto el izquierdismo y sobre todo el antifascismo de Hollywood.

El contraste se establece no sólo entre los textos biográficos y lo que se sabe canónicamente sobre los procesos históricos. La comparación se puede determinar también entre una y otra biografía. Por ejemplo, hay un sorprendente paralelismo entre las biografías del médico Carlos Jiménez Díaz y el banquero Alfonso Escámez, siendo como son tan disímiles en otros muchos aspectos. Ambos se casan con su primera novia tras ocho años de noviazgo. La razón de esa larga espera es muy parecida en ambos casos. Los dos proceden de sendas familias con sólo un modesto pasar y dedicadas al comercio. Son familias con un notable sentido del trabajo y de la emulación. Tienen que esforzarse antes por asentar una buena posición, Escámez como director de sucursal y Jiménez Díaz como profesor universitario. En sus respectivas carreras, ambas figuras sobresalen por la inmensa acumulación de trabajo y por una extraordinaria capacidad intuitiva. Ambos destacan por «pronosticar» bien, cada uno en su campo, claro. Ninguno de los dos tiene descendencia, lo que los lleva a volcarse hacia los sobrinos y demás deudos. Ambos se muestran siempre rodeados de la familia extensa. Ese mismo hecho hace que nuestros dos personajes continúen toda la vida muy unidos a sus respectivas mujeres. Curiosamente, los dos se asociaron a sendas fundaciones ligadas a la Universidad Complutense (antes Central). Ambos supieron convivir y medrar con muy distintos regímenes políticos. Lo más curioso es que las dos figuras se trataron con mutuo reconocimiento. La ocasión fue una especie de tertulia intelectual que organizó en su día Ignacio Villalonga en el Banco Central a la que asistía Jiménez Díaz. Digamos que la figura de don Ignacio Villalonga fue para Escámez algo así como la de don Santiago Ramón y Cajal para Jiménez Díaz. Los creadores suelen tener buenos maestros.

Cuidado que han escrito páginas los sociólogos sobre la movilidad social o el espíritu de superación («necesidad de logro» en la jerga). Acaso hayan avanzado en medir esos fenómenos del modo cada vez más preciso. Pero no hemos mejorado mucho en la *comprensión* del impulso de superación que conduce al ascenso social. Bastaría empaparnos del sentido que tienen algunas biografías, como las citadas de Jiménez Díaz o Escámez. Anotaríamos los elementos comunes, como el del origen familiar asentado en el comercio. No son ésos los únicos casos. Los encontramos repetidos. Una y otra vez se nos muestra que las familias de pequeños comerciantes imprimen un desusado espíritu de superación a sus vástagos. Las razones son de difícil precisión, pero ése es justamente el estímulo que orienta al investigador. El primer paso de la curiosidad científica es el de asombrarse de las regularidades. Para volver a la comparación entre Jiménez Díaz y Escámez. ¿Cómo no maravillarnos del factor común del retraso en el matrimonio? Es evidente que se trata de una pauta asociada al ulterior ascenso social. Es más general de lo que parece en España, siguiendo en esto lo que ha sido un rasgo de la cultura europea contemporánea. Lo interesante es que no ha afectado a todas las clases por igual, ni es un asunto azaroso. El análisis biográfico nos da la pista de que puede ser una estrategia relacionada con la movilidad social. La próxima biografía que leamos servirá para que indaguemos si se vuelve a asociar otra vez el origen comercial de la familia con el ascenso y el matrimonio pospuesto. No hay más que aproximarse a la trayectoria vital de César Rodríguez, *alma máter* de El Corte Inglés, la gran empresa fundada por su sobrino Ramón Areces. César Rodríguez también procede de un hogar de pequeños comerciantes. Se casa tardíamente, a los treinta y seis años, después de siete años de noviazgo (Castaños 69:181). ¿No es asombrosa la coincidencia?

Se comprenderá ahora el interés que puede tener la comprensión de la sociedad a través de los nombres y apellidos. Sería impensable una nación de seres innominados. El nombre y el apellido, nuestra filiación, nos recuerda que no somos intercambiables.

Este libro sobre papeles biográficos representa en mi carrera profesional una vuelta más a las murallas de Jericó. La metáfora bíblica significa el incesante asedio para rendir la fortaleza de la sociedad española contemporánea. Rendirla al conocimiento, entiéndase de la manera más incruenta. Unas veces los aproches son numéricos, datos estadísticos o de encuesta. Pero, en ocasiones, como esta misma, la táctica se inclina por el lado cualitativo, literario incluso. No hay oposición entre los dos métodos, sino complemento. Nada menos que mi maestro Paul F. Lazarsfeld, el inventor del análisis de encuesta, entusiasta de lo cuantitativo, escribe su autobiografía intelectual. Lo hace conscientemente para que sirva de fuente de conocimiento en la reconstrucción de la reciente historia de un cierto «estilo de investigación social», el que Lazarsfeld representa como innovador. Yo, modestamente, le sigo como lejano discípulo. El interés de ese tipo de escritos autobiográficos se justifica cuando su autor es un «testigo experto», que como tal se considera el sociólogo de Columbia (Lazarsfeld 68:270). Precisamente, su sociología cuantitativa (e incluso matemática) se basa en la urgencia casi filosófica, si no moral o política, de «explicar» los sucesos que a uno le importan (p. 273). Ahí es donde entra la experiencia vital, la autobiografía. Es un caso eminente donde se dan la mano los métodos numéricos y literarios. Más directa fue para mí la influencia de otro profesor de Columbia, Juan J. Linz, con quien colaboré luengos años. Él me enseñó a tener muy en cuenta el factor biográfico de los procesos sociales. Precisamente, él ha compuesto también una excelente autobiografía intelectual en la que se aplica el sentido historicista del «caso único» (Linz 96). Así que yo voy a continuar esos ejemplos. Hasta el punto de que las páginas que siguen, orientadas fundamentalmente al análisis de textos biográficos diversos, incluyen no pocas alusiones autobiográficas mías. Por eso continuaré con el dispositivo, un tanto heterodoxo, de alterar la persona de los verbos. Escribiré en tercera persona, pero de vez en cuando en primera. Si el lector me conoce, sabrá estimar otras muchas alusiones personales, íntimas incluso, a la hora de seleccionar los textos de mis lecturas. Así comprenderá lo que significa el modesto «estilo de investigación social» por lo que a mí toca. Después de mucho emborronar, uno siempre acaba escribiendo el mismo libro, el imposible libro de su vida. Éste que ahora estampo es el que más se acerca a ese propósito.

1. Amigos

La sociedad se puede entender como un tejido de múltiples relaciones de todo tipo: familiares, amicales, laborales, económicas, de vecindad. Es un hecho universal, pero la sociedad española destaca por algunos rasgos peculiares. Por ejemplo, el del lugar central que ocupa la relación de amistad. No ya las biografías individuales, la historia de las empresas o de las instituciones sería de imposible comprensión si no se interpretara con el fundamento de las redes de amigos.

Enrique Tierno, en su autobiografía, emplea hasta el hartazgo la palabra «amigo». La hace equivaler a discípulo, conmilitón, colega, rival, compinche, conocido, amigo de verdad y hasta persona que da dinero para la causa. Es un buen reflejo de una mentalidad muy extendida, que ha logrado devaluar la amistad al hacer que aluda a tantos significados. De ahí que haya que recalcar muchas veces lo de amigos *íntimos, de verdad, del alma* o *entrañables* para distinguir los que realmente lo son de los simples colegas o conocidos. De otra forma, no se entiende que una persona como Tierno pudiera disponer de cientos, miles de amigos. Se alardea de una gran cantidad de amigos para indicar que uno es el centro de muchos círculos, que uno resulta imprescindible.

También es curiosa la expresión castellana de tener «cara de pocos amigos». Se supone, entonces, que hay que tener muchos amigos. No importa aquí tanto la calidad como la cantidad. La explicación es que, más que el afecto, cuenta quizá la relación de intereses y oportunidades. El hecho de tener muchos amigos se considera un mérito, una gracia especial, en una sociedad, como la española, donde se vive tanto hacia afuera.

La paradoja de la amistad es que se trata de un sentimiento menos asequible a las personas que ostentan posiciones encumbradas. En lo alto de la pirámide social, las afinidades son más por cuestión de intereses, es decir, son por ello menos afectivas. El caso límite lo tenemos en la sincera confesión que hace la reina Sofía, quien afirma tajante que no tiene amigas, aunque sí «muchas amistades». La distinción es interesante. Es más, sostiene que «nunca he hecho confidencias a nadie; nunca he confiado secretos ni desahogos a nadie» (Urbano 96:173). Es, una vez más, la ley de las compensaciones.

El uso social lleva a tener que presumir de que uno hace amigos con facilidad. Es muy rara la exhibición de misantropía, como es el caso del joven Pla: «No tengo ninguna condición para la amistad... las efusiones y atenciones ajenas me producen el efecto de una vejación. Los elogios me dan fiebre» (Pla 94:331). Claro que el papel de celebridad (al que aspiraba Pla en ese texto juvenil) le lleva a adoptar la pose de hosco. En esto, como en todo lo demás, su figura es una réplica de la de Pío Baroja.

Los amigos son fundamentalmente del mismo sexo, casi no hay que decirlo. La lectura de los memorialistas nos avisa que, de jóvenes, las otras personas cercanas raras veces son del otro sexo, salvo si son parientes. Sigamos con el ejemplo del diario que escribe Josep Pla a los veintiún años. La nómina comprende cientos de personajes, pero son rarísimas las mujeres. Cuando aparecen, resultan desvaídas. Es decir, no sólo hay misantropía, sino misoginia. Ahora, como lector, me puede extrañar a mí esa ausencia de mujeres en la vida del joven Pla. Pero retrocedo a mis veintiún años y casi todas mis relaciones cotidianas extradomésticas eran entonces con varones. Claro que, en los tramos que siguen, las mujeres me han influido más que los hombres. Me parece que yo soy más depresivo que neurótico, para recordar la distinción que hacía en la introducción.

Quedamos en que la amistad es un tipo de relación que se

suele dar entre personas del mismo sexo. Hay que anotar como excepcional el testimonio de Julián Marías. «Por supuesto, cuando hablo de amistad me refiero a la de personas de los dos sexos, y sobre todo con mujeres, más próxima y verdadera que la que se puede tener con la inmensa mayoría de los hombres. Mis mejores amigos, con media docena de excepciones masculinas, han sido a todas las edades mis amigas» (Marías 89:321). Y, aun así, esos amigos varones lo son porque sus respectivas mujeres eran también amigas del filósofo. Es un caso verdaderamente insólito que no hay que asimilarlo al uso social. Bien es verdad que hay otras autobiografías donde el relator, masculino, da cuenta de numerosas amistades femeninas. Por ejemplo, Salvador Pániker o Carlos Barral. Pero, fuera de las relaciones profesionales, en esos casos las amigas lo son en el sentido de desplegar con ellas el exclusivo sentido del tacto. Salimos de la amistad para entrar en la sexualidad. No se crea que son mundos completamente ajenos. Recordemos las medievales *cantigas de amigo* de la Edad Media. *Amigo* era ahí tanto como «amado».

El engarce entre amistad y sexualidad se establece a través de la difusa noción de «amistades particulares». Son típicas de la etapa adolescente y los internados. Véase este sutil recuerdo de la experiencia del colegio de jesuitas de El Palo (Málaga) hacia 1920: «Comenzábamos a descubrir algo que todavía no tenía nombre, pero que tan esencial nos fue en aquellas horas y a lo largo de nuestra vida: la amistad, engendrada por unas afinidades misteriosas, que nos hacía inclinarnos a determinadas compañías, con exclusión de otras» (Muñoz Rojas 94:77).

En principio parece que la relación de amistad tiene que establecerse con los pares, las personas de la misma edad y condición. Esta identidad es mayor ahora que en otras épocas cercanas. Josep Pla señala, en el texto juvenil citado, que no le divertían nada los jovencitos de su misma edad. Sus amigos verdaderos le aventajaban «al menos en quince años» (Pla 94:127). Da una explicación curiosa: «El trato constante de las personas que tienen los mismos recuerdos no tiene mucha amenidad» (p. 130). Es una observación que da que pensar. Quizá esté aquí la clave psicológica del tabú del incesto entre hermanos. Puede que explique también la tendencia a encontrar aburridos los parlamentos del cónyuge después de algunos años de convivencia. De modo más general explica que las relaciones de amistad sean un estupendo complemento de las de parentesco, noviazgo o matrimonio.

Un caso verdaderamente extravagante de amistades íntimas es el que se asigna a la escritora Concepción Arenal. En el ambiente de un pueblo tan tradicional como Potes, en Santander, Concepción Arenal, que acababa de enviudar, se hace amiga de un joven violinista, Jesús de Monasterio. Estamos en 1858, el apogeo del romanticismo. La escritora tenía treinta y ocho años y el violinista veintidós. Al parecer, la relación fue intensa, pero estrictamente amistosa, no erótica (Campo Alange 73:115). Luego se reprodujo con Francisco Giner y con Gumersindo Azcárate, padres de la Institución Libre de Enseñanza. De nuevo resalta la diferencia de edad. Giner tenía diecinueve años menos que Concepción Arenal, y Azcárate dieciocho (p. 168). De todas formas, hay que insistir en el carácter atípico de esas relaciones de amistad.

El novelista Alberto Insúa anota que en su niñez (cubana, hacia 1890) sus «grandes amigos fueron siempre personas mayores» (Insúa 52:91). No sólo se difumina la simetría de la edad, sino la de la ocupación. «Yo he intimado apenas con los de *mi oficio*, los escritores. He rehuido sus tertulias. He preferido al pintor, al dibujante, al escultor y hasta el mozo de café para mis expansiones amistosas. Porque busco en la amistad descanso de mí mismo.» Sus mejores amigos fueron Manuel Tovar (caricaturista) y un mozo del café de Fornos llamado Pepe (p. 550).

La relación amical con una gran diferencia de edad se confunde a veces con otra institución próxima, la del mentor o protector. Es muy típica de la vida intelectual. Es la que enlaza, por ejemplo, la de José Luis L. Aranguren con Eugenio d'Ors, su primer mentor. Otras veces se produce una relación más clásica con un protector social y económico, como la del novelista Eugenio Noel con la marquesa de la Vega del Pozo. El lector curioso puede visitar el catedralicio panteón funerario de dicha marquesa en el cementerio de Guadalajara. Así entenderá lo que pudo dar de sí la vanidad de la rica aristócrata protectora de artistas.

La relación de protección se establece otras veces con los «maestros» de la misma profesión. Es el caso de la fidelidad de Fernando Fernán-Gómez hacia Enrique Jardiel Poncela o hacia José Luis Sáenz de Heredia (Fernán-Gómez 90, II:8). Un fenómeno curioso es que, en esos casos de relativa asimetría con el protector o el mentor, llega un momento de ruptura, de emancipación. Aranguren o Fernán-Gómez, con los años, subrayan su progresismo, al pasar sus respectivos mentores por reaccionarios o incluso fascistas. Noel rompe abruptamente con la marquesa y exagera su republicanismo.

Una curiosa relación de tutela intelectual es la que une a Melquíades Álvarez con Leopoldo Alas (Clarín). Éste le aventajaba en doce años. Fue su mentor político y profesional en Oviedo. El círculo se cierra más tarde, cuando Melquíades Álvarez abre un exitoso bufete y un despacho político en Madrid. Coloca como su pasante al hijo de Clarín, también llamado Leopoldo y que usa el mismo nombre literario. Durante los años de la República este segundo Clarín se rebela contra su protector y lo denuncia (García Venero 74:440). Fue una verdadera «muerte del padre». La tragedia es literal. Melquíades Álvarez es asesinado en la cárcel Modelo de Madrid en 1936. El detalle espeluznante es que el hombre trata de convencer a su asesino (don Melquíades fue un formidable orador), quien airado por no saber contestarle, le clava la bayoneta en la garganta.

Una relación muy típica de pupilo-mentor es la que sostuvo Antonio Maura con Germán Gamazo, terrateniente de Valladolid. Éste era un prominente liberal —un cacique, en el mejor sentido—, abogado de gran renombre. Antonio Maura entra de pasante en el bufete de Gamazo y se casa con una hermana suya. Durante algún tiempo fue el de Mallorca «el cuñado de Gamazo». Luego, se dijo, pasó a ser Gamazo «el cuñado de Maura» (Rovira 53). Antonio Maura asciende por las gradas del poder auspiciado por su formidable facundia. Germán Gamazo prefiere reservarse en la esfera de la influencia. Él mismo definió con sorna el juego de los dos papeles complementarios: «Antonio es el escaparate. Yo, la trastienda» (Espina 95:132).

La figura del maestro aparece especialmente destacada en las biografías de los científicos. Éste es el caso de Eduardo Ortiz de Landázuri, famoso médico internista, que había de seguir las huellas de Carlos Jiménez Díaz. No sigue sólo sus enseñanzas, sino la manera totalizadora que daba al diagnóstico, lo que su discípulo denomina «espíritu artístico» (López-Escobar 94:59). Se trata, por cierto, de un curioso caso de réplica biográfica. Ambos médicos crean sendas clínicas de prestigio: la clínica de la Concepción y la de la Universidad de Navarra. El éxito los lleva a perfeccionar la división del trabajo, la especialización, la cual acaba con el espíritu fundacional de la medicina interna totalizadora. Son casos llamativos de lo que se puede considerar como autodestrucción del éxito. O más sencillamente, los grandes creadores no tienen sucesores.

En la amistad hay sentimiento, pero predomina el interés común, la ayuda recíproca, producto del afecto mutuo. Las relaciones amicales logran romper las de desigualdad, o al menos de neutralidad, que operan en otras esferas de la vida cotidiana, fuera de la familia, claro está. La ventaja de los amigos es que con ellos cabe más elección que con los familiares. Nótese que existe el divorcio, pero sólo para el cónyuge, no para el resto de los parientes. En cambio, la ruptura con los amigos es más fácil. A veces sobreviven las «amistades de la infancia», sin posible ruptura, como suspendidas en el tiempo, casi como una forma de parentesco.

No es fácil encontrar textos que avalen la suposición de que las relaciones de amistad desplazan las de parentesco. Pero una lectura atenta de algunas biografías conduce a esa sospecha. Julián Marías la corrobora: «Lo personal ha predominado en mí absolutamente: la sangre, el apellido, la estirpe, nada de eso me ha importado gran cosa... Desde muy joven he preferido a mis amigos a todos mis *parientes*, es decir, a la familia fuera del círculo más íntimo» (Marías 89a:123). Manuel Azaña hubiera suscrito una cosa así, si bien su mejor amigo fue siempre su cuñado, pero emparentó con él a través de la amistad.

Ramón Areces, el artífice de *El Corte Inglés*, aunque se rodea de parientes para dirigir el negocio, lo hace con una previa exigencia de lealtad personal. Es decir, se apoya sobre las relaciones de amistad. Razona así: «Mire, la amistad es lo más importante. A los amigos se los escoge; la familia se la colocan a uno» (Cuartas 92:538). Hay una tradición española, y singularmente madrileña, que es la de concentrar los amigos en la circunstancia del trabajo, de la profesión. Josep Pla llama nada menos que «el sistema» al rasgo cultural de los madrileños por el que si «hay amigos, hay favores». La red de amistades se compone en Madrid de sutilísimos hilos de favores recíprocos, de expectativas de devolución (Pla 86:206). De ahí se deriva el amiguismo, que es otra cosa. Realmente habría que introducir aquí el fenómeno del «caciquismo» respecto a la vida política, lo que hoy llamamos «tráfico de influencias». Es otro capítulo.

Son abundantes los testimonios respecto a la centralidad de la pareja de amigos en las biografías de las personalidades creadoras. De hecho, los autores se refieren a esa otra persona amiga, según las etapas de su biografía, más que a su cónyuge. Quizá la intimidad con el amigo, al no ser táctil, no inhibe tanto al autor para referirse a ella. Un caso de relación amistosa verdaderamente auténtica puede ser la de Oriol Bohigas con Josep Martorell. El primero emplea incluso la atrevida metáfora de «matrimonio indisoluble» para describir la profunda relación con su socio y amigo. El cual «soportaba con abnegación desmesurada el peso de nuestro estudio» de arquitectos, de tal manera que Oriol Bohigas podía dejarse llevar por su «visceral diletantismo». Es decir, se trata de una estupenda relación de complementariedad que con tanto éxito se da en los matrimonios bien avenidos (Bohigas 91:307).

La relación de amistad se establece muchas veces entre colaboradores. Forman una especie de simbiosis, de tal manera que resultan mutuamente insustituibles. Es el caso, por ejemplo, de la amistad entre Luis G. Berlanga y Rafael Azcona. Reconoce el primero que forman como una pareja, en la que están siempre presentes las peleas y subsiguientes reconciliaciones. Por encima de todo, lo que los mueve es estar juntos y conversar sin medida (Gómez Rufo 90:171).

Hay una relación de amistad entre colaboradores muy característica. Es la que se da entre el obispo y lo que se llama el «familiar», que suele ser un clérigo, pariente o no, pero muy cercano al titular. Oficialmente es una especie de secretario que sigue a todas partes al obispo, como el escudero al caballero. Es el caso, por ejemplo, de monseñor Enrique y Tarancón. Nombra como «familiar» a un antiguo compañero de seminario, «no para ejercer ningún cargo oficial, sino para que viviese conmigo y fuera mi confidente, mi amigo, mi álter ego». Así estuvieron, «íntimamente compenetrados» los dos, «no solamente en los primeros meses de mi pontificado, sino durante veintitrés años» (Enrique y Tarancón 96:61).

Hay que introducir aquí la modesta teoría del radio de los círculos sociales. Una sociedad tradicional, por definición, organiza sus relaciones con un radio corto, tanto espacial como socialmente. El campesino pobre no tiene más remedio que convivir, relacionarse y casarse con los de su mismo pueblo y condición. Pero esa misma pequeñez de los círculos sociales se aplica, paradójicamente, a las clases urbanas, burguesas, profesionales. En esos ambientes hay medios suficientes para ampliar los respectivos círculos, pero voluntariamente se reducen al mínimo. La sociedad se hace doblemente estrecha. El principio se aplica con justeza a la sociedad española. La reducción de los círculos afecta a muchos rasgos: la escasa curiosidad por otros pueblos, la endogamia ocupacional o geográfica, la propensión a que los amigos sean del gremio de uno. La reducción de los círculos sociales en que consiste la amistad viene a ser como una coraza protectora contra los riesgos de la vida social indiscriminada. Claro que el hecho de mantener relaciones de amistad lleva también mucho tiempo y esfuerzo. Se dedica uno a ello si realmente compensa.

La amistad puede verse incluso como una defensa solidaria ante las presiones de un medio hostil. El biógrafo de César Rodríguez narra un extraordinario suceso de solidaridad grupal. Se refiere a los vecinos de la aldea de Llantrales, la patria chica del que había de ser el alma de El Corte Inglés, que a su vez es el tío de Ramón Areces. Esa dinastía procede de Llantrales, donde todos los vecinos vienen a ser más o menos parientes. El caso es el de la pequeña Balbina, sobrina de César Rodríguez. Estamos a principios del siglo XX. La niña, jugando con el fuego del hogar, resulta con gravísimas quemaduras. El médico del lugar, don Manuel del Valle, acuerda que no hay más remedio que hacerle a la niña un injerto para sustituir la piel quemada. Llama a todos los del pueblo y a cada uno de los voluntarios le quita un cuadradito de piel de las nalgas. Así recompone una especie de centón que injerta en el cuerpo de la niña. La cual sobrevivió perfectamente del lance y llegó a tener nietos. Los lugareños de Llantrales pasaron a ser «los cortados». Los voluntarios constituyeron una cofradía que celebraba anualmente la «fiesta de los cortados» (Castaños 69:165). Con toda seguridad, por todo lo que sabemos, algunos de esos cofrades «cortados» acabaron en El Corte Inglés.

Aunque esta historia de la donación de la piel pueda parecer tan extravagante, encontramos su réplica en Cataluña. Se trata en este caso de la empresa textil de la familia Güell, a finales de siglo. Se llamó propiamente «colonia» porque integraba la fábrica con las familias que de ella dependían, dueños y trabajadores. En 1905 tiene lugar el curioso incidente de un niño que cae dentro de un depósito de tintura ardiente, con la consecuencia de gravísimas quemaduras. La *colonia* entera se apresta a donar sendos trozos de piel para poder trasplantarlos a la víctima. El primero en ofrecerse fue el director de la fábrica, Claudio Güell López, de estirpe empresarial y nobiliaria. Era el símbolo de la concepción paternalista y solidaria de la empresa catalana (McDonogh 89:114).

La solidaridad —palabra que se repite mucho en Cataluña— se aplica a otras varias esferas. Juan Goytisolo describe muy bien el ambiente juvenil de los «letraheridos» de Barcelona, lo que luego se ha llamado «generación etílica». Ante todo, eran amigotes. Describe las interminables veladas de «alcohol y putas» que ponían en contacto los alevines de escritores con los ambientes más sórdidos. Era el equivalente inmoral de la guerra que no iban a vivir las primeras promociones posbélicas (Goytisolo 85:161). Con notable desenvoltura, el autor insiste en que la combinación de vigilias de alcohol y promiscuidad «formaban parte de nuestro rechazo vital del franquismo y las formas de vida burguesas» (Goytisolo 85:235). Se entiende que Franco muriera en la cama. Después de lo cual, las formas de vida burguesas se iban a asentar definitivamente.

No siempre la amistad implica similitud de ideas. Un ejemplo de amistad entrañable entre colegas de opuesta orientación ideológica es el de Pereda y Galdós. Ambos empiezan leyéndose y «resultó que nos sabíamos mutuamente de memoria», según recuerda José María de Pereda (Ortiz-Armengol 95:259). Se sentían ambos de acuerdo en casi todo, curiosamente con la excepción de los graves asuntos políticos y religiosos. Los cuales no obstan el estupendo entendimiento entre los dos escritores. Pereda tenía diez años más que don Benito, pero eso no era mayor inconveniente en aquella época, de la que nos aleja la sucesión de cuatro generaciones. Ambos escritores fueron amigos, a su vez, de Manuel Marañón, padre del famoso médico y escritor Gregorio Marañón y también de filiación conservadora, como Pereda. Gregorio Marañón, joven, fue el médico de cabecera del Galdós senil.

Otro caso inminente de amistad literaria es la que se establece entre F. Navarro Ledesma y Á. Ganivet. Le escribe el primero al granadino que «la amistad [es] el sentimiento más noble, respetado y dignificado del hombre y cien veces superior al sentimiento que suele llamarse amor» (De Zulueta 68:55). La verdad es que ambos escritores fueron asaz desgraciados en cuestión de amores.

Una historia que más parece de amor subyugante es la de Francisco Giner y Manuel Bartolomé Cossío, las dos almas gemelas de la genial Institución Libre de Enseñanza. A los diecinueve años, Cossío (éste es su segundo apellido, por el que se le conoce) se encuentra con Giner, que le llevaba dieciocho años. Estamos en 1876, en los comienzos de la Restauración. El joven Cossío, que era huérfano de padre, inicia una relación de intensa amistad con su mentor. Fue «una amistad y un afecto que llegaron a ser los de un hijo y un padre» (Otero 94:50). Aunque, la verdad, las cartas que se conservan traducen más bien un delicuescente afecto amoroso. Anotemos algunas frases de las misivas del joven Cossío: «Nunca como ahora he tenido yo deseos de tenerle a usted a mi lado para abrazarle y besarle y desahogar en la de usted toda mi alma» (p. 51). Ortega y Gasset dijo abruptamente que «Cossío estaba enamorado de su maestro», aunque se tratara de un sentimiento espiritual (p. 55). Ni la época ni el ambiente ni los personajes podían permitir otra traducción. No hay razones para afirmar que fuera una relación homosexual. Sólo que, en el caso hipotético de que hubiera sido así, los personajes no lo habrían dejado traslucir. Es más, una relación homosexual de entonces se tendría que haber quedado en los límites afectivos que traducen los documentos. No se olvide que estamos en España a finales del siglo XIX. En 1895, Oscar Wilde era condenado en Inglaterra por el pecado nefando. En España, literalmente, no se podía ni mencionarlo. Las cartas de Cossío a Giner se asientan más bien sobre la tradición de amor místico de santa Teresa a san Juan de la Cruz. Dicho sea, salvando todas las posibles distancias y algunas de las imposibles. «Todo lo grande, puro y noble que yo gozo me viene de usted», escribe Cossío en 1878 (p. 57). Dos años después, le promete al maestro que «cuando yo sea algo útil y usted algo menos joven, su mujer será mi madre y mi mujer su hija» (p. 69). Lo que hubiera dado Sigmund Freud por conocer esa carta. Por esas fechas, el fundador de la escuela psicoanalítica era todavía estudiante en Viena. Pocos años más tarde, en 1885, Cossío y Giner compartirán la misma residencia con sus respectivas esposas. Cossío se casa con una prima lejana nueve años más joven (p. 184). La vida de las dos parejas, junto a la de otros asociados, equivale a la de un convento laico. Todo se sublima al propósito pedagógico y de salvación secular de la Institución Libre de Enseñanza. Si no se entiende la peculiar relación personalísima entre Giner y Cossío, será difícil comprender la singularidad de la institución. Éste es un caso en el que resulta imprescindible el método del análisis biográfico.

Otro caso de fidelísima amistad es la de Manuel Azaña con Cipriano Rivas Cherif, que sería su cuñado, el cual tiene trece años menos que don Manuel. Cherif escribe una biografía encomiástica de su amigo y mentor. En contra del estereotipo sobre la frialdad de don Manuel, lo describe poseído del «arrebato sentimental de la pasión amistosa, política o de amante» (Rivas Cherif 81:155). Cuando Azaña accede a la presidencia del Gobierno, en 1931, su biógrafo anota: «Participo en el goce general con un sentimiento exclusivo e intransferible... Aquel hombre *eminente* en toda la acepción de la palabra es un poco obra mía» (p. 206). Se entiende el pequeño escándalo que promovió una serie de cartas escritas por Jacinto Benavente. Señala Cherif que el dramaturgo «insultaba nuestra amistad fraternal [la de cuñados], atribuyéndoles un sentimiento de los que antes se decían inconfesables y que él no siempre ha disimulado en su vida íntima» (p. 223). Hoy una historia como ésa no tendría mayor trascendencia, pero en los años treinta el asunto debía de ser la comidilla de las tertulias.

No hay que ver sólo el lado afectivo, integrador, que tienen los grupos de amigos, y más si hablamos de parejas. Está también el aspecto de conflicto que significa el grupo amical frente a todos los demás, más aún frente a los enemigos. La paradoja es que la centralidad de las relaciones entre amigos en la vida española envuelve un clima realmente hostil cuando se contempla un haz de relaciones más amplio. Por aquí entramos en la noción de amiguismo. Se puede aplicar aquí el testimonio de Julio Caro Baroja. Como tantas otras veces, se junta en él la observación penetrante del etnólogo con sus vivencias familiares: «En España puede desarrollarse fuerte un tipo de sentimientos afectivos, por lo mismo que también se dan los odios violentos, las hostilidades ideológicas que llevan al *paseo* y al asesinato. Los afines por temperamento se agrupan y el grupo es más cordial y entrañable. Acaso en países con una vida pública menos dura las amistades sean también menos fuertes» (Caro Baroja 72:130). En este caso la biografía del autor es un ejemplo de su teoría. Pocas personas han tenido tan clara la distinción amigo-enemigo.

El amiguismo se convierte en la constitución real del franquismo. Ésta es la brillante interpretación del más valeroso disidente de ese régimen. «Todo se obtiene hoy en España —el acceso al empleo, la concesión de un negocio, la adjudicación de un piso, la instalación de un teléfono, la resolución del trámite burocrático más vulgar— porque se tiene un amigo... Se ha desencadenado entre nosotros un verdadero tráfico de favores, una nueva y curiosa forma de mendicidad, la mendicidad de la influencia, que nos retrotrae a las épocas más viciosas del milagrerismo cortesano» (Ridruejo 64:135). La última alusión se refiere quizá a la época de Isabel II. Pero, como se ve, el sonoro párrafo transcrito podría aplicarse a los recientes sucesos de lo que todo el mundo llama «tráfico de influencias». La caracterización es anterior, como vemos. Es la consecuencia más desmoralizadora del amiguismo.

El amiguismo no hay que verlo sólo con la mentalidad puritana de quien considera la lógica falta de equidad que provoca. Esa descompensación puede ser para bien, al atenuar las rigideces que pueden ser aún peores. Por ejemplo, son abundantes los testimonios que se refieren a que el amiguismo atenuó mucho las crueldades de la guerra civil. «Mucha gente se escapó de los fusilamientos gracias a algo que está más allá de la política» (Cavero 90:21). Lo dice Francisco Fernández Ordóñez, un ex ministro del PSOE, pero lo había sido antes de la UCD y un alto cargo del franquismo. Su procedencia familiar es también franquista. Precisamente, su trayectoria personal se apoya sobre un magistral dominio de las relaciones de amistad. Recuerdo una conversación muy afectuosa que tuve con él pocos días antes de ser nombrado ministro de Felipe González. Fue extremadamente crítico con la figura de quien iba a ser su jefe político y con los ministros de la zona económica. Pero se llevaba bien con otros prominentes líderes socialistas. Es un caso ejemplar en el que se comprueba que las relaciones amicales privaban sobre el parentesco ideológico.

La distinción radical amigo-enemigo se repite a través de las memorias de los escritores, políticos y profesionales. El enemigo ni aparece; no se le cita. El amigo lo es todo. Un típico especialmente solitario y conflictivo es Eugenio Noel, apóstol de las causas perdidas. Confiesa amargado: «Ningún literato habla de mí, si no es para insultarme» (Noel 62, II:96). La verdad es que a un jugador profesional, como fue él, la vida le marcó con verdadera mala suerte. En España, la peor suerte es que le dejen a uno los amigos, o al menos que no lo sean quienes deberían serlo. Aquí es donde entra la noción de rivalidad aplicada a las relaciones amicales. Suele decirse que los ministros, cuando dejan de serlo, se llevan la terrible decepción de que el teléfono deja de sonar. Ahora comprueban que no eran tan amigos los que tanto llamaban.

Una relación de rivalidad es la que expresa el arquitecto Oriol Bohigas respecto a su colega y conmilitón Ricard Bofill. A pesar de sus manifestaciones de amistad, le reprocha su colaboración con Ramón Trías Fargas, un político que, «como mínimo, habría que calificar con el eufemismo de centro-derecha». Bohigas considera que esa colaboración traiciona la ejecutoria de Bofill, «tantos años de predicar marxismo y de firmar adhesiones al PSUC y a los socialistas» (Bohigas 91:80). Acusa a su colega de «escalada vedettística», lo que le ha permitido conseguir sustanciosos proyectos urbanísticos de tipo público. Y termina con la expresión de su cariño por el «viejo amigo», compañero de «frivolidades» y de «discretas juergas», amén de las «discusiones profesionales y políticas» (p. 83). Ésa fue la *gauche divine* de Barcelona, siempre exquisita, en la oposición y en el poder. Otra vez los amigotes.

Un estudio biográfico de Manuel Fraga parte de la interpretación de un personaje bifronte, «un político que concita a partes aproximadamente iguales la adhesión de rendidos feligreses —que no simple partidarios— y la irrecuperable animadversión de sus enemigos» (Vence 95:11). Su figura es realmente excepcional. Fraga fue un disciplinado ministro de Franco y más tarde un reconocido impulsor de la transición democrática. Sirvió con igual honradez al Estado centralista y a la Galicia autonómica. Hay que saber organizar muy bien la red de amigos para conseguir una supervivencia política tan extraordinaria. A ello le ha ayudado su carácter extrovertido, con tantos amigos y con una extensísima red de favores.

Son muchas las instituciones en el mundo intelectual que frecuentan no ya la rivalidad, sino las enemistades duraderas. Están, por ejemplo, las oposiciones y cada vez más los premios literarios. Nótese que no suele haber mucha diferencia de posición entre los jurados y los premiados. No se aprecia mucho el voto a favor de alguien (el premiado considera que se lo merece). En cambio, la verdadera significación es la del voto en contra; esto es lo que genera enemistades sin cuento, con las correspondientes justificaciones. El arquitecto catalán Oriol Bohigas, típico representante de la *gauche divine*, narra muy bien el caso de una deliberación para el Premio Príncipe de Asturias de las Artes. El de Barcelona se empeña en la candidatura del eminente arquitecto Francisco Sáenz de Oiza, pero la composición del jurado (José Luis Garci, Manuel Martín Ferrand, Fernando Rey, entre otros) llevó el premio a Luis García Berlanga. La «rabieta» que este resultado produjo al diletante arquitecto le lleva a este comentario: «Se diría que [el cine español] hasta ahora ha estado en manos de gente fracasada en otros caminos artísticos, refugiados en una actividad que tiene tantas carencias como coartadas» (Bohigas

91:31). Vista la obra arquitectónica de nuestro hombre, el juicio se podría aplicar igualmente a la arquitectura. Más que un juicio, se trata propiamente de una manifestación del resentimiento, tan característico de la vida cultural española.

Las terribles oposiciones no son sólo motivo de enemistades eternas. Nada une tanto como combatir. Se cuenta, por ejemplo, que José Canalejas, al opositar junto a Marcelino Menéndez y Pelayo a una cátedra de literatura, naturalmente la perdió. Pero esa pérdida le hizo hacerse amigo íntimo de don Marcelino. En este caso, al político le vino el triunfo por otro lado (Duquesa 53:45). Después de Simmel sabemos que los contrincantes se unen más de lo que ellos mismos pretenden.

Otras veces, los que parecen del mismo gremio se mantienen como rivales, no como amigos. En la república literaria hay muchos ejemplos. El novelista Insúa se refiere al crítico Enrique Díez Canedo, «de voz atiplada» (p. 611), y deja caer: «Es curioso cómo damos nombre de amigos a personas que son nuestros adversarios ocultos... El corazón se nos ablandaría demasiado y se nos adormecería el cerebro si siempre los acariciara el sentimiento de la amistad. Lo contrario es muy útil» (p. 608). A Díez Canedo lo describe antes: «lector infatigable, vocecita femenil, traductor de poetas, poeta él mismo y lo que se llamaba entonces *un cerebral*... Su sonrisa, por culpa de los dientes descuidados, resultaba verde» (p. 473) (Insúa 52). Esto de la sonrisa verde es el refinamiento del insulto.

2. Atuendo

La historia de la España contemporánea es también la de ese mínimo aspecto de la vida que es el atuendo. En este caso procedería un análisis gráfico, a través sobre todo de las fotografías. No es el objeto de este ensayo. Pero puede hacerse un pequeño recorrido cronológico para ver cómo ha evolucionado la indumentaria a través de los textos biográficos. Se seleccionan algunos ligeros apuntes que trazan la evolución a lo largo de un medio siglo decisivo, desde finales del XIX hasta la guerra civil de 1936.

A través de la cuidada biografía de Concepción Arenal, la condesa de Campo Alange hace un sagaz excurso sobre el atuendo. La ocasión es el vestuario tan extravagante que solía llevar Concepción Arenal (traje talar, prendas masculinas). «En la época a la que nos referimos... en el traje estaba todo minuciosamente representado: las clases sociales, las regiones, la división entre los sexos» (Campo Alange 73:75). Es decir, la indumentaria personal no dejaba casi nada al azar y muy poco al gusto personal. De ahí su interés sociológico. Es uno de los elementos del paisaje humano que mejor distingue la sociedad que podríamos llamar tradicional de la compleja.

El punto de partida es la formalidad. La sociedad de la Restauración estipula un rígido código de vestimenta, dirigido naturalmente a las clases burguesas. También en España soplaban los vientos victorianos. La fotografía no nos revela bien esa rigidez porque casi todos los retratos se hacen «mirando a la cámara», con personas preparadas para la ocasión. Pero esa misma formalidad en el atuendo de la clase media se proyectaba sobre la esfera íntima. El historiador Ramón Carande describe así a su tío en Carrión de los Condes, a finales del siglo pasado: «Usaba siempre en casa levita o abrigo negro y le gustaba estar cubierto con un gorrito de terciopelo negro, bordado de azabache» (Carande 87:82). El maestro del autor llevaba en la escuela «un abrigo negro con ribete de seda que le llegaba casi a las corbas [*sic*]. Enfundaba su calva en un gorro redondo de seda negra» (p. 90). Hoy estos tipos nos recordarían las figuras de los judíos ortodoxos. Obsérvese la obsesión de llevar la cabeza cubierta, que hasta la guerra civil fue general. La sutileza era que la prenda que cubría la cabeza tenía que ser muy distinta según la clase social del sujeto.

Los hombres eminentes de antaño procuraban cuidar su atuendo de tal forma que no parecieran excesivamente indolentes. Cuenta Miguel Ortega de su padre, José Ortega y Gasset: «Nunca vi a mi padre bañarse en el mar. Ni le vi en traje de baño» (Ortega 83:56). En efecto, las fotos que sorprenden al filósofo en ambiente veraniego lo representan de punta en blanco, como dispuesto siempre para dar una conferencia.

La gran institución de la burguesía madrileña de finales del XIX fue el veraneo. Una figura tan destacada como Antonio Maura primero veraneaba en Carabanchel Alto, luego en Torrelodones y en Santander. Pero incluso durante los días de veraneo se levantaba a las seis de la mañana y se vestía con meticulosidad. «Nadie le vio nunca en batín ni en zapatillas», dice su biógrafo (Rovira 53:147). El veraneo no era la ocasión para desembarazarse de la ropa incómoda como lo ha sido después.

La función social de la indumentaria formal era entonces la distinción social. Las clases sociales tenían que diferenciarse por la ropa, el calzado, el tocado y los adornos del cuerpo. Bastaba con exigir un poco para que se estableciera automáticamente la rígida separación de las clases.

Los recuerdos de la condesa de Campo Alange nos permiten revivir las costumbres de las señoras de la aristocracia sevillana a principios de este siglo. No existía nada parecido a las tiendas de ropa hecha. Ni siquiera bastaban las modistas locales. Las señoras aristocráticas se hacían vestir directamente por las casas de moda de París. Los representantes visitaban a esas damas «al menos una vez al año, a comienzo de la primavera». Les tomaban las medidas para los vestidos elegidos. A las pocas semanas les enviaban los vestidos desde París «en un paquetito facturado a gran velocidad». A veces, para una ocasión, encargaban el vestido por correo (Campo Alange 90:66). Este dato lo corrobora José Antonio Muñoz Rojas respecto a la burguesía terrateniente de Antequera: «Mi abuela nunca fue de tiendas. Se lo traían todo a casa» (Muñoz Rojas 94:19). Se refiere a la sociedad de principios del siglo actual.

Los textos anteriores apuntan, naturalmente, a una minoría aristocrática, todo lo más extensible a las capas burguesas o profesionales. El contraste era evidente con el atuendo monótono y raído de la mayor parte de la población. Véase cómo describe un comerciante catalán la indumentaria de sus convecinos. El cuadro se refiere a un pueblo industrial de la comarca barcelonesa hacia 1914. Nótese que es el momento de la gran expansión de la industria textil: «No había una sola persona que dispusiera de abrigo. Cuando la temperatura era baja, se cubrían con grandes mantas, llamadas *tapabocas*, y en cuanto a los zapatos sólo se utilizaban en días solemnes, tales como los de fiesta mayor, y aun así eran pocos los que podían presumir de ellos. Generalmente se calzaban alpargatas más o menos blancas. En cuanto a la americana, era poco frecuente, y la prenda habitual [para los hombres] consistía en una blusa negra» (Estrada 56:34).

El albacetense José Prat cuenta de su infancia (a principios de siglo) que era muy corriente, en la clase media, la costumbre de confeccionar los trajes de los chicos con la ropa, vuelta del revés, de los padres. Y añade: «Recuerdo un traje así hecho que me gustaba sobremanera» (Prat 94:129). Si vale de algo mi testimonio personal, aduzco que en los años cuarenta volvió a ser muy corriente esta práctica de volver los trajes del revés para vestir a los muchachos. Para decir toda la verdad, daba un poco de vergüenza.

La evolución del atuendo se dibuja a golpes. Hay momentos de cambios bruscos, después de los cuales la moda se estabiliza por un tiempo. Por ejemplo, las guerras son esos puntos de inflexión. Josep Pla, testigo de la época, anota que la guerra europea trajo «la aparición de los calzoncillos cortos y la abolición de los corsés» (Pla 94:339). La guerra civil acabó después con el sombrero obligatorio.

Hasta la guerra civil no existía propiamente la ropa de confección. «A los que querían vestir de señores no les quedaba otro remedio que recurrir al sastre. La plebe tenía *el traje* mal cortado, y luego varios más, heredados o arreglados» (Pardo 96:34). Las fotografías de la época permiten adivinar quién llevaba el traje nuevo, adaptado a su hechura, y quién lo había heredado. Todavía recuerdo yo que, de niño, me llevaban a una sastra para que me arreglara la ropa vieja o heredada. Hay muchos testimonios biográficos de esta práctica hasta doblar la mitad del siglo actual. Es el momento, realmente revolucionario, en el que las clases sociales empiezan a no distinguirse mucho por el atuendo cotidiano.

Frente a la severidad de la indumentaria que impone una sociedad más bien pobre, hay que reconocer también su contrario. Por otras razones, las relaciones interpersonales en España necesitan ser expresivas. De ahí que se cultive la forma, la presentación del yo, a la que más tarde nos referiremos (cap. 40). Luego el atuendo no hay que dejarlo al azar si la economía particular lo permite. Por ahí descubrimos el polo opuesto del dandi, que así define el *Diccionario* de la Real Academia: «Hombre que se distingue por su extremada elegancia y buen tono.» Nótese que «hombre» es aquí en su acepción varonil. La elegancia es sobre todo de la vestimenta. Dentro del gremio de los escritores, el tipo del dandi lo representa muy bien Antonio Botín Polanco, un autor vanguardista del período de entreguerras. «Era un hombre elegante, atildado, pulido» hasta el escrúpulo. Incluso se ocupó cuidadosamente de su indumentaria el mismo día de su muerte, que se precipitó por una complicada enfermedad de cáncer y de hígado

(p. 46). Su frágil salud, sus maneras elegantes, su visión aristocrática del mundo recuerdan mucho la figura de César González Ruano, y quizá también la de Alfonso Ussía, ya en nuestros días. Hay un especial sentido del humor de los dandis, para quienes el mundo está lleno de cursis.

3. Austeridad

El atuendo severo nos lleva a la austeridad de la vida toda. Más bien habría que decir *forzada* austeridad o, si se quiere, pobreza, miseria, con el consiguiente añadido de un gran sufrimiento colectivo. Éste es un rasgo indeleble de la vida de los españoles durante un siglo, desde mediados del siglo XIX, cuando comienza esta crónica, hasta cien años después. Puede que en épocas anteriores la vida fuera todavía más mísera, pero es un hecho que la gente no se compara con el pasado, sino con lo que podría ser su presente. Lo que ocurre a partir de 1850 (la era del ferrocarril y de la constitución de una mínima burguesía) es que la gente se intenta equiparar con los que viven bien. Es esa comparación insatisfecha lo que produce infortunio y malestar, pero al mismo tiempo es el rasgo dinámico de una sociedad que se moderniza. Aunque, a partir de la Restauración, la sociedad se va desarrollando, las biografías revelan muchas veces ese fondo de forzada austeridad al que aquí se alude.

Lo que sigue es una estupenda descripción del Bilbao de la segunda guerra carlista, el mismo que rememoró Unamuno en su primera novela, *Paz en la guerra*. En este caso, la descripción es más prosaica, como corresponde a un empresario. Pero coinciden ambos textos en la sencillez de la vida en un Bilbao que todavía no era la villa fabril de la siguiente generación. El cuadro se podría aplicar a otras muchas ciudades españolas donde dominaban los clérigos, comerciantes y profesionales: «La vida ordinaria era entonces sencillísima... Las personas de mejor posición de entonces no desdeñaban llevar un calzado recompuesto por fuera con un parche de cuero, ni el usar ropa dada la vuelta (*chaquetas volterianas*)... No había en Bilbao más que dos o tres coches particulares... Los vicios eran pocos y también pocas las necesidades... No había entonces más que cuatro postres, que eran *canutillos, manjar blanco, arroz con leche* y *colineta,* y, en cambio, tampoco había más que cuatro enfermedades: *pulmonía, viruela, tabardillo* y *mal interior*» (Orueta 52:73). El *manjar blanco* era una especie de croquetas dulces de gallina. La *colineta* era un surtido de dulces. El *tabardillo* era lo que luego se llamó tifus, que entonces se ignoraba a qué podría deberse. El *mal interior* era todo lo demás: *cólico miserere* (apendicitis), *debilidad* (consecuencia del poco comer), *escrófula* y *lamparón* (tumores y llagas), *hidropesía* (infecciones mal definidas). El hecho de que haya que explicar todo esto al lector de hoy indica el alto grado de complicación que tiene la sociedad actual.

Y, sin embargo, la sociedad de la Restauración se estaba transformando. La miseria no era general. La casa burguesa de finales de siglo dista mucho de la que había sido invariable durante siglos. Se decía de la vivienda burguesa: «la casa tiene todas sus comodidades». Las «comodidades» eran los «servicios» por antonomasia. «La primera novedad fue la instalación de agua corriente en el cuarto *común* o *excusado.*» Otra novedad era la luz eléctrica: «la casa tomaba por la noche un aire de magia: se estaban a todo momento encendiendo y apagando las luces» (Barga 64:117). En realidad no se apagaban mucho en esa primera época. La cuenta de la «luz» (no otra cosa era la electricidad) no se derivaba de un contador, sino del número de bombillas.

Las memorias de Pío Baroja reflejan muy bien el contraste entre los dos tipos de ambientes, la casa tradicional y la casa burguesa: «Ahora los jóvenes tienen su cuarto de estudio. En mis tiempos no había eso. La instalación de la clase media era un poco mísera. Los chicos estudiaban en el comedor, ante la luz del quinqué de petróleo y, a veces, en la candileja de aceite. Las casas tenían entonces pocas comodidades: no había cuarto de baño, pocas estufas, y mucho menos calefacción central. Se leía y se escribía, en el rigor del invierno, al calor del brasero» (Baroja 70, I:293). Aunque generacionalmente sea yo un «nieto» de Baroja, me reconozco en ese testimonio. Yo he conocido de niño ese modo de vida. La diferencia es que entonces podíamos compararnos con los que disfrutaban de una vivienda confortable.

El quiero y no puedo es una de las esencias de la clase media tradicional, lo que explica sus vicisitudes y tribulaciones. Rosa Chacel relata su familia de la infancia vallisoletana. «Aquella casa de cuatro mujeres [su madre y sus tías] estaba sostenida por la pensión de un coronel; esto es, apenas sostenida, y mis tías bordaban para fuera, así es como se decía, pero no se decía» (Chacel 72:62). Era un estigma que la mujer tuviera que trabajar fuera de casa. En realidad, las criadas solían vivir con las familias que las acogían. Trabajaban prácticamente por la comida y el refugio.

En la biografía de Ramón Areces se percibe muy bien el contraste entre el éxito final y la serie de adversidades iniciales. El hombre termina siendo uno de los más ricos de España y con el éxito de haber convertido *El Corte Inglés* en la principal empresa del país. Pero sus inicios están repletos de incidentes de sacrificio, durezas, fracasos, penurias, propósitos malogrados, rechazos familiares, frustraciones (Cuartas 92:658).

La vida simplicísima de los pueblos ya no podía ser la Arcadia feliz, precisamente porque había ejemplos de cómo se vivía en las ciudades. Ésta es la visión retrospectiva de un pueblo madrileño (Brunete) a principios de siglo: «Está en una llanura seca, sin árboles y sin agua, donde no crece más que trigo, cebada, garbanzos y algarroba. Hay que ir a buscar el agua con burros a tres kilómetros del pueblo... la mayoría de la gente sólo come una cebolla con pan por las mañanas cuando se van al campo, un gazpacho a mediodía y la olla por la noche, pero hecha sólo con garbanzos y un cacho de tocino» (Barea 59:41).

La sociedad sigue desarrollándose, pero la vida de las ciudades medias sigue siendo mortecina, elemental. J. M. Caballero Bonald recuerda su primera comunión en Jerez de la Frontera, en 1935. «En aquella época apenas si se festejaban tales ceremonias religiosas. A diferencia de lo que ahora ocurre —todo ese ridículo elenco de banquetes y majaderías anexas—, la celebración se reducía entonces discretamente a un privado acto devoto y a un desayuno en el ámbito familiar» (Caballero Bonald 95:14). El autor proviene de un ambiente de clase media acomodada.

La vida española de la primera mitad de este siglo revela no sólo carencias y estrecheces, sino profundas desigualdades. Los testimonios biográficos nos permiten comparar el tenor de vida de unas clases y otras. Un ejemplo. La apasionada biografía de un médico (por otra parte tan ejemplar), Eduardo Ortiz de Landázuri. Cuando accede a la cátedra de la Universidad de Granada en 1946 monta su consulta particular. Fija sus honorarios en quinientas pesetas por consulta, una cantidad que quintuplicaba la de sus colegas (López-Escobar 94:126). Nótese que esa cantidad se refiere a lo que se llamó «el año del hambre», en torno a 1947. Cito, como contraste, el testimonio personal. Por esas fechas, el sueldo de mi padre, como humilde funcionario, contando propinas y trabajos extras, no debía de ser superior a las quinientas pesetas *mensuales*. Por esas mismas fechas, en Granada, recuerda un eminente abogado sus modestos comienzos. Las casas de la clase media carecían de calefacción. «Para que nos consoláramos, se nos venía diciendo que había que tener mucho cuidado porque la calefacción perjudicaba la salud» (Jiménez Blanco 94:310). A los chicos de entonces se nos hacía creer que también era malo para la salud tomar helado o leer mucho tiempo con luz eléctrica. Menos mal que nuestros sabios gobernantes procuraban nuestra salud con generosos cortes de la corriente eléctrica. Claro que la solución de leer con velas todavía era peor para la vista.

El novelista Benet da una pista de por qué le «revuelve las tripas» la decoración cinematográfica de cenar con velas. Podría extenderse a otros muchos españoles hoy talluditos. Simplemente es la asociación poco consciente de los años de la posguerra, en los que los continuos apagones obligaban a alumbrarse con velas (Benet 87:33). Más que apagones intermitentes eran tardes enteras en las que se cortaba oficialmente la electricidad, que entonces era «la luz». Al menos, para los niños de entonces, esto tenía un lado positivo, que se adelantaba la hora de salir del colegio. Eran un regalo aquellas tardes extras de asueto. Pero luego lo de cenar y estudiar con velas, sin radio y sin infernillos eléctricos, hacía muy triste la noche. Los llamados infernillos (vaya nombre) eran entonces muy comunes. Su utilidad se redoblaba si se conseguía engancharlos a la luz general o se ponía una «trampa» en el contador de la electricidad. Era una forma de «hurto famélico» con la que se defendían un poco las clases humildes. Desde luego, mi familia. No me avergüenza mucho reconocerlo, si hay que ser sinceros.

Juan Antonio Vallejo-Nágera cuenta muchos detalles de la austeridad espartana con que vivió de niño con sus padres y abuelos. Y eso que su padre fue un eminente psiquiatra, muy bien relacionado con el régimen. Su madre era nada menos que amiga de Carmen Polo de Franco. La mentalidad de ahorro hoy nos parecería extravagante. En casa de su abuelo, cuenta nuestro autor, se guardaban todos los papeles de colores «para picarlos y que sirvieran de confetis en el carnaval». Y añade que «en mi casa [la de sus padres] no recuerdo que nunca, jamás, se tomase un aperitivo. Mi padre no tenía necesidades económicas» (Vallejo-Nágera 90:33). Quiere decir que sus padres no carecían de medios, pero no tenían ninguna necesidad de gastarlos. El autor quizá idealice un poco el pasado de frugalidad, pero recuerda que «el pan blanco era un lujo». Y de ahí le ha «quedado la obsesión de no dejar nada en el plato... No lo puedo remediar» (p. 70). Aduzco, una vez más, el testimonio personal de los años de la posguerra para corroborar ese mismo recuerdo del pan blanco como un lujo. Los niños de San Sebastián pasábamos a Hendaya, que no era fácil, para traer en la mochila una *baguette*. Había que partirla en trozos y envolverlos con ropas para que no lo requisaran los carabineros. Lo que me ha quedado realmente es la misma obsesión por no dejar nada en el plato. Supongo que es una tacha de las personas de mi generación. Se nota mucho, porque el uso de las siguientes promociones es el de dejar siempre algo en el plato. Hasta ese punto influye la fecha de nacimiento.

4. Catalanes

Este libro es sobre la sociedad española en su conjunto. No hay lugar para hablar de los españoles a través de su adscripción regional. Haría el texto interminable. Por lo menos tenemos que dar cuenta de los catalanes. Hay dos sólidas razones para ello. La primera es que Cataluña es la región (o, si se quiere, la nación) con mayor densidad cultural *propia* de todas las que componen el mosaico español. La segunda es que hay muchos textos biográficos referidos a personajes catalanes. Es decir, a través de la fuente de conocimiento aquí elegida, podemos averiguar más de Cataluña que de las otras regiones, por lo menos después de Madrid.

Hay que reconocer a los escritores catalanes una especial maestría para trazar el retrato de sí mismos. Es curioso que los pintores se vean obligados a pintar su autorretrato, mientras que muchos escritores no saben cómo presentarse ellos mismos. El ejemplo de Josep Pla al realizar su autorretrato físico y moral es sencillamente insuperable. Anotemos algunos trazos, tan alejados del estereotipo del intelectual y del catalán: «Soy un individuo absolutamente negado para el comercio... Me gustan más las mujeres simpáticas que las bellas; tengo una tendencia al racionalismo matizada por la ironía; me gusta vivir entre gente bien vestida, aunque por mi parte jamás he prestado atención personalmente a mi indumentaria... Prefiero la conversación con un comerciante, con un industrial, con un campesino, con un veterinario que con un colega... De esta lamentable situación proviene mi aire de hombre desocupado que busca trabajo y no lo encuentra. Por eso, señora, no me encuentro a gusto en parte alguna y voy por el mundo como una sombra errante» (Buqueras 85:44; escrito en 1918). Una descripción así cuadraría bien a Pío Baroja, después de todo otro periférico. Desde luego, Pla está muy lejos del estereotipo del catalán. Lo que pasa es que entran dudas respecto a la certeza estadística de ese estereotipo. Por lo menos se puede decir que los escritores se alejan bastante de ese catalán idealizado, que se identifica en seguida con un comerciante o empresario.

Nadie dudará de la catalanidad de Carlos Barral, a pesar de su querencia por escribir en castellano. Profesionalmente fue, más que nada, un hombre de negocios, aunque el negocio fuera el editorial. Pero el hombre realiza una sincera descripción de los rasgos de su personalidad que también se aleja mucho del estereotipo del empresario catalán. Se ve de esta manera: «Desconfianza en la ciencia empírica, horror a la deformación utilitaria del mundo, indiferencia ante el futuro no inmediato, sensualismo y vinculación pasional a los objetos próximos y a sus representaciones, relación entre el sentimiento de identidad y la conciencia de la muerte» (Barral 78:94). Esta descripción se podría aplicar más bien al estereotipo opuesto del andaluz. Naturalmente, a Barral le habría escandalizado tal conclusión.

Salvador de Madariaga arremete contra el tópico de que el *seny* es una constante del carácter social de los catalanes. Él los ve, al contrario, como «enamorados de la causa, la que sea». Cita el caso de José María Sert, el pintor grandioso retorcido y desmesurado (Madariaga 81:131). En contra de lo que se suele decir, también incluye a Francesc Cambó en ese elenco de catalanes apasionados (p. 154). Habría que recordar la tesis de Vicens Vives sobre las dos características polares de los catalanes, el *seny* (sensatez, mesura) y la *rauxa* (pasión, desmesura). Lo que pasa es que el catalán no quiere exhibir ninguno de esos dos polos. Por eso intenta traducirlo todo al punto medio del dinero, con el que puede pasar inadvertido. Quizá sea esa especial timidez la verdadera esencia del catalán medio, si es que se puede hacer tal abstracción.

Precisamente, la enorme fuerza del nacionalismo catalán está en que, contra el parecer general, desborda el planteamiento económico, el plano de los intereses. Un testimonio auténtico es el de Francesc Cambó, quien, en la que había de ser su última intervención parlamentaria (1934), sostiene: «No os hagáis ilusiones. Pasará este Parlamento, desaparecerán todos los partidos que están representados, caerán regímenes, y el hecho vivo de Cataluña subsistirá. Cataluña, contra lo que muchos creen, es un pueblo morbosamente sentimental» (Pabón 52 I:23). El pronóstico iba a cumplirse porque el diagnóstico era acertado.

Enrique Tierno comparte una cierta impresión que se tiene sobre los catalanes como «extrovertidos», «gesticulantes», la tendencia a «caer en la demasía». Lo asombroso es que subraye el hecho de que Jordi Pujol no participa de esa descripción (Tierno 81:398). Si así fuera, no habría tenido tanto éxito la farsa *Ubu President* de Boadella. Ahí se personifica en Pujol el estereotipo del catalán extrovertido, gesticulante y desmesurado. La verdad es que se trata del revés del otro estereotipo del *seny*. El juego literario de Tierno se explica por su contumaz insistencia en ensalzar a los adversarios políticos. Lo cual hace poco fidedignas sus descripciones de los personajes que conoció. Sobre Jordi Pujol predomina el juicio que le hace un biógrafo, por otra parte nada adversario: «Jordi Pujol y Catalunya se sienten una sola cosa» (Wirth 81:28). Pase que Pujol se sienta así, pero el plural implica que «Catalunya» participa también de ese sentimiento. Parece una desmesura esa personificación de la nación catalana, sobre todo porque Pujol tampoco pertenece a un linaje esclarecido.

Es una hipérbole la identificación de una sola persona con Cataluña, pero no cuando la equiparación se establece con un reducido conjunto de familias. El estupendo análisis de un antropólogo concluye que la historia contemporánea de Cataluña se puede entender muy bien a través de «las buenas familias de Barcelona». Es un elenco, relativamente cerrado, de dos a tres mil personas, incluidas mujeres, claro está, porque la clave está en los enlaces matrimoniales (McDonogh 89:4). Al final sólo cuentan menos de doscientos apellidos (p. 13). En efecto, cualquier crónica sobre la vida pública, económica o cultural de Cataluña acaba manejando los mismos apellidos, que se entrecruzan con dedicada perseverancia. Naturalmente, la endogamia es sistemática. De ahí la necesidad que tienen ciertos empresarios y profesionales de manifestar los dos apellidos, unidos por la decisiva «i» latina, que imprime categoría social y sentimiento de linaje.

En Cataluña, como en otras partes de España, no es tan exclusiva como parece la identificación con la región o, si se quiere, la nación. El escritor Sebastián Juan Arbó recuerda que, en su comarca de origen, cuando era chico decían: «*No som catalans, ni castellans; som tortosins i marcelineros*» (Arbó 82:46). Este último adjetivo quería decir la identificación con Marcelino Domingo, un líder republicano de Tortosa, naturalmente muy querido por sus paisanos. En esto no son los catalanes distintos al resto de los españoles. Lo que une verdaderamente es el hecho de ser paisanos, más que compatriotas. Marcelino Domingo era tortosino, pero hijo de militar venido de fuera. Son innúmeros, a su vez, los casos de españoles no catalanes que tienen antepasados de Cataluña. Ésa es la realidad. De ahí que sea tan difícil el establecimiento de una especie de «carácter social» para los habitantes de dentro y de fuera del principado.

La biografía de Oriol Bohigas está repleta de nombres y apellidos, porque la vida barcelonesa es una densa trama de actividades empresariales y culturales. Pero las estadísticas nos hablan de más de una tercera parte de catalanes que son inmigrantes de primera generación. Ahora bien, el elenco de apellidos que teje la biografía de Oriol Bohigas es casi todo él indígena. Es más, Bohigas recoge el mensaje de los intelectuales catalanes, «enviado a todos los obispos del mundo [en 1996] en protesta por el nombramiento de un forastero como arzobispo coadjutor de Barcelona» (Bohigas 96:270). Añadamos el dato erudito de que, en esa fecha, el obispo auxiliar de

Madrid, monseñor Morta Figuls, era natural de Barcelona. Es una magnífica demostración de la tesis de las «dos Cataluñas», o mejor, las «dos Barcelonas», puesto que los que hacen y deshacen en Cataluña suelen ser, además, de Barcelona ciudad. Esta oposición no se da, por ejemplo, en Madrid, donde los que cuentan son, por igual, inmigrantes y aborígenes. La diferencia, claro está, es que en Madrid no hay dos lenguas. La división lingüística en Barcelona no es exactamente de clase. Los negocios son en catalán; los periódicos en castellano. Lo curioso es que un ramo económico típicamente barcelonés es el de la publicidad, que por necesidad tiene que trabajar en castellano.

La biografía de un hijo de inmigrantes castellanos llegados a Barcelona a finales del siglo pasado ilustra muy bien el proceso de asimilación. De niño encuentra un ambiente hostil en la escuela por ser castellano (Francés 62:136). Para vencer esa hostilidad, el muchacho se esfuerza en hablar catalán, en «transmutarse de castellano en catalán» (p. 186). Las compañías y lecturas hacen que, ya de joven, confiese: «me siento cada día más catalán y menos español... Admito y proclamo la independencia de *mi* Cataluña, pero no para separarla de *mi* Castilla, sino para unirlas más sólidamente por el amor» (p. 209). Más tarde ingresa en «un grupo revolucionario de tipo separatista» donde se mezclan ideas catalanistas y anarquistas (p. 313). Nuestro hombre acaba como militante activo de Esquerra Republicana de Catalunya. Después de la guerra civil se marcha exiliado a México, donde escribe añorante una autobiografía de cerca de mil páginas en cuarto. Es el prototipo del hombre gris. Así titula sus recuerdos firmados con seudónimo: *Memorias de un cero a la izquierda.* Realmente lo fue siempre en todos los círculos a los que perteneció. Nunca pudo superar la desventaja inicial de su origen cultural.

Las *Memorias* de Josep Maria de Sagarra muestran cómo, a principios de siglo, el ambiente social de la Barcelona burguesa representa la natural convivencia de las dos lenguas, catalán y castellano. El lector avisado sabrá apreciar que esa situación de bilingüismo ha sido una bendición para Cataluña. O también que cualquier intento de romper ese equilibrio hacia uno u otro polo ha sido un desastre cultural.

La reciente evaluación de la convivencia entre las lenguas catalana y castellana en Cataluña es de una singular naturaleza. Oigamos el testimonio de un escritor castellanohablante, referido a los años de la posguerra: «El catalán resultaba una lengua vinculada a personas y situaciones poco simpáticas, estrechamente ligada a la grosera lógica mercantil y proclive a los discursos injuriosos. Y era la lengua que generalmente se usaba para hablar con chóferes y porteras.» Eran los «escasos representantes del proletariado... [junto a] criadas y putas, que tenían contacto con mi preservada vida de señorito, aunque no rico» (Barral 75:54). Una generación más tarde, y sobre todo ya en la etapa democrática, este esquema de *diglosia* da la vuelta. La lengua del «servicio», de ciertas relaciones mercantiles y del insulto empieza a ser la castellana. El catalán pasa a ser el idioma de los señoritos, ahora ya señores y a menudo ricos o por lo menos enriquecidos.

Al leer las memorias de Barral (y de Pániker), Oriol Bohigas se maravilla de la falta de conexión entre la camada de escritores catalanes en castellano y los catalanistas. Las diferencias no sólo eran de lengua, sino de estilo de vida. Los catalanes castellanoescribientes provenían de colegios religiosos, escribían versos, se rebelaban contra sus respectivas familias y contra la religión heredada, eran mucho más mundanos (Bohigas 91:227). Y sin embargo la clase social era aparentemente la misma que la de los catalanistas como Bohigas. Hay otro punto de contacto, realmente sorprendente. Es la relativa pequeñez del círculo social de unos y otros. Hasta muy avanzada la juventud, apenas habían conocido más ambientes sociales que los del Ensanche barcelonés con el consiguiente apéndice de los veraneos cercanos. La sorpresa proviene de que estamos ante una clase social que podía viajar y sobre todo ante una dedicación cultural que pedía una mínima curiosidad por otras tierras u otras gentes. De hecho, como queda apuntado, ni siquiera se relacionaban entre sí los dos grupos de coetáneos separados por la lengua. Para redondear la paradoja, resulta que el punto de sutura entre los dos grupos citados de *letraheridos* se establece a través de la función magisterial de Eugenio d'Ors. Es tanto el admirado maestro de Jaime Ferrán como de Oriol Bohigas. Estamos ante una extraña simbiosis de nacionalismo catalán y de falangismo.

El antiguo falangista Dionisio Ridruejo fue, en su generación, uno de los más dispuestos a reconocer lo que se llama el hecho diferencial catalán. Por eso mismo tiene un gran valor testimonial la premonición que realiza en los últimos años del franquismo cuando ya es un disidente: «Hoy se podría demostrar con cifras que el espíritu de cicatería practicado en los años cuarenta con relación a Cataluña ha cambiado de signo para convertirse en política de halago.» Nuestro autor expresa el deseo de que «lo que conocí ayer no se repetirá hoy a la inversa, porque ése sería el peor camino» (Ridruejo 76:278). Desgraciadamente, el diagnóstico y el pronóstico se iban a cumplir con creces. Por fortuna, Dionisio no llegó a ver que sus temores se iban a ver rebasados por los acontecimientos. La «inmersión lingüística» de los años noventa ha sido la reproducción del odioso experimento, al revés, de medio siglo antes. Es una lástima que no haya surgido el equivalente actual de un Dionisio Ridruejo, pero del lado catalán. ¿Podría serlo Aleix Vidal-Quadras?

Quizá no pueda surgir la disidencia en Cataluña porque es casi un dogma político que los catalanes deben ser catalanistas. En cambio, nadie piensa ya que un español tenga que ser a la fuerza españolista. Es más, el nacionalismo catalán transmite el sentimiento de que los catalanes y los españoles son los polos de una insalvable oposición: «Para Pujol, la derrota [de Cataluña en la guerra civil] la sufrió su patria y no la de los que no estaban al lado de Franco... El concepto de enemigo se identifica a veces [para Pujol] no sólo con el franquismo, sino con los españoles, sean de donde sean» (Wirth 81:59). Esta presunción no se compadece con la realidad. Incluso la contraposición de la guerra civil no sitúa a todos los catalanes de un lado, del republicano. Fueron muchos, y sobre todo muy notables, los catalanes que eligieron el bando franquista. Más llamativo aún es el esfuerzo por subirse al carro franquista, después de terminada la guerra, por parte de algunos prominentes personajes catalanistas. Es muy curiosa la racionalización de cómo un antiguo catalanista moderado, José María Porcioles, acepta el cargo de alcalde de Barcelona en 1957. Parte de que había la conciencia de que «el sistema político español estaba marginando injustamente a Cataluña». Así que «estimábamos recomendable una presencia política en favor de los intereses catalanes *desde dentro*» (Porcioles 94:79). Queda deliberadamente ambigua la primera persona del plural. Hay que presumir la referencia a un vago catalanismo moderado. Así que el buen notario acepta complacido el cargo de alcalde de Barcelona, que considera «un puesto administrativo, sin compromiso político» (p. 80).

En la Barcelona de la posguerra conviven escritores e intelectuales moderadamente franquistas y moderadamente catalanistas. El novelista Juan Perucho es testigo de ese aire de colaboración. Participa en las revistas del SEU (*Alerta* y *Estilo*). Recuerda su relación con Luys Santamarina, falangista, quien estuvo a punto de ser fusilado en 1936. «Le salvó una comisión de escritores catalanistas presidida por Carlos Riba» (Perucho 93:103). A su vez, Santamarina salvó después de la represión a algunos catalanes republicanos. Es una simetría que se repite en más de una ocasión. La crueldad de las guerras civiles se ve atemperada por el supremo valor de la amistad.

Juan Perucho representa una salida literaria a la forzada colaboración de los intelectuales moderadamente catalanistas con el primer franquismo. Perucho se dedica a dos géneros típicamente escapistas: la literatura fantástica y la gastronómica, aparte de la poesía. Era una forma de escaparse de la incómoda realidad de los años cuarenta. Su misma actitud la comparten su amigo Néstor Luján y la pléyade de escritores catalanes que agrupa la revista y la editorial *Destino*. Esta página esteticista y hedonista de la vida barcelonesa ha sido olvidada después de la crónica oficial de la «cultura catalana», pero es imprescindible para el conocimiento de la completa realidad cultural de Cataluña. Que es bastante más que la cultura catalana.

5. Comida

No hay que confundir la forzada austeridad, que en el comer es frugalidad, con la voluptuosa apetencia de comida. Ambos rasgos parecen contradictorios, pero se dan conjuntamente en la vida española. La comida para los españoles es, más que nada, conversación. De ahí que sea el centro de la vida doméstica y de las relaciones afectivas. Después de todo, respiramos la tradición del *ágape* clásico, que era una manifestación de cariño.

Es de admirar que en algunos libros de memorias figure a veces con detalle lo que el sujeto comió en tal o cual ocasión. Éste es un rasgo, por ejemplo, de las peculiares memorias de Camilo José Cela. Asombra que un detalle tan mínimo se recuerde con precisión muchos años después. Es una tradición clásica. Ya en el primer párrafo del *Quijote* se nos dice lo que solía comer el ingenioso hidalgo, que era bien poca cosa. A lo largo de toda la novela, la obsesión por la comida marca al pobre Sancho Panza. La famosa escena de la ínsula Barataria, con las prohibiciones del doctor Tirteafuera, es una divertida prefiguración de las actuales hipocondrías alimentarias. Jaime Campmany nos suele deleitar hoy con estupendos artículos en los que se describe con detalle el menú que le dan los amigos. Suele ser como el de la ínsula Barataria, pero sin prohibiciones.

A principios de siglo incluso la comida de los ricos, dependiendo de qué familias, era bastante frugal. Josep Maria de Sagarra describe bien ese ambiente doméstico de una familia muy distinguida, pero que miraba mucho los posibles derroches o caprichos. La merienda de los niños consistía en «un panecillo con media tableta de chocolate, pero pedregoso», o bien con «un trozo de dulce de membrillo, bastante ordinario». El autor era consciente de que los otros niños del colegio, todos de un ambiente burgués, comían mejor (Sagarra 81, I:197).

Pocas sociedades habrá en el mundo donde se haya dado el paso de la escasez a la abundancia de alimentos en el lapso de una generación, esto es, treinta años de vida. Éste es el caso de España. Son unas las costumbres de los padres y otras, opuestas, las de los hijos por lo que respecta a la relación con la comida. El contraste lo observa con finura Max Aub cuando vuelve a España después de treinta años de exilio. Anota que en las comidas familiares «desechan los platos mediados... Sobra comida. La dejan. La desperdician. La tiran» (Aub 71:162). Esto era en 1969, el inicio de una tendencia que habría de exagerarse todavía más. Chocaba esta nueva práctica con el uso inveterado de que «el comensal debe terminar lo que tiene en su plato». La norma actual es más bien la contraria. Gracias al testimonio de Max Aub podemos datar el punto de inflexión de la sinuosa trayectoria.

Pero el asunto viene de lejos. Realmente, a lo largo de toda la España contemporánea, se registra el contraste entre frugalidad y voluptuosidad. Como luego veremos, es acaso un trasunto de la obsesión por la muerte (véase cap. 23). No en vano está la tradición de los velatorios, que concluyen con generosas libaciones y sustanciosos condumios. «El muerto al hoyo y el vivo al bollo.» Eso es España, y no tantas bellaquerías metafísicas como se han escrito.

Debemos a Azorín una admirable página sobre la voluptuosidad de un tío suyo de Yecla. La fecha podría ser la de 1885, precisamente un tiempo de terribles hambrunas en la España pobre: «Cuando, ya sentados a la mesa, llegaba el momento en que sacaban el cocido, yo veía que ésta era la más íntima e intensa satisfacción de mi tío Antonio. Estos hombres buenos y escépticos son terriblemente sensuales; mi tío había comprado por la mañana en la plaza los aprestos de la comida, escogiéndolos con cariño, regateando el precio, sopesándolos, remirándolos, acariciándolos. Y luego su sensualidad consistía en devorar beatamente los garbanzos, la carne grasa, las patatas redonduelas y nuevas. Y yo lo veo, con su cara redonda y su papada, cómo rosiga y sorbe los huesos, cómo los golpea contra el plato para que suelten la blanda médula. Y si es día solemne y hay al final una fuente de natillas, entonces su satisfacción es completa» (Azorín 20:128). Definitivamente, el vivo al bollo.

Corpus Barga sitúa a finales del siglo pasado esta escena doméstica madrileña: «El almuerzo tenía que verificarse a la hora meridiana... las doce del día. Se tomaba el plato ritual, el cocido... El hueso, sirviendo de estuche a la preciosa sustancia del tuétano, tan difícil de sacar y tan del gusto de todos nosotros, que, según la perfecta igualdad interna de la familia española, cada día le tocaba a uno comérselo...» (Barga 64:109). «Si había invitados de importancia, en vez del cocido se servía un plato de pescado. Sin embargo, el cocido se hacía siempre para tener el caldo de carne y para los criados y porque era algo cotidiano que no podía faltar... los veranos tomábamos el cocido en la cena y se adelantaba la hora de ésta a las siete» (p. 110). Lo de las peleas para comerse el tuétano —que hoy más bien produce repulsión a los niños— nos lleva directamente a la prehistoria. El hombre de las cavernas imitaba al quebrantahuesos.

No todo era voluptuosidad. No se olvide el contraste de la frugalidad. Sancho Panza va siempre con don Quijote. Hambres y hartazgos suelen caminar juntos. Al final de su corta vida (truncada por el suicidio), Ángel Ganivet refuerza su obsesión por la dieta. Evita la cerveza y la carne. Toma pan de centeno, verduras, pastas, leche y huevos. Su idea es que los alimentos baratos ayudaban a «declararse libre de verdad» (Gallego Morell 65:96). Esa disciplina dietética tan estricta no cuadra con una persona, como Ganivet, que llegó a fumar veinticinco puros diarios. Pero así es. El granadino es aquí fiel personalización de la España frugal y voluptuosa a la vez.

La frugalidad de la época alcanzaba, de manera forzada, a las clases humildes. Realmente se contentaban con poco, y sobre todo con una dieta monótona. Éste es un ejemplo de comida popular en un pueblo de Madrid a principios de siglo: merienda, caracoles y vino; comida de los domingos, cocido. «De postre: ensalada de lechuga» (Barea 59:11).

Josep Maria de Sagarra es un atento observador de la vida madrileña en los años de la primera guerra mundial, entonces simplemente «europea». Se asombra de la naturalidad con que los madrileños se tomaban el café con leche mientras chupaban cangrejos cocidos (Sagarra 81, II:308).

Un ejemplo de rutina en la comida es el que se atribuye a Manuel de Falla: «le gustaba comer siempre lo mismo. Un plato de sopa, un huevo y un bistec» (Viniegra 66:112). Se comprende el aire espiritado que tenía el genial músico. Es un caso extremo. Realmente, la dieta monótona y la hipocondría le aceleraron la muerte.

La forzada frugalidad no era sólo una característica de la España rural. En un pueblo fabril de Barcelona, Monistrol de Calders, a principios de siglo, se registran estos hábitos culinarios. Para empezar, la comida de todos los días del año era la *escudella i carn d'olla* (cocido). A lo cual se añadía «unas pastas para sopa, un poco de tocino, patatas y algunas verduras, completando el conjunto con algunos huesos». Todo era en raciones minúsculas, pues la familia tenía que alimentar a doce hijos. El autor interpreta así el efecto de la dieta escasa y monótona: «El espíritu de independencia que nos caracteriza a todos los hermanos se debe en buena parte a que entonces no saciábamos nuestro apetito» (Estrada 56:17). La frugalidad de la vida tradicional catalana se vislumbra a través de una expresión tan extraña como *somniar truites* que equivale a «hacerse ilusiones» (literalmente «soñar con truchas o con tortillas»).

Una de las grandes transformaciones de la dieta española durante el último siglo ha sido la del consumo de pan. Digamos que, de ingerir un kilo por persona y día, se ha pasado a poco más de cien gramos. Este contraste se ilustra de mil modos. El joven Josep Pla —escribe en 1918— recuerda que su abuela comía todo con pan, también la fruta o el turrón (Pla 94:204). Si se me permite el acopio de mi testimonio, yo también puedo corroborarlo con la costumbre de mi padre. El pan es para él un manjar tan exquisito que, efectivamente, todavía hoy puede acompañar al postre, sea el que sea. Lo que no se ve ya es la costumbre de besar el pan cuando, por descuido, se cae al suelo. Incluso había que colocarlo otra vez sobre la mesa apoyado sobre la base más plana. De otra forma, se decía, «la Virgen sufre». Hoy todos los días se tiran en España miles de toneladas de pan a la basura, sin que aparentemente nadie sufra.

Un recluta de un pueblo de Cáceres cuenta a Arturo Barea el modo de vida de su lugar de origen. Nos situamos en los años veinte de este siglo: «En el verano todo iba bien, porque teníamos lechugas y tomates y cebollas; pero era mejor en el otoño, que teníamos trabajo en el encinar vareando la bellota para los marranos, porque nos dejaban comer cuanto queríamos. Ahora que, en el invierno, pues no teníamos nada. Un cacho de pan seco untado con ajo y alguna cebolla... Cuando habíamos ganado algo con el vareo de la bellota, pues la madre hacía un guisado de patatas con un cacho de tocino dentro. Pero cuando no había trabajo, poníamos trampas para los conejos... y también robábamos bellotas de las de los cerdos. Pero era muy arriesgado. Si la Guardia Civil le cogía a uno, pues paliza segura» (Barea 59:397). Es una versión miserable de la famosa dieta mediterránea.

Durante la guerra civil se rompió el mercado de la distribución de alimentos. La España nacional coincidió con la de los recursos agrarios y pesqueros, por lo que hubo una relativa abundancia de alimentos. Pero en la España republicana hubo una verdadera penuria. Terminada la guerra, la escasez se hizo sentir por todo el territorio, singularmente en la España urbana. Vinieron los «años del hambre» (en torno a 1946). Muchas biografías acusan ese suceso que marcó a la generación correspondiente.

Francisco Jurdao hace una patética descripción de los «años del hambre» en el ambiente obrero de un arrabal malagueño. El hambre ataca también al maestro de escuela, de la que participaban sus esmirriados alumnos. «La gente buscaba yerbas del campo y la vida giraba en torno a la comida. Recuerdo a mi padre comiendo enormes sartenes de maíz molido guisado y acompañado de arenques y almejas» (Jurdao 96:54). Entiéndase que las almejas eran comida de pobres, por su abundancia relativa.

La escasez de alimentos palatables durante la última hambruna de los años cuarenta la registra incluso el testimonio de Mercedes Formica, que pertenecía al ambiente de los falangistas sevillanos de buena cuna. Bien es cierto que era de la rama literaria (Formica 84:74). La misma sensación la transmite el ambiente de clase media acomodada de Jerez en el que se crió J. M. Caballero Bonald. «Hubo un alcalde de Jerez que incluso se dirigió a la población afirmando que nadie podía quejarse del azote de la escasez mientras hubiera una cáscara de plátano tirada por el suelo... En mi casa no hubo demasiadas privaciones, pero conservo una memoria inclemente de los días en que no había modo de encontrar comida o incluso cisco para encender el brasero» (Caballero Bonald 95:144).

El político Francisco Fernández Ordóñez (nacido en 1930) relata con gracia la evolución de los hábitos de comida a través de sus recuerdos. Su familia de origen era muy numerosa, aunque mantenía una posición acomodada. Pero la frugalidad era la regla. «Mi madre entraba en el comedor con una perola grande y repartía entre los muchos platos de la mesa. Nadie preguntaba qué había hoy para comer, como sucede ahora. Servía a todos sin excepción, y cuando llegaba a alguien que decía que eso no le gustaba se lo saltaba sin más. Y ése sabía que tendría que aprovechar su oportunidad en la siguiente comida, o estaba listo.» En el recuerdo de esos usos de los años de la posguerra no sólo no había frigorífico, sino que a los niños ni siquiera se los dejaba entrar en la cocina. «En nuestros días sabemos apreciar lo que es comer bien porque hemos comido mal» (Cavero 90:315).

El lector sabrá poner el contraste de todos esos testimonios del pasado con sus particulares vivencias de la España sobrealimentada de hoy.

6. Educación

Una de las más señaladas autobiografías que se han escrito en este siglo es *La educación de Henry Adams* (1906). El autor pertenecía a una exquisita familia de Boston, emparentada con eminentes políticos e intelectuales. Entiende su vida como una carrera académica, en el sentido socrático de búsqueda de la verdad. Pocas vidas se pueden registrar así en la España contemporánea. Se acercarían quizá a ella la de los prohombres de la Institución Libre de Enseñanza, que también entienden el progreso como ciencia y pedagogía. La vida para Francisco Giner, por ejemplo, es también, como para Henry Adams, una ascética educativa. Pero la escala de la sociedad española a mediados del siglo XIX no daba para más. Se partía de un enteco desarrollo de la enseñanza primaria y de un ambiente hostil a la ciencia. Estos dos rasgos negativos van a gravitar sobre muchas de las biografías aquí reseñadas, y eso que, por definición, tienden a ser la de los personajes que alcanzaron el éxito.

El retraso del sistema de enseñanza es una de las quejas que repiten muchos hombres públicos de la España contemporánea. El punto de partida, en el siglo XIX, es la constitución de un sistema dual de enseñanza que resiste hasta nuestros días. Los hijos de las clases medias y profesionales accedían a los estudios superiores a través de buenos colegios privados. La clase trabajadora no tenía más opción que una escuela pública, por lo general incompleta.

Los recuerdos de la infancia de Corpus Barga retratan muy bien el sistema dual de enseñanza. Se refieren al ambiente madrileño de finales del siglo pasado: «Los niños hacen las cosas de los hombres con más seriedad que los hombres. En los institutos... la enseñanza era gratuita, iban a ellos los chicos pobres.» Los chicos de la clase media iban a un colegio particular. Entre los dos grupos estallaba una verdadera «guerra social», con peleas organizadas. «Era un juego de verdad» (Barga 64:185).

La situación rural era todavía más clasista. En un pueblo de Toledo, Méntrida, a principios de siglo, «el maestro quedó sólo para enseñar a leer a los niños. Es lo único que puede hacer, porque de los siete a los nueve años ya se los llevan a trabajar al campo; en la época del verano se llevan hasta los chiquitinos de cinco y seis años a coger espigas, de las que se caen al suelo, y a arrancar cebollas de las matas» (Barea 59:127).

El polo opuesto a la miseria de la escuela rural no es tanto el colegio privado como la enseñanza particular. Manuel de Falla procede de una familia gaditana de excelente posición. Sus padres no le mandaron a ningún colegio, sino que le pusieron profesores en casa (Viniegra 66:36). Como luego veremos, éste es también el esquema de enseñanza que caracteriza a la aristocracia sevillana. Es el testimonio de la condesa de Campo Alange (cap. 15).

Definitivamente, ésta no es la tierra de Henry Adams. Los recuerdos escolares de las figuras estelares de las ciencias, las artes o las profesiones suelen ser más bien tristes. Ni siquiera se ven contrarrestados por la general aureola de felicidad con que se viste la infancia recordada. Tenemos que creer en la verosimilitud de esas descripciones, por resentidas que puedan parecer. Veamos, por ejemplo, el amargo recuerdo que tiene Azorín de su primera escuela en Monóvar, hacia 1880: «Abría yo la cartilla, y durante una hora este maestro feroz me hacía deletrear con una insistencia bárbara... Deletreaba una página, me hacía volver atrás, volvíamos a avanzar, volvíamos a retroceder, se indignaba de mi estulticia, exclamaba a grandes voces: *¡Que no!, ¡que no!* Y al fin yo, rendido, anonadado, oprimido, rompía en un largo y amargo llanto» (Azorín 20:28).

Y sin embargo ese muchacho amedrentado iba a ser nada menos que Azorín. Es la prueba de que la enseñanza no es todo. Otro ejemplo. El escultor Victorio Macho recuerda con dolor la experiencia de la primera escuela. Él era «el peor de los discípulos» del cruel dómine que torturaba a los pequeños con castigos corporales y largas retahílas de textos (Macho 72:20). A pesar de su afición por la escultura desde muy niño, el autor sufre el golpe de que le suspendieran en su primer intento de ingresar en la Escuela de Bellas Artes de Madrid. Le sometieron al examen de dibujar la estatua de un efebo amanerado, lo que le exasperó (p. 22).

Venimos de una tradición escolar más bien cruel y embrutecedora. Ésta es la observación del ambiente escolar de Bilbao hacia 1880: «Los castigos más corrientes eran el ponernos de rodillas o de *rodillas y en cruz* y hasta con dos libros gordos en las manos, o hacer varias copias de una página, o sin recreo; y para los internos entraba también lo de sin postre y sin vino. Además, había algunos extraordinarios [como atar a un alumno díscolo a una argolla]» (Orueta 52:89). Asombra que se pudiera castigar a los niños privándolos del vino. Luego lo bebían usualmente. Retengamos el castigo de sostener dos gordos libros. Era bastante general. ¿No vendrá de ahí la general «bibliofobia» de los españoles. Recuérdese que una de las primeras escenas del *Quijote* es el escrutinio y quema de la biblioteca del cultivado hidalgo.

Añadamos este otro testimonio de la escuela de primeras letras en Madrid a finales del siglo pasado: «Cada vez que recuerdo aquellas largas horas [en la escuela] desde las ocho de la mañana hasta las seis y media de la tarde, en que diariamente nos torturaban a los pobres chicos, sin enseñarnos casi nada, pero obligando a una disciplina morbosa, que más bien era un régimen penitenciario, no dejo de protestar airadamente... Cuando se terminaba el bachillerato no se sabía nada» (Peña Boeuf 54:16).

Junto al castigo físico estaba el sufrimiento psíquico de los exámenes memorísticos. Otra vez el recuerdo pertenece al ambiente escolar madrileño de fines del siglo pasado: «El examen era el terrorismo de la pedagogía, y como todos los terrorismos no asustaba, envilecía, destruía la personalidad del aterrorizado... Los profesores no explicaban de antemano, se limitaban en general a tomar las lecciones que se estudiaban en casa tal como venían en el texto, de memoria» (Barga 64:63).

Los amargos recuerdos escolares se extienden a la institución de enseñanza en su conjunto, incluso el recreo: «Nunca amé el colegio... No amé el Instituto Calderón de la Barca, ni aun con Machado en la cátedra de francés... No peleaba, no jugaba al fútbol. Odiaba el fútbol» (Haro 96:135).

Los recuerdos de la enseñanza obligatoria hasta mediados de este siglo, sobre todo la religiosa, se asocian con los castigos físicos. En este caso, la infancia escolar se localiza en el Santander de los años cuarenta: «Recuerdo a escolapios y claretianos como una larga sucesión de bofetadas... La violencia [contra los alumnos] era constante y entonces me llenaba de ira, pero luego he comprendido que tanto celibato tenía necesariamente que desahogarse en golpes, y hasta en algún atisbo de sadismo» (Pardo 96:113). La explicación es insuficiente. La prueba es que esos mismos malos tratos (según la expresión actual, no de entonces) los propinaban los maestros nacionales, los profesores laicos. Era un axioma lo de «la letra con sangre entra».

El político Francisco Fernández Ordóñez recuerda con terror su primera experiencia escolar «en un colegio de esos del babero [hermanos de La Salle] donde nos daban unas bofetadas horrorosas» (Cavero 90:21).

La experiencia de la educación autoritaria alcanza su grado más refinado en los colegios de jesuitas. Por un lado dan origen a muchas vocaciones profesionales y literarias, pero también a resentidos recuerdos. El caso más típico puede ser el de Ramón Pérez de Ayala con su novela autobiográfica *A.M.D.G.* Se trata de un descarnado recuerdo de sus años de colegio con los jesuitas de Gijón.

Rafael Alberti, aunque de buena familia, abandona los estudios en el cuarto año de bachillerato y ya no consigue recuperarlos. Realmente, lo que pretendió siempre fue dedicarse a la pintura (Alberti 75:13). La experiencia educativa fue en el colegio de jesuitas del Puerto de Santa María. «Allí sufrí, rabié, odié, amé, me divertí, y no aprendí casi nada» (p. 37).

Los testimonios referidos a los años de la posguerra relatan muy bien el último episodio de una institución increíblemente clasista en algunos colegios católicos. Destacan los jesuitas. Había alumnos becados, pero su consideración era la de «fámulos», con la obligación de servir a sus compañeros de pago. Unos y otros eran «casi todos niños desvitaminados y mal crecidos». Pero los «señoritos» se distinguían de los «fámulos» por la ropa, aparte de las obligaciones de una y otra casta (Barral 75:25).

El mal recuerdo de la educación de los jesuitas lo acusa, con amargura, el testimonio de Salvador Pániker: «Fuimos *educados* en un colegio donde había que disimular y donde no te daban nada a cambio... Aquellos jesuitas, aparte de ser unos pobres hombres, eran unos pedagogos nulos. Más que nulos, negativos» (Pániker 85:99).

Juan Goytisolo revela que «en la evolución de los gustos literarios ninguno de mis profesores ni maestros desempeñó papel alguno». Y eso que fue a buenos colegios (jesuitas de Sarriá y hermanos de la Doctrina Cristiana de la Bonanova). Pero los frailes eran para nuestro hombre «curas de misa y olla». El estímulo para la lectura proviene de la biblioteca de su madre y la de los consejos de un tío suyo. Así que se considera «autodidacta como casi todos los hombres de mi generación» (Goytisolo 85:120).

Un famoso alumno de los jesuitas de El Palo fue el sensible poeta y regular pintor José Moreno Villa. Como sucede en el caso de otros muchos espíritus creadores, este alumno fue tan inteligente como rebelde. Sacaba buenas notas, pero no en conducta (Moreno Villa 76:53). Anotemos que a ese aristocrático colegio asistieron también, entre otros, José Antonio Muñoz Rojas (otro exquisito poeta) y José Ortega y Gasset.

No siempre es malo el recuerdo de la formación jesuítica.

El antiguo jonsista Martínez de Bedoya reconoce que el internado en el Colegio San José de Valladolid más parecía una cárcel benévola. Su estadía coincide con los años de la Dictadura de Miguel Primo de Rivera, con un plan de bachillerato que hoy nos parece modélico. El ex alumno reconoce la inteligencia y la dedicación que desplegaban los padres de la Compañía. Al menos le estimularon a leer y le permitieron «verdaderas zonas francas en la vida de todos los días» (Martínez de Bedoya 96:24). Aunque pueda parecer increíble, aquellos cultivados jesuitas le incitaron a leer autores como Jacques Maritain, Pierre Teilhard de Chardin o José Ortega y Gasset (p. 25). Yo soy de la generación siguiente, pasé por un buen colegio, pero esos tres autores no los descubrí hasta el primer año de mi carrera.

Los antiguos alumnos de los jesuitas agradecen a veces el sentido de disciplina que recibieron: «Tuve la suerte de haber estudiado en años decisivos con los jesuitas, y cómo lo agradezco.» A través de esta experiencia, el autor luego sigue en contacto con los grupos «católicos» liberales o cristianodemócratas (Jiménez Blanco 94:119). La experiencia iba a ser decisiva para poder entender el clima de tolerancia que caracterizó a la transición democrática. Sería interesante la comprobación de cuántos de los líderes de la Unión de Centro Democrático habían sido formados en colegios de religiosos, singularmente de jesuitas o marianistas. La hipótesis es que la proporción es muy alta. Queda el interrogante de cómo es que una formación adolescente extraordinariamente autoritaria y ordenancista pudo producir una generación que luego iba a capitanear la transición democrática.

El periodista Carlos Luis Álvarez (Cándido) sabe hacer de la necesidad virtud al recordar sus años escolares y de los campamentos del Frente de Juventudes. «Encuentro que los valores de la honestidad, el temor de Dios, el amor a la patria, el autodominio, la obediencia y exaltación del trabajo me parecían criterios de vida auténticos al margen del abuso político que el régimen pudiese hacer de ellos» (Cándido 95:54). Naturalmente, la última cautela se escribe desde la distancia. Si se me permite la intromisión, tengo que añadir que me identifico con el juicio citado. Es más, siempre me ha maravillado la paradoja de que la indoctrinación autoritaria del colegio de los marianistas o de los campamentos del Frente de Juventudes me hiciera inclinar hacia un talante liberal. Al menos me dio una notable capacidad crítica, de autonomía personal y de responsabilidad. Si se pudiera ampliar y extrapolar esa experiencia, acaso se entendería cómo pudo advenir la democracia, pacíficamente, desde dentro de un régimen autoritario.

Elena Soriano reflexiona sobre el tipo de educación permisiva que dio a sus hijos, ya bien avanzada la época franquista. Uno de ellos se hizo drogadicto y se suicidó después de una corta vida de sufrimientos. La reflexión de la madre es que el tipo de educación familiar tiene poco que ver con el resultado biográfico. Reconoce que las personas de su edad se educaron bajo un severísimo sistema represivo, equivalente a lo que después se consideró como «malos tratos» (Soriano 85:48). Se entiende la angustia de la madre, herida por el sufrimiento de su hijo. ¿Cuál de los dos sistemas educativos es mejor?

No es fácil acordar las ventajas o inconvenientes de una educación permisiva o de otra disciplinada. Incluso la experiencia de la educación mixta, algunos liberales la ven después con un cierto sentido crítico. Francisco Ayala narra su experiencia de educación mixta en el Instituto de Enseñanza Media en Granada (años veinte). «Hasta una docena de niñas estudiaban allí el bachillerato. Acudían siempre acompañadas y, entre clase y clase, se recluían en la Sala de Señoritas, adonde los muchachos no teníamos acceso. Ni tampoco lo hubiéramos pretendido. Junto a sus compañeras de igual edad, los chicos se ven siempre disminuidos como criaturas pequeñas» (Ayala 82:57). Con el paso del tiempo se ha ido ampliando la brecha de la edad de maduración que separa a chicos y chicas.

Las paradojas de la educación progresiva no terminan aquí. Se puede citar el caso del eminente etnólogo Julio Caro Baroja. Como estudiante universitario, educado en el ambiente de la Institución Libre de Enseñanza, se afilia a la FUE, el sindicato de universitarios con ideas progresistas o republicanas. Pero en 1934 se da de baja en dicha asociación por lo que él considera «un motivo puramente técnico», que es más que eso: «Muchos estudiantes de aquella organización querían que se fijaran más los programas de los exámenes y que los libros de estudio fueran también fijos, es decir, verdaderos libros de texto» (Caro Baroja 72:224). Curiosamente, ese mismo principio pedagógico de un libro fijo por asignatura lo había introducido Francisco Franco años antes en la Academia Militar de Zaragoza. Qué difícil es separar el progreso de la reacción.

Otra paradoja educativa es que no hay una completa correspondencia entre las buenas notas o el buen comportamiento de los alumnos en la escuela y su éxito profesional posterior. Casi todos los sujetos de las biografías que aquí se convocan son ejemplos de un notable éxito profesional. Sin embargo, no pocos de ellos fueron alumnos díscolos o poco estudiosos. Este hecho, aparentemente anómalo, quizá tenga algo que ver con la distinción, vista en el capítulo introductorio, entre las biografías del tipo A (depresivos) o del tipo B (neuróticos). Los malos alumnos, o por lo menos despistados o rebeldes, suelen pertenecer al grupo A, el de los depresivos. Por ejemplo, mal alumno fue Francisco Navarro Ledesma, que luego había de ser un prolífico crítico y erudito. Su rebeldía estudiantil era contra el sistema rutinario y memorístico (De Zulueta 68:16).

El que iba a ser eminente médico, J. M. Ortiz Picón, narra su experiencia escolar en el Liceo Francés de Madrid entre 1915 y 1920. El alumno saca buenas notas, aunque no de los primeros. Es un alumno díscolo hasta el punto de que estuvo a punto de ser expulsado. No lo expulsaron acaso por la conocida francofilia de su abuelo, el novelista Jacinto Octavio Picón (Ortiz Picón 13:26).

El notable actor, director de cine y escritor Fernando Fernán-Gómez confiesa su experiencia escolar: «A mí los estudios me interesaron poquísimo, lo que me apasionaba [en los años escolares] era jugar con mis amigos, el cine, las funciones teatrales de aficionados» (Fernán-Gómez 90, I:162).

La educación de un escritor tan eminente como Camilo José Cela no se caracteriza precisamente por ser la historia de un estudiante aplicado. El que iba para premio Nobel fue expulsado de diversos colegios por alumno díscolo (Cela 93). Incluso al acceder a la universidad, algún profesor profetizó que Cela no llegaría nunca a saber escribir. Es una anécdota que resulta muy consoladora.

El recorrido por los textos biográficos nos ayuda a comprender el valor tan relativo de los títulos académicos. El ejercicio profesional o las ocupaciones que se despliegan en la vida adulta no siempre son consonantes con la educación recibida y no digamos los títulos. Un caso extremo es el del eminente periodista Juan Pardo. Reconoce que no estudió nunca periodismo ni nada parecido, pero es que ni siquiera terminó el bachillerato. El carnet de prensa se lo regaló bonitamente Juan Aparicio y el título de bachiller simplemente se lo inventó (Pardo 96:152). El hombre se queda tan tranquilo después de esa doble confesión.

Julio Caro Baroja narra su formación por sí mismo al no encontrar suficientes estímulos en la Facultad de Letras: «Independientemente de la carrera, yo fui estudiando cosas a mi modo y buscando fuera de la universidad lo que en ella no encontraba, y que era casi todo. Esta falta de acomodo con la vida y la enseñanza oficiales ha persistido en mí hasta el presente» (Caro Baroja 72:233).

Por mucho que destacaran algunas figuras egregias, nos referimos a una universidad más bien caquéctica. Seguramente estamos ante una de las instituciones que más atrás se ha ido quedando en la marcha general de la sociedad hacia un tipo más moderno o desarrollado. La miseria de la enseñanza universitaria, relativamente reciente, la expresa muy bien el documento que reproduce en sus memorias el que fuera eminente catedrático de Medicina, el doctor Lorenzo Velázquez. Es un recibo por el sueldo de un profesor ayudante del hospital Clínico de Madrid. Va fechado en 1969. El sueldo «líquido» es de 232 pesetas, pero de ellas hay que descontar 347 por seguros sociales. El importe efectivo resulta negativo. Es decir, el interesado debe pagar, y así consta en el recibo de habilitación, 115 pesetas (Lorenzo Velázquez 85:91).

Si, a pesar del pésimo sistema de enseñanza, el país se desarrolla es por el estímulo y la emulación de muchos profesionales. Es frecuente la queja de que «en España no se lee», pero suelen hacerla los aficionados a la lectura. La minoría lectora suele acumular muchos libros. La pacata mentalidad burguesa del siglo XIX sostenía que las mujeres no debían aprender a leer y escribir para evitar las «cartitas de los novios». Era, al parecer, un peligro que divisaban las madres protectoras (Rubio 77:101). Los tiempos han cambiado, naturalmente, hasta el punto de que hoy las mujeres leen más que los varones. Sobre todo, la novela ha sido un género que ha atraído especialmente a las mujeres. En el capítulo sobre la infancia ya nos hemos referido a la singular dedicación a la lectura que marca la biografía de muchas personas eminentes. Muchas veces la afición a los libros aparece como compensación de la deficiencia de estudios.

En la biografía de José (Pepín) Fernández, el creador de *Galerías Preciados*, se resalta la obsesión que siempre tuvo por la lectura. Era una manera de suplir su falta de formación escolar. El interés por la lectura le llevó a ocuparse personalmente de la redacción de eslóganes y textos publicitarios (Cuartas 92:64). ¿Cómo no recordar lo de «la elegancia social del regalo»?

La avidez por la lectura la descubrimos en Carlos Jiménez Díaz. Se repite un episodio que encontramos muchas veces. Su padre, un comerciante de ultramarinos, no veía nada «práctico» eso de leer mucho. Así que el adolescente Carlos aprovechaba la noche para leer sin que nadie se enterara. Era un placer prohibido (Jiménez Casado 93:29).

La autobiografía picaresca de Jesús Pardo (nacido en 1927) recoge esa misma constante de su generación: la intensísima actividad lectora durante la infancia y la adolescencia. Reconoce su temprana afición a comprar libros y a robarlos. «Robar libros nunca me suscitó el menor escrúpulo» (Pardo 96:117). No hay que escandalizarse. Simplemente, el hombre es sincero. La mezcla de penuria económica y de ardiente sed lectora lleva a esa perversión que en ciertos ambientes no se esconde, sino que se alardea de ella.

Francisco Ayala insiste mucho en las lecturas que realiza como expresión de su misma biografía. Señala que «me ha sorprendido siempre esa distinción que suele hacerse entre lo vivido y lo libresco. Para mí la lectura de un libro, sean cuales fueren su índole y materia, constituye una experiencia vital como cualquier otra» (Ayala 82:120). De hecho, las sucesivas promociones de escritores se pueden trazar de acuerdo con el repertorio de sus respectivas lecturas favoritas.

La pobreza de los sistemas de enseñanza y la escala tan reducida de la minoría que leía fuerzan a considerar la endeblez que han manifestado en España las instituciones científicas. Hemos tenido algunos sabios entregados al avance de conocimiento con singular vocación, pero ha faltado el ambiente necesario para cultivar la exótica planta de la ciencia.

Los arquetipos de científicos en España han sido los dos únicos premios Nobel no literarios que hemos tenido: Cajal y Ochoa. Curiosamente, ambos pertenecen al mismo ramo científico. Sobre Cajal se aportan algunos rasgos biográficos desperdigados a lo largo de este volumen. La biografía de Ochoa resalta algunos de los atributos típicos del tipo del científico: *a*) La impresión de que la ciencia que se practica es también un pasatiempo. *b*) Lo que podríamos llamar *serendipidad*, esto es, la aparente sensación de «casualidad» con que se producen algunos descubrimientos. *c*) La persecución de las ideas básicas con cierta prescindencia de su posible aplicación. Este rasgo es el que distingue al científico del técnico o del inventor. *d*) El hecho de que el científico no sea muchas veces un especialista, sino que comparta varias disciplinas. Por ejemplo, Ochoa fue durante muchos años catedrático de Farmacología, pero él era médico y su vocación definitiva fue la bioquímica (Gómez-Santos 93:120).

El caso de Arturo Duperier, experto en radiaciones cósmicas, catedrático de Geofísica, ejemplifica muy bien el carácter extravagante de la ciencia en España. Se exilia durante la guerra civil. Vuelve a España en 1954. Trae una serie de aparatos para estudiar las radiaciones químicas. Sus enemigos propagan el rumor que con ellos se podía fabricar la bomba atómica. Así que los aparatos permanecieron encerrados en un sótano de la Facultad de Ciencias (Lorenzo Velázquez 85:68).

Tendría que añadir yo también mi testimonio personal sobre la instrucción recibida. Fui a la escuela cuando tenía tres años. Era realmente una guardería, pero aprendíamos a leer, contar y otras nociones, siempre cantando, pues no había libros. Por no haber, carecíamos de bancos y de cualquier tipo de material escolar. La escuelilla era simplemente un cobertizo, que llamaban tenada. Luego pasé a la escuela nacional del pueblo, con todos los niños de distintas edades siempre en la misma clase. La verdad es que el sistema no era malo. En seguida mis padres se trasladaron a San Sebastián, me matricularon en el mejor colegio, el llamado «católico de Santa María», de los marianistas. El sistema era muy autoritario (realmente más que el del Frente de Juventudes), pero aquellos dedicadísimos profesores insistían mucho en la lectura, la redacción y el dibujo. Las tres cosas me iban a ser de gran utilidad en mi dedicación posterior. Recuerdo especialmente el influjo del profesor de literatura, Abilio Fraile. No hace mucho me ha dado la sorpresa de devolverme algunos de mis trabajos de redacción (con dibujos incluidos) que el hombre había guardado amorosamente desde entonces. Intuía que yo iba a ser escritor o algo parecido. La vocación suele manifestarse a través de los maestros de la adolescencia. Junto a los profesores del colegio, debo recordar la benéfica influencia de los mandos del Frente de Juventudes, que me enseñaron muchas destrezas. Me transmitieron sobre todo una refinada moral de trabajo. Citaré a dos egregias personalidades que influyeron en mi formación,

Antonio Castillo de Urberuaga y Julio Abad. Tuve además la suerte de recalar en una facultad universitaria, la de Ciencias Políticas, con una escala muy reducida y una calidad aceptable. Había una pléyade de catedráticos eminentes: Enrique Gómez Arboleya, Manuel Fraga, Luis Díez del Corral, José Antonio Maravall, entre otros. Algunos profesores, como Román Perpiñá, Paulino Garagorri o Antonio Carro, me dieron la vuelta al intelecto como si fuera un calcetín. Me cautivaron las clases de José Luis Pinillos en la Escuela de Organización Industrial, de Madrid. Luego completé mi educación en la Universidad de Columbia, en Nueva York, con Juan J. Linz, Robert K. Merton, Paul F. Lazarsfeld, Daniel Bell, William F. Goode, Richard Christie y algunos más, todos ellos de singular categoría. No puedo quejarme de la cantidad y calidad de las enseñanzas recibidas a lo largo de mis muchos años escolares. Todos los estudios, desde los diez años, los he realizado con becas. Me abruma la ingente suma que la sociedad se ha gastado en mi formación. Así que no tenía más opción que ser un estudiante diligente. Me he preguntado muchas veces si habré devuelto al común todos los talentos que en mí se invirtieron. Me abruma esta preocupación.

7. Emigrantes

Desde hace cinco siglos España ha sido un pueblo de emigrantes. La gran corriente emigratoria ha sido la que se movía hacia América. Se interrumpe con el proceso de independencia de las colonias, pero recibe un nuevo ímpetu durante los primeros decenios del siglo XX. Es el apogeo de los *indianos*, el suceso que mejor cuadra al método de análisis biográfico que aquí hemos seguido. Hay otra gran corriente emigratoria hacia los países industriales, durante los años sesenta, pero es en gran medida de ida y vuelta. Presenta menos interés biográfico porque no repercute tanto como factor de movilidad social. Entre medias tenemos el *exilio* del año 1939, que no fue tan nutrido como parece. Su importancia radica en que afectó a una notabilísima pléyade de políticos, profesionales y hombres de letras. A lo largo de estas páginas se contienen algunos testimonios de esos egregios españoles que se sintieron «transterrados». De momento nos ocupamos sobre todo del fenómeno de los *indianos*. La expresión alude no tanto a los que salieron definitivamente (que fueron los más), como a los que retornaron. Al hacerlo así, constituyeron un definitivo factor de cambio y de movilidad. Conviene precisar que este fenómeno de los *indianos* repercute sólo en algunas provincias, fundamentalmente las del cuadrante noroccidental de la Península.

Las zonas rurales de la mitad septentrional de la España peninsular han mantenido desde antiguo un esquema escolar mejor dotado que las del resto del país. Los labradores podían ser modestos y hasta pobres, pero los niños iban a la escuela. Este hecho hace, por ejemplo, que la emigración hacia América desde estas zonas se nutra de mozos con algunos rudimentos de letras y números (las cuatro reglas). Tenemos el testimonio de un indiano de la Montaña (lo que hoy se denomina Cantabria). Entre sus primeros recuerdos está el de madrugar en invierno, a los cinco años, para ir a la escuela lejana a través de un camino con un metro de nieve (Vejo 76:31). Era la estructura social (conciencia de clase media) lo que favorecía la escolaridad, a pesar de la falta de horizonte económico. Ese mismo factor hace que, negativamente, en las regiones meridionales persistiera tantos años el analfabetismo y se contuviera la emigración a América. La relación es circular, pues muchos indianos retornados mandaban edificar después estupendas escuelas en sus lugares de origen, como es el caso citado del emigrante montañés (p. 38).

El ambiente de esa aldea de la Montaña ejemplifica muy bien la vocación emigradora de sus habitantes. La madre insiste al hijo pequeño: «Tienes que ir a la escuela y aprender mucho pa [*sic*] que luego te vayas a América.» Razona que era preferible verlo embarcar que ir al servicio militar. «Y para América marchaban todos sin más avío que una muda de repuesto y unas ilusiones muy grandes» (Vejo 76:45). La historia de nuestro testigo es ilustrativa. Cuatro de los seis hermanos varones emigraron a México. Sus aspiraciones eran las de llegar a ser humildes abarroteros. Algunos pudieron prosperar. Eran los indianos propiamente dichos (p. 51). Los comienzos eran durísimos. Solían trabajar muchas horas de meritorios, sin salario, por la manutención y la yacija (p. 119). Luego, con suerte, venía el momento de independizarse. El indiano que escribe sus memorias narra el proceso por el que llega a ser un próspero comerciante al por mayor. Quien no había vivido de niño más que el estrecho horizonte de su valle montañés, ahora recorre incansable el territorio mexicano de punta a punta (p. 136).

Hay otra razón por la que la emigración a América proviene de las zonas campesinas septentrionales y no de las meridionales. En Andalucía, a finales del siglo XIX, surgen núcleos mineros, fabriles y de explotación extensiva del campo que atraen a un cierto contingente de habitantes de las provincias septentrionales. El escritor Corpus Barga relata muy bien el proceso que sitúa en los finales del siglo pasado: «Los castellanos eran pobres y se daban un banquete con las migajas de Andalucía. Del norte de España se emigraba a Andalucía, como luego —y ya entonces— se emigraba a América... Los andaluces miraban con recelo las emigraciones castellanas. En la provincia de Córdoba se tenía a los que llegaban de Castilla, sobre todo a los sorianos, por judíos usureros» (Barga 63:42). Esos castellanos, sobre todo montañeses, que emigraban a las feraces campiñas del Guadalquivir eran los *jándalos*. Todavía hoy se recuerda ese origen para la familia paterna de Felipe González. Pero ese flujo migratorio del norte al sur de la Península no fue casi nada comparado con el que atravesó el Atlántico.

El biógrafo del que había de ser alma de El Corte Inglés, César Rodríguez, trata de explicar el impulso hacia la emigración ultramarina de nuestro hombre. Los asturianos (y gallegos) emigraban a La Habana de finales del siglo pasado, pero no era una ciudad menos española o más distante de lo que podría ser Madrid o Barcelona. Sólo había que cruzar el mar, donde no había nadie. Al otro lado del «charco» siempre se encontraba algún pariente o paisano. La ventaja adicional de ese traslado era que así evitaban el servicio militar, que hace un siglo, y hasta muchos años después, significaba el tener que ir a África. Los aldeanos de Asturias no podían «redimir» a sus hijos del servicio militar ni tampoco buscarles algún «destino» cómodo. La fecundidad era muy alta en todo el norte hace un siglo, así que la emigración atlántica era la única salida (Castaños 67:38).

El ascenso social de César Rodríguez es literal. Pasa por todas las escalas laborales del ramo comercial, desde «cañonero» sin sueldo y «muchacho adelantado» hasta «dependiente mayor» a «interesado» y gerente de los modernos almacenes El Encanto. Como es natural, César Rodríguez va enviando regularmente desde Cuba a su padre una gran parte de los ahorros que consigue. Años después, César vuelve a la aldea y comprueba que su padre había ido guardando todas las monedas que su hijo le iba enviando. El hombre no había gastado ninguna; seguía haciendo la misma vida a sus ochenta y tres años (Castaños 69:169).

Al término de su emigración cubana, César Rodríguez impulsa el mismo destino de Ramón Areces, uno de sus sobrinos, del mismo pueblo. Ramón Areces continúa la misma experiencia cubana y se hace cargo, a la vuelta, de El Corte Inglés. La convierte en la primera empresa realmente española, a pesar del marbete. Busca el sucesor en su sobrino, el actual presidente de la firma, Isidoro Álvarez, originario del mismo pueblo. El cual sigue el proceso de pasar por todos los escalones de la empresa. Es un caso insólito que mezcla movilidad y emulación personal con solidaridad grupal. Si pudiéramos mantener el origen auténtico de las palabras, habríamos de decir que se trata de un sistema «nepotista» o, si se quiere, «sobrinista». La ventaja de este método es que, de todos los sobrinos, se elige al más apto.

El libro de J. F. Marsal *Hacer la América* es un impresionante testimonio del caso más frecuente, y menos contado, que supone el fracaso del emigrante. En este caso es un catalán que emigra a la Argentina. Todos sus movimientos, que son incesantes, se explican por la obsesión de «progresar». De ahí que cambie una y otra vez de oficio hasta llegar al de fotógrafo ambulante («minutero»), que es otra forma de no echar raíces en ningún sitio. El compilador de su historia comenta la chocante impresión que produce esa continua movilidad espacial de su biografiado, que apenas había salido, cuando chico, de su pueblo de origen. Ese contraste expresa muy bien la obsesión por progresar que caracteriza a los que emigran a grandes distancias (Marsal 72:141).

El comentario de Marsal a la historia del indiano fracasado nos arroja muchas luces sobre ese proceso de extrañamiento. Por ejemplo, observa que el emigrante busca siempre el progreso material, aunque sea a costa de rebajar la posición social. Se busca ganar más, «aunque para ello hay que dedicarse a ocupaciones o vivir en formas tales que en el ambiente de origen hubiesen sido consideradas deshonrosas... Las aspiraciones sociales se guardan para los hijos. El sueño del inmigrante es el de la bien conocida imagen popular: pasearse por el pueblo donde nació, rico y con hijos con carrera» (Marsal 72:329). Una vez más, el acopio de mi recuerdo personal prueba la observación del sociólogo catalán. Mis padres emigran después de la guerra civil, acuciados por los «años del hambre», pero sobre todo incitados por las oportunidades de medro que podía dar la ciudad a sus hijos. Su posición de origen era difícil, pero relativamente desahogada. Mi madre era la hija de la maestra del pueblo y mi padre el hijo mayor de un agricultor relativamente acomodado. Aun así, la nueva pareja de mis padres no tenía muchas oportunidades, pues carecían de tierras. La emigración supuso para mi padre rebajarse hasta un nivel subalterno: ordenanza de una oficina pública, acomodador de un cine. Mi madre consiguió una portería, lo que significaba un trabajo bastante esclavo (fregar escaleras). Ese desclasamiento laboral lo daban por bueno con tal de que sus hijos estudiaran. Realmente los matricularon en los mejores colegios. Los cuatro hijos han llegado a profesar en la universidad. No se vea sólo el aspecto del éxito. Éste se puede conseguir o no, lo que depende de complicados mecanismos que llamamos azar. Pero, en el entretanto, para la mayoría de los emigrantes, el proceso es duro, de inmensa acumulación de trabajo y a veces de duros choques culturales.

La biografía del emigrante anónimo, retratado por Marsal, revela muy bien el contraste de ambientes que supone la emigración. El pobre payés llega a la Argentina y le reciben unos lejanos parientes acomodados. El hombre se siente cohibido al tener que comer «entre gente de categoría». Se siente incluso extrañado al tener que manejar el cuchillo y tenedor, pues su experiencia era la de comer con los dedos (Marsal 72:110).

Una de las ilusiones de los emigrantes americanos era el

retorno, aunque fuera momentáneo, para exhibir su éxito. De niños no habían salido de su aldea. Así que ahora, en la madurez, se aprestan a recorrer España entera como turistas (Vejo 76:199). Otro objetivo es el de casarse con alguna paisana que los ha estado esperando (p. 273). El asunto parece tan relamido como si fuera un argumento de zarzuela, pero así es. Resulta muy curioso que los textos autobiográficos de los emigrantes sean tan convencionales, cursis incluso. La expresión de todos esos efectos es la casa, casona o palacio del indiano rico que había logrado hacer fortuna. La suele erigir en su pueblo de procedencia, como manifestación visible de su éxito. Esas casonas eran más imponentes que cómodas, de un estilo ecléctico. Hoy son verdaderos monumentos que recuerdan un mundo peculiar, definitivamente pasado.

En la biografía de Antonio Maura hay una extraña historia que más se parece a la de los indianos con su obsesión de levantar casonas en el terruño de origen. En este caso, el mallorquín de clase media que emigra a Madrid se convierte pronto en una de las más exitosas figuras del foro y del Parlamento. Su triunfo quiere materializarlo en un palacio a la entrada del paseo de Recoletos, donde se alzaban las más lustrosas mansiones de la aristocracia burguesa. Estamos en 1883. No se le ocurre otra cosa que traer de Mallorca la piedra con que iba a construirse el palacio. Hay que imaginar el inmenso coste que supuso ese capricho de la nostalgia del emigrante. Quería recrear el color ocre de las casas de Palma. Llegó el voluminoso cargamento de piedra, pero no resistió el invierno madrileño. Los pesados bloques se empezaron a cuartear y a partir en lascas. El sueño inmobiliario del emigrante había sido deleznable (Rovira 53:101).

8. Empresarios

Hasta fechas muy recientes, la sociedad española no ha dispuesto de una verdadera clase empresarial. Las biografías de empresarios son escasas, lo que revela el carácter agrario o tradicional de la estructura heredada. Los empresarios biografiados suelen ser, además, de la rama comercial, que es la que permite un mayor ascenso. Muchas historias de éxito empresarial lo son porque sus titulares se asocian a los bancos o a los gobiernos. Si no fuera por ese amparo financiero o político, las grandes empresas no habrían prosperado. Es un exponente de la tardía incorporación de España al conjunto de países industrializados.

El marqués de Salamanca representa un tipo muy característico de empresario que llena el espacio central del siglo XIX. Carece de un origen industrial o incluso comercial. Su carrera empieza en el escalón administrativo. Es nombrado alcalde y juez por méritos políticos (apoyo a los liberales). En 1835, como representante de Almería, es uno de los impulsores de la Junta Central de Andalucía. Obtiene mando militar en las luchas contra los carlistas. Adquiere una acta de diputado que va a retener casi toda su vida. Se asocia con un financiero judío, José Bushenthal, residente en Madrid, con el que realiza grandes negocios: Bolsa y contratas municipales (Hernández Girbal 63:154). Es curiosa la similitud con lo que, un siglo después, sería el campo de acción de otro financiero judío, Ernesto Koplowitz, que también se hace rico con las contratas municipales. José de Salamanca representa más claramente el tipo de gran empresario que utiliza sus contactos políticos y financieros para medrar. Se apoya, además, en una estrecha red de relaciones amicales y familiares. José de Salamanca es íntimo amigo del escritor y político Serafín Estébanez Calderón. Las mujeres de ambos son hermanas de una familia acaudalada de Málaga. Las dos parejas llegan a vivir en la misma casa y establecen vínculos de compadrazgo y de relación empresarial.

El negocio que da el impulso definitivo al enriquecimiento de Salamanca es el monopolio de la sal en 1841. Hasta entonces era una empresa estatal muy mal llevada. Al «privatizarse» (entonces no existía el verbo), José de Salamanca la convierte en un pingüe negocio. Le da para hacer generosos préstamos a la Hacienda del Estado con el fin de invertirlos en obras públicas, transportes y comunicaciones. Se convierte en un tipo de empresario rumboso que gasta el dinero con esplendidez. Adquiere latifundios, mansiones y obras de arte. Construye un teatro para una de sus amantes (en el lugar donde está hoy el Ministerio de Cultura). Se labra fama de donjuán y de árbitro de la elegancia. En 1845 se lanza a la aventura de la construcción de ferrocarriles, no sólo en España sino en Italia y en los Estados Unidos. Vive lo suficiente para verse perseguido por los llamados moderados (ultraconservadores) y para asistir a su ruina financiera. Sin duda ha sido el español que ha vivido con más opulencia. Todavía puede verse lo que queda de su palacete en la Castellana de Madrid (sede de Argentaria). Sobre todo es el modelo implícito del tipo de empresario que se hace inmensamente rico por sus relaciones personales con los financieros y los gobernantes. Los casos recientes de Mario Conde, Juan Abelló o Jesús de Polanco, entre otros, responden a ese modelo, naturalmente con los elementos personales que cada uno añade. Estamos ante el arquetipo del empresario de la transición democrática, que se mueve en el cono de sombra del poder político. Representa el tipo más alejado del modelo de empresario calvinista, austero, basado en la acumulación de trabajo y ahorro. No sólo recuerda el marqués de Salamanca a sus reencarnaciones posteriores, los empresarios de la transición democrática. La metempsicosis retrocede más de dos mil años. Resulta que el marqués de Salamanca viene a ser, con levita y chistera, nada menos que la reencarnación de Alcibíades, el «bello Alcibíades» de los *Diálogos* de Platón.

La biografía entretejida de los empresarios asociados a la creación y desarrollo de Galerías Preciados y El Corte Inglés constituye un episodio muy distinto. Estamos ante dos empresas genuinamente españolas, de grandes dimensiones y de carácter estrictamente comercial. Son sus personajes principales César Rodríguez (1882-1966), Pepín Fernández (1891-1982), Ramón Areces (1904-1989) e Isidoro Álvarez (1935). Los cuatro son parientes entre sí y nacidos en aldeas asturianas de familias humildes. Los tres primeros pasaron antes por una larga experiencia cubana. De Cuba trajeron el modo de los grandes almacenes (fundados a su vez por otros asturianos). Sus características son: «El estímulo de los trabajadores y su promoción personal. La participación en el capital de los más adictos y leales a la casa. El clima de paternalismo. La formación del individuo a expensas de la empresa. La exigencia de una identificación plena y absoluta del empleado con el establecimiento en que presta sus servicios. La exclusión en lo posible de toda actividad sindical y reivindicativa. La exigencia de una entrega sin reservas del trabajador. La contratación de parientes [como] empleados de fidelidad contrastada. La reinversión permanente de los beneficios. El concepto de servicio público. El uso novedoso de la publicidad y las promociones» (Cuartas 92:52).

El estilo del fundador de El Corte Inglés, César Rodríguez (un antiguo *indiano*) fue siempre el de la extrema «austeridad, sencillez y discreción absoluta y disciplinada. Llegó a ser un hombre riquísimo e influyente, pero era un desconocido para el público» (Cuartas 92:74). El mismo talante de reserva y de humildad ha caracterizado después las biografías de sus sucesores, Ramón Areces e Isidoro Álvarez. Realmente estamos ante la réplica autóctona del tipo ideal del empresario calvinista, austero y dedicado por entero a su trabajo. Son figuras excéntricas en el panorama español, pero por eso mismo hay que reseñarlas.

Hay otras clases de empresarios. Está también, por ejemplo, el tipo de profesional innovador. Es el caso de Alfonso Peña Boeuf, brillante ingeniero de Caminos. «Como mi espíritu libre me hacía huir del ejercicio al servicio del Estado, preferí seguir el espinoso camino del cultivo libre de la profesión ejerciendo lo que yo llamaba *ingeniería bohemia.*» Obtiene grandes éxitos como empresario a través de la técnica innovadora del hormigón armado. Paradójicamente, es esta experiencia de «técnico» lo que le hace llegar a dirigir el Ministerio de Obras Públicas con Franco (Peña Boeuf 54:106).

A la categoría del empresario-ingeniero pertenece también el donostiarra José Orbegozo y Goróstegui, ingeniero de Caminos, impulsor de los saltos (embalses) del Duero. Es el arquetipo del empresario innovador, asociado al capitalismo financiero y a la iniciativa industrial por parte del Estado (Machimbarrena 41).

Oriol Bohigas es el típico intelectual catalán volcado hacia la frenética actividad profesional (como arquitecto), empresarial y política. A través de sus experiencias nos damos cuenta de esta sutil apreciación: en los hombres de negocios «no todo era ganar dinero». Esos empresarios utilizaban «argumentos apasionados, alguna voluntad de aventura y cierta desazón por darle sentido a la vida» (Bohigas 96:119). Una observación de ese fuste difícilmente la podríamos encontrar en los intelectuales madrileños o de otras provincias, por lo general alejados del mundo industrial. No hay que establecer tampoco un juicio de valor a través de ese contraste. Como el que hace Oriol Bohigas al sostener que la generación de los escritores de «la España de la Meseta» a comienzos de siglo estaba «llena de inutilidades intelectuales» (Bohigas 96:225). Todo lo contrario. Esa «Meseta» (¿Madrid?) reunió a principios de siglo una pléyade de intelectuales de extraordinaria utilidad, bien que alejada de los negocios. «Edad de Plata», llamó José Carlos Mainer a ese fenómeno. De plata, pero sin un duro, podríamos precisar con una expresión coloquial y lindando con el retruécano.

El mundo de la empresa no está reñido necesariamente con el de la creación intelectual. Hay una interesante ilustración al respecto. Es el caso de Salvador Pániker, «letraherido» donde los haya. En cuyo papel aparece constantemente dubitativo, irresoluto, fluctuante, inseguro. Es lo que debe ser. Pero luego tiene la otra personalidad, su habilidad comercial, heredera nada menos que de las tradiciones hindú y catalana. Se desenvuelve en los negocios y en la especulación mercantil con mayor soltura que en la especulación filosófica, que es la que verdaderamente le atrae. Cuando se dedica al tráfico de los negocios desarrolla una extraordinaria confianza en sí mismo, de tal forma que parece otro hombre (Pániker 88:18). Como al final no puede dejar de ser un intelectual, hace dinero editando sus propios libros y los de los demás. Reconoce que la función intelectual no es menos egoísta que la empresarial (p. 25). Tampoco da el tipo de empresario calvinista por la parte que toca a la austeridad. Antes bien, estamos ante un empresario hedonista, epicúreo, hasta sibarita. Hay que ver las casas donde ha vivido, diseñadas por él mismo hasta la exquisitez y el detalle.

Queda dicho que la cualidad fundamental para el éxito de una empresa es que su titular logre mantener una buena relación con los bancos y con el Gobierno de turno. De ahí que los rasgos definitorios del empresario español no hayan sido tanto la innovación técnica o la austeridad calvinista como la capacidad de relación. De ahí el auge del empresario-especulador (el que sabe vender), sin arredrarse ante lo que ahora se llama «tráfico de influencias» y antes se decía «unto». Tampoco es necesario llegar a ese extremo. Basta cultivar las relaciones sociales con los influyentes poderosos. Hoy los gobernantes toman muchas decisiones con un ingente valor económico.

La cualidad fundamental del empresario-especulador no es la creatividad. Lo que le distingue es un rasgo que se ha aplicado a Juan March, pero que podría extenderse a sus congéneres: la capacidad de «intuición futura», la sensibilidad para anticiparse a los acontecimientos (Garriga 76:265). Esa intuición pasa por un profundo conocimiento de las personas.

La historia entera de las compañías extranjeras en España (y fundamentalmente, al principio, de los ferrocarriles) ha sido la de una constante corrupción. La técnica empleada fue la de sentar en los consejos de administración a los altos cargos de la política, de derechas y de izquierdas. Curiosamente, esta práctica la intenta desterrar Miguel Primo de Rivera en 1923 (Garriga 76:195). Pero esa oposición fue efímera. El principio vuelve a instaurarse con el franquismo. Hoy nadie lo discute.

El hecho de que la ciencia haya sido una institución tan secundaria en España explica parcialmente la debilidad innovadora de las empresas. Más que el científico o el técnico que aplica los últimos descubrimientos, entre nosotros ha sobresalido la figura del *inventor.* Se mezclan aquí las virtudes de la improvisación y del esfuerzo estrictamente individual. Puede, incluso, que intervenga la misteriosa acción de la suerte. Veamos una ilustración simpática y pintoresca. Oficialmente, el vuelo en un artefacto «más pesado que el aire» lo inauguran los hermanos Wright en 1903. El primer vuelo de un *aeroplano* duró menos de un minuto, pero voló. Los niños han visto muchas veces la foto por televisión. Pero la lectura de las biografías ayudan a establecer divertidas rectificaciones de la Historia. Alfredo Marqueríe cuenta que su tío Enrique, en 1890, logró fabricar un artefacto que logró volar durante unos segundos. El «piloto», que era el herrero, sólo salió con una pierna rota. El tío Enrique y el herrero fueron conscientes toda su vida de que se habían adelantado más de un decenio a los hermanos Wright. Es una hermosa historia que parece un cuento (Marqueríe 71:35).

Cuando se habla de empresarios industriales no hay que olvidar el sentido originario de la voz *industria.* Valía tanto como habilidad, ingenio, destreza, astucia, capacidad para manejarse. El objeto de esas capacidades no siempre era productivo. De hecho, «caballero de industria» era tanto como pícaro o estafador. Todo eso está en los senos del idioma, pero algo se manifiesta a través de la figura del empresario-especulador, en la que tanto cuenta la suerte y las relaciones políticas. Ese origen explica también la mentalidad antiempresarial tan característica de las huestes intelectuales.

Veamos una ilustración de la mentalidad antiempresarial en la figura de Eugenio Noel, el característico intelectual bohemio. Realiza el tipo ideal del jugador, que es el polo opuesto al del empresario. Nuestro hombre manifiesta una continua obsesión por el dinero a lo largo de su vida adulta. Es la tradicional ofuscación del jugador. Su queja continua es la falta de dinero, pero no deja de moverse de una a otra ciudad dando conferencias contra los toros, el cante flamenco o la monarquía. Las conferencias se transforman en incesantes artículos, entre costumbristas y apologéticos. Esta misión le reportaba honorarios pingües, pero no duraban más que un día. En 1922, por ejemplo, contabiliza unos ingresos de 14 074 pesetas (Noel 62, II:298). Era entonces una verdadera fortuna, mucho más de lo que podía ganar un profesional eminente. Pero nuestro hombre andaba siempre a la cuarta pregunta. Se lo jugaba todo a la lotería, lo que le impulsaba a seguir dando tumbos como conferenciante. Todo ello le ocasionaba una sobresaltada vida familiar y profundas crisis personales. Su lamento continuo es que le faltaba tiempo para poder escribir grandes obras, que no pasaron del propósito. Compone al final una patética figura del intelectual español, que todo lo espera de la redención personal a través de un billete de lotería. La frustración es evidente: «Me he de dedicar a los articulillos que escribo para comer, que ni dan de comer ni fama, y en cambio agotan y embotan» (Noel 62, II:60).

El médico Giménez Reyna es un exponente de la mentalidad alejada del espíritu de empresa, muy típica de las profesiones. Entiende la medicina como algo altruista, lo opuesto de «los negocios», donde sólo ve «contabilidad, frialdad, tacañería, doblez, desconfianza y demás *buenas* cualidades que suelen adornar a los judíos» (Giménez Reyna 89:303). Este médico, que estuvo muchos años de cirujano en Antequera, da su visión del *buen* cacique, el que defiende a su comarca «por encima de los intereses particulares». Pone como ejemplo al clan de «los Muñoces» (Muñoz Rojas), «hombres de carreras» que siguen cultivando sus fincas. Lo hacen, además, de forma mancomunada, sin separar los bienes (Giménez Reyna 89:119). Esta forma de organización económica se ve también en la familia Ybarra, de Sevilla, que se mantiene durante varias generaciones. Se trata de un tipo de asociación empresarial que permite dudar del tópico del terrateniente absentista, iletrado y sin mentalidad industrial. Se ha aplicado muchas veces al campo andaluz (Sierra 92:61). Es quizá un mecanismo de ajuste o de supervivencia ante las difíciles condiciones externas para el desarrollo.

9. Enfermedad

Los humanos son seres vivos que sufren, sienten dolor. El progreso consiste en retrasar todo lo posible la muerte. Es una lucha contra la ignorancia y el fatalismo. Se trata de evitar muchas muertes que antes eran inevitables. En el entretanto aparece cada vez más la enfermedad o el dolor como la sustitución de lo que podría haber sido un mal mayor, la muerte misma. En la sociedad actual hemos conseguido que muy pocas personas se den cuenta de que van a morir. Es más, hemos llegado a creer que todas las enfermedades se curan. Estos misteriosos sentimientos, que parecen tan inefables, se hacen realidad a través del estudio de las biografías.

Uno de los grandes procesos de modernización de la sociedad española ha sido el sistemático descenso de la mortalidad a lo largo de todo el siglo XX. Detrás de ese lento movimiento hay nombres concretos, instituciones y personas. Uno de los primeros, cronológicamente, es el de Carlos Cortezo, el fundador de la sanidad nacional a principios de siglo. Antes se había preocupado de las epidemias. En 1903 adelanta el descubrimiento de que el tifus lo transmite el piojo común. Por esas fechas establece la vacunación obligatoria contra la viruela y ordena las estadísticas sanitarias, entre otras muchas medidas de higiene pública. Estuvo al frente de diversos organismos e incluso fue ministro de Instrucción Pública con los conservadores. Representa la culminación de toda una escuela de higienistas que lograron introducir la preocupación por la higiene y la medicina preventiva en los hábitos de los españoles (Álvarez-Sierra 45).

Otra figura del mismo corte es la del médico, escritor y político Ángel Pulido, director general de Sanidad a comienzos del siglo XX. Pasó por «sociólogo», según se entendía en la época a los publicistas preocupados por los problemas sociales. Participó en la creación del Instituto de Reformas Sociales y del Instituto Nacional de Previsión. Se ocupó de mil asuntos polémicos, desde la situación de Las Hurdes y la protección a los ciegos a la ayuda a los sefardíes. Es todo un repertorio de lo que luego se ha llamado el Estado de bienestar, que hace un siglo era simplemente *regeneracionismo* (Ortega 22).

El interés público por la higiene es el esfuerzo más rentable por hacer evitables muchas muertes. Otra cosa no se podía hacer hace cien años, dados los limitados avances científicos de la época (vistos desde el presente, claro). No nos hacemos mucha idea de la extrema penuria higiénica en la que vivían nuestros cercanos antepasados. Tenemos incluso el supuesto más favorable de las clases acomodadas a comienzos del siglo actual. El testimonio de la condesa de Campo Alange es impresionante. Resulta que las señoras de la aristocracia sevillana no se cortaban ni se lavaban el pelo, «limitándose a peinarlo sencillamente [en casa], evitando el lavado, que se consideraba nocivo para la salud. Como prácticas de higiene, se hacían cuidadosos frotamientos del cuero cabelludo con lociones especiales y resultaba totalmente indispensable el uso de peines *ad hoc.* El peinado, por lo tanto, era un arte exclusivamente casero» (Campo Alange 90:68). Qué no sería entonces la higiene corporal de las clases humildes.

No nos debe extrañar que, a lo largo de todo el siglo XIX, fueran recurrentes las epidemias. Solían coincidir con períodos bélicos, con años de malas cosechas, que a su vez se derivaban de alteraciones climáticas. Me permito recomendar al lector curioso un ensayito que he escrito sobre el particular (De Miguel 87). Eso me permitirá seguir adelante. No me puedo desviar del camino real del análisis biográfico, que bastante largo es. Aquí sólo se trata de ver en qué medida las enfermedades y epidemias se tejen con otros rasgos biográficos.

El marqués de Salamanca no lo era todavía en 1834, cuando la epidemia de cólera. A la sazón desempeñaba la alcaldía de Monóvar como recompensa de su participación en las luchas civiles al lado de los liberales. El hecho es que José de Salamanca enferma de cólera y hasta se le da por muerto. Se le amortaja y el ayuntamiento en pleno acude a su entierro. Pero el cadáver resucita, es decir, se comprueba que don José no estaba muerto. El suceso fue muy comentado. Al parecer no era un caso insólito por aquellas fechas, lo que explica que se tomaran algunas cautelas con los certificados de defunción para los casos de epidemias (Hernández Girbal 63:113).

El prolífico escritor Eusebio Blasco narra la experiencia de la epidemia de cólera de 1866 en Madrid. Se producen dos reacciones. La corte se traslada a La Granja para no contagiarse. Los dirigentes liberales (Castelar, Sagasta) levantan una sociedad, Amigos de los Pobres, que organiza visitas a los «coléricos pobres, exponiendo sus personas y vidas». Con este gesto consiguen la simpatía popular, de tal modo que, «al finalizar el cólera, comenzaba la revolución de hecho», la que iba a ser «la Gloriosa», la revolución liberal de 1868 (Blasco 04:61). Por cierto, que el mismo año de la epidemia nuestro autor escribe el primer libreto de lo que después se llamaría «revista» o «comedia musical». Se tituló *El joven Telémaco.* Pasó a la pequeña historia del teatro por ser la fundación del género bufo. Contenía una famosa canción que remedaba el habla griega y que repetía una palabra inventada: *suripanta.* El vocablo iba a hacer fortuna hasta convertirse en genérico para corista y mujer de vida alegre. La fotografía de las auténticas suripantas de la obra de Blasco provoca hoy la sonrisa. Aquellas rollizas coristas llevaban faldas tobilleras y cubrían sus hombros con un generoso mantón. Hasta ese punto ha cambiado el canon sobre la belleza femenina. Puede que el cuerpo humano se cubriera por su identificación fatalista con la enfermedad, el dolor y en definitiva la muerte. Por lo menos, los dos procesos son coincidentes en el tiempo. El cuerpo se desviste legítimamente y a la vez se ataca a muchas enfermedades con un éxito notable.

La persistencia de las enfermedades epidémicas hasta hace muy poco conlleva un tipo de obligaciones que hoy no se dan. Tenemos una ilustración. En 1894, la familia entera de Francisco Navarro Ledesma, excepto él mismo y un criado, cae enferma del «trancazo» (gripe). Son seis personas en una familia que han de guardar cama mucho tiempo. El hecho supone una notable disrupción del ritmo de la vida cotidiana (De Zulueta 68:108). No es sólo que hace un siglo las enfermedades fueran más mortíferas. Su curación exigía entonces largas temporadas de reposo y buenos alimentos, que, naturalmente, no todos se podían permitir.

Aunque disponemos de estadísticas regulares sobre causas de muerte desde 1900, la verdad es que existen grandes dudas sobre la certeza de los diagnósticos hasta muy avanzado el siglo. El actor Paco Rabal se refiere a la muerte de su abuela y de una hermana anterior a su nacimiento. Nunca se supieron las causas. Y añade: «Los pobres entonces se morían muchas veces sin saber cómo ni por qué» (Rabal 94:11). No sólo eso. Los pobres, y aun muchos ricos, sabían que iban a morirse de forma inminente una vez que empezaban a notarse ciertos síntomas morbosos. Había una preparación psicológica para la muerte que hoy no se da.

Durante mucho tiempo, la tuberculosis o tisis fue la enfermedad con estigma, a pesar de ser tan común. El historiador Claudio Sánchez Albornoz recuerda que pasó la enfermedad de chico (lo que no le impidió ser muy longevo; murió a los noventa y un años). El método de curación era un tanto bárbaro. Le ponían «botones de fuego», que eran pinchazos continuos en el pecho y la espalda, a los que añadían yodo. A la piel así quemada y torturada le ponían bayetas de aguarrás. «Y ello durante muchos días» (Sánchez Albornoz 74:21). Está claro que se curaban —cuando se curaban— a pesar de los esfuerzos terapéuticos. La voluntad de sanar tenía que contar mucho. En definitiva, se seguía curando por la naturaleza, la *vis me-*

dicatrix naturae. Se sabe que al pobre Alfonso XII, tuberculoso, le aplicaron los «botones de fuego», tratamiento que le adelantó la muerte (Espina 95:124).

La experiencia de una larga enfermedad es un recurrente motivo literario. El Alberti joven sufre una (entonces) terrible adenopatía. La enfermedad pulmonar supone muchos meses de reposo y sobrealimentación. Se impone, incluso, cortar las conversaciones con amigos y parientes. Hay que dormir con la ventana abierta. No queda otra opción que leer. El joven Alberti dejó de pintar y se convirtió en poeta después de devorar todos los libros que hasta entonces no había leído (Alberti 75:143).

Es curioso el recuerdo personal que me suscita la lectura de ese episodio de Alberti. Resulta que yo también padecí una adenopatía pulmonar a los dieciséis años. Tuve que estar varios meses en la cama, aunque por fortuna esa pausa no me hizo perder curso. Era el llamado «preu», el último año del bachillerato. El examen se hacía oral y en la universidad. Saqué premio extraordinario. Durante la enfermedad recuerdo dos raciones extraordinarias, alimentos y libros. Entre otras recetas, tomaba todos los días una jarra de zumo de limón en la que se habían disuelto media docena de huevos con cáscara y todo. Se impuso también la norma de dormir con la ventana abierta, práctica que todavía conservo, sea invierno o verano. La verdad es que uno está todavía muy cerca de la curación por la naturaleza. Aunque lo cierto es que en aquel percance me salvó la sagacidad del médico (Felipe Ponce de León) y la novedad de la estreptomicina. Recuerdo la coincidencia de que, pocos meses antes de caer yo enfermo, le daban el Premio Nobel de Medicina a Abraham Waksman por su descubrimiento de la estreptomicina.

Lejos de ser una excentricidad, el episodio de la larga enfermedad con lecturas intensas se repite una y otra vez en las biografías de los escritores. El novelista jerezano José Manuel Caballero narra la experiencia de ocho meses en el campo con un principio de tuberculosis. Es la ocasión para intensas lecturas (Caballero Bonald 95:193).

José María Castellet y Manuel Sacristán, miembros ambos de lo que se llamó la «escuela de Barcelona», experimentaron de jóvenes «sendas tuberculosis», con largas convalecencias «muy leídas» (Barral 75:209). Rosa Chacel recuerda cuatro meses de enfermedad en la infancia, donde empezó a «cultivar el insomnio» y las fantasías para curarlo (Chacel 72:93).

Como no podía ser menos, el poeta Jaime Gil de Biedma pasa también por la experiencia de unos meses de retiro como consecuencia de la tuberculosis. Su reacción es muy airada: «La enfermedad me irrita lo mismo que un insulto. Además, no creo en ella... La idea de tres meses de privación sexual se me hace interminable» (Gil de Biedma 91:139). Extraño pensamiento. ¿Será verdad que el tísico es un voluptuoso? Puede que lo contrario del dolor sea la efusión sexual.

Hay muchas manifestaciones literarias y científicas de la asociación que existe entre la tuberculosis y un determinado carácter, una cierta forma de ser y actuar. Valga como ilustración el trabajo de un médico y escritor sobre el particular. Considera que «en los tuberculosos es donde hallamos más destacados los rasgos del amor y de la bondad» (Cortejoso 43:16). El enfermo desarrolla la «hiperestesia», esto es, una extrema sensibilidad que le lleva a ser irritable, pero también voluptuoso y pasional (p. 27). Se torna egocéntrico, lo que se traduce en un deseo febril de escribir, de narrar su vida (p. 28). De ahí que encontremos tantos casos de literatura autobiográfica a partir de las experiencias de tuberculosis. Puede ser simplemente porque esta enfermedad exige un largo período de reposo.

Salvador Pániker se lamenta de que la muerte prematura de su padre le obligara a entrar muy pronto en el mundo de los negocios, desviando así su verdadera vocación de escritor. Añade con ironía: «Ni siquiera tuve una tuberculosis que me diera un respiro para poder leer» (Pániker 85:61). Alude a ese suceso literario de la larga enfermedad juvenil, que en él no se produce. Pero su vida adulta es la de un perpetuo enfermo imaginario, hipocondríaco incurable, que aprovecha cada nadir de su ciclo neurovegetativo para proveerse de variadas lecturas. Es un caso evidente de asociación entre neurastenia intermitente y avidez lectora. Después de todo, es la repetición del ejemplo de don Quijote. A quien se parece en otros aspectos, incluso en el físico, puesto que conocemos perfectamente el tipo asténico y hético del personaje cervantino. Sin embargo, la hipocondría de Pániker tiene otro sentido. Es la típica de los que sienten su cuerpo hasta la hiperestesia. Es decir, se trata de una forma de sensualidad, en este caso hay que presumir que oriental. Por una vez el oriente es tanto el de la península Ibérica como el del planeta Tierra, visto desde el meridiano cero, que es el que pasa por el límite de Cataluña.

No hay que reducir necesariamente la enfermedad a la antesala de la muerte. Por los ejemplos vistos (después de todo se refieren a los supervivientes), las dolencias son parte positiva de las respectivas biografías. Hay, además, una cierta correspondencia entre las dolencias y la época en que se producen, la fecha del calendario o el momento de una vida. Las biografías de algunos personajes, minuciosas como son, corroboran, de manera espléndida, otros muchos datos que se tienen de las historias clínicas. Es un método que le gustaba emplear al médico Gregorio Marañón. Se puede añadir el dato del característico estado depresivo que acometía al escritor Antonio Botín Polanco con la llegada de las primaveras (Rodríguez Cáceres 96:48). Es el clásico síntoma de la úlcera de estómago, tan poco romántica por este lado.

Una dolencia infantil muy común durante los años cuarenta fue la de los sabañones, que los niños actuales no saben lo que son. Era una ulceración de las manos, los pies y las orejas que ocasionaba el frío, combinado con la dieta deficiente. El percance lo recuerda incluso una persona de clase acomodada, Oriol Bohigas, referido a su experiencia infantil de los años de la República. Cuenta el remedio casero para esa pertinaz dolencia: sumergir los pies en una palangana con agua muy caliente (Bohigas 91:68). El suceso es mínimo, pero revela las condiciones de penuria en que ha vivido la sociedad hasta tiempos muy recientes.

Los demógrafos registran el pasmoso hecho del agudo descenso de la mortalidad infantil durante los años cuarenta. Se daban las peores circunstancias que se pueden imaginar: epidemias, hambrunas, viviendas deficientes. La explicación se deriva del testimonio de Mercedes Formica. Cuenta la peripecia de las «divulgadoras rurales» de la Sección Femenina de Falange, que movilizaron a muchas jóvenes en los pueblos. La misión consistía en divulgar prácticas higiénicas y alimentarias, aparte del lógico objetivo propagandístico. Es un caso sobresaliente de efectos positivos de una acción pública (Formica 84:91).

Son muchos los testimonios que acusan la aterradora mortalidad infantil del pasado no tan remoto. Fernando Fernán-Gómez comenta con ironía que su abuela (que para él hizo de madre durante su niñez) tuvo doce hijos, de los cuales nueve murieron antes de cumplir el año, seguramente porque los «había destetado a todos con cebolla» (Fernán-Gómez 90, I:34). El suceso se refiere al momento de principios de siglo, que es histórico porque, a partir de esas fechas, empieza a reducirse la mortalidad infantil.

Julián Marías cuenta que la «famosa y terrible gripe que se desató en 1919 y 1920» (realmente fue en 1918 para la Península) afectó a casi todos los miembros de la familia. «Sólo quedó en pie mi padre para cuidarnos a todos» (Marías 88:126). Por otra parte es casi la única experiencia de enfermedad que recuerda. Resulta difícil de creer. El personaje se caracteriza por tener una opinión inmejorable de sí mismo, cosa rara en el gremio intelectual. Pero ese extremo de no recordar el haber estado enfermo es una verdadera rareza cuando se ha traspasado la barrera de los setenta años. Anotémosla con complacencia.

Xavier Zubiri también estuvo gravemente enfermo como consecuencia de la gripe en 1918, incluso con meningitis (Castro 92:68). Como es sabido, esa epidemia ha sido la más mortífera de la época reciente, y quizá de todos los tiempos, en números absolutos. Pasó a la historia como la «gripe española» por un azar. El suceso fue que enfermó Alfonso XIII del desconocido mal (nada se sabía entonces de los virus). Lógicamente, la noticia saltó a los titulares de las agencias de prensa.

Josep Pla traza una provocativa definición de salud, como equivalente a felicidad. «Cuando nos encontramos realmente bien [de salud] pensamos en los demás; el caso es divertido. Cuando pensamos en nosotros mismos es que estamos enfermos» (Buqueras 85:89; escrito en 1973). Es una extraordinaria intuición, acaso la vivencia de un viejo, esa del egoísmo, del solipsismo de los enfermos. O también es la confirmación de que el estado amoroso (en contra de la imaginería popular) es el polo opuesto al de la enfermedad. La razón es que la persona enamorada piensa sobre todo en la otra, en el objeto de sus delirios. No debe de ser casual que los fracasos afectivos y los reveses de fortuna acarrean a veces graves enfermedades.

Es muy fácil decir que el progreso significa atajar las enfermedades, cuidar la alimentación o la higiene. Esto es así para el conjunto de la sociedad, pero no se mantiene a escala individual. Antes bien, las biografías nos dicen que son innúmeras las prácticas que podríamos llamar de riesgo. En realidad nos vamos muriendo poco a poco, en el sentido de que hacemos muchas cosas que precipitan o adelantan la muerte. Si no fuera así, el hombre sería un ser demasiado racional. No es el caso.

Es famoso el triste acontecimiento del suicidio del escritor Ángel Ganivet. Siempre parece el suicidio una muerte prematura y evitable. Pero en ese caso todo conducía al fatal desenlace, como suele decirse. Anotemos el dato mínimo que lo podía anticipar. Ángel Ganivet, en los últimos años de su vida, sometido a múltiples formas de estrés afectivo y laboral, llegó a fumar más de veinticinco puros diarios (Gallego Morell 65:77). Es un caso estrambótico, desde luego, pero hay otros, para no salirnos del gremio literario. Jacinto Benavente fumaba dieciocho puros diarios, es decir, no dejaba de fumar en todo el día (Camín 27:49). Aunque en este caso es un consuelo para los fumadores, puesto que el genial dramaturgo vivió noventa y ocho años.

La salud no consiste sólo en el dato negativo de no tener dolencias, sino en convivir con el dolor y el malestar. Tanto es así que los humanos son muchas veces enfermos imaginarios. El niño en seguida aprende que, si se queja, le atienden. Si persiste el dolor, se puede librar de ir al colegio o de tener que comer el plato que no le gusta. Ya de mayores seguimos manejando parecidos expedientes.

Josep Pla anota sus recuerdos de principios de siglo. Se refiere a la modesta burguesía de Palafrugell. La cual consideraba una ordinariez la exhibición de una «salud plena y normal». Al contrario, había que manifestar continuos alifafes. En el comedor se desplegaban todo tipo de medicamentos para apoyar esa manifestación de males más o menos imaginarios (Pla 94:163).

Son muchas las ilustraciones de enfermos imaginarios. El etnólogo Julio Caro Baroja es un arquetipo. «No recuerdo ninguna [temporada] en que no haya sentido algún trastorno corporal, alguna desazón. Y esto me ha dado, en última instancia, un tanto de antipatía hacia mi cuerpo; tal vez también hacia los demás» (Caro Baroja 72:22).

Algunas personas se han preguntado por el raro exilio de Manuel de Falla en la Argentina, donde murió. Madariaga aduce su pésima salud, más bien mental. El maestro era un hipocondríaco, un paranoico. Estaba obsesionado con todo tipo de males y se atiborraba de medicinas y todo tipo de mejunjes (Madariaga 81:141). Esos hábitos quizá estuvieron relacionados con su soltería pertinaz, o más bien su celibato, pues Falla fue un temperamento muy religioso. De ahí que no cuadrara mucho su exilio de la España de Franco. Este tipo de atribuciones suelen estar ausentes de las biografías de los famosos, por lo general laudatorias. Hay un raro acuerdo por el que los grandes hombres no deben tener pequeñas miserias, pero las tienen. La grandeza no consiste en ser sobrehumanos. De Manuel de Falla se cuenta también la obsesión neurótica de la higiene personal con múltiples lavados y gargarismos (Viniegra 66:121).

Las dolencias no son casi nunca enteramente individuales, en el sentido de limitarse a un solo cuerpo. La enfermedad es también para los otros, para los familiares del enfermo. Sobre todo si se trata de las dolencias que no tienen cura, muy particularmente las mentales. El patético testimonio de Elena Soriano, a la cabecera de su hijo drogadicto y esquizofrénico, es realmente conmovedor. Cavila que ha pasado por muchos miedos, como parte de la generación que resultó derrotada en la guerra civil. Pero ahora se enfrenta al «gran miedo, el miedo a la locura» (Soriano 85:299). En realidad, lo que la aterraba era la muerte más desconsoladora para una madre, la del hijo.

La gran epidemia de nuestro tiempo no es el resto de enfermedades infecciosas o incurables. Es el hacer creer a mucha gente que está enferma. La sociedad, con sus innúmeros estímulos informativos, genera una gigantesca hipocondría colectiva. Es la paradoja del Estado del bienestar, la sociedad del malestar. Equivale a lo que en otras épocas era el hacer creer que por todas partes había pecadores, herejes o miembros de razas inferiores. Lo peor de todo es que esas creencias diseminadas acaban por desencadenar enfermedades reales. De nuevo se puede aportar el lacerante testimonio de Elena Soriano, al hilo de los penosos tratamientos psiquiátricos a los que hubo de someterse su hijo drogadicto. «El crimen más cruel que se puede cometer con una persona es imbuirle la idea de que está loca o puede volverse loca» (Soriano 85:321). Naturalmente, al final se produce no ya la locura, sino el suicidio. En ese caso, el desenlace provenía de la incapacidad para tratar adecuadamente la drogadicción, el mal de nuestro siglo. Pero pueden darse otras situaciones en las que se fuerza a la persona con problemas afectivos a ponerse en manos de los médicos. De esa forma no se plantea la causa de sus sufrimientos. Esa causa suele estar en el déficit afectivo de las personas más cuerdas. Detrás de muchas enfermedades hay una cuestión de afecto.

La paradoja del progreso sanitario está en que retrasamos la muerte, evitamos muchas enfermedades, pero todo eso nos hace menos resistentes al dolor. La gente no admite hoy la teoría del «valle de lágrimas». Ya ni se sabe lo que es eso. O no se quiere saberlo. ¿Cómo ignorar que la historia entera de la literatura es, al tiempo, la sensación del amor y la del dolor? Recordemos el primer verso del *Poema de Mío Cid*: «De los sos ojos tan fuertemientre lorando.» Era el dolor humanísimo de la separación de su mujer. Es una de las primeras parejas románticas de la Historia. Hasta el punto de hacer llorar al viril don Rodrigo.

El culto al placer se puede ver también por el otro lado, por la creciente erosión de la resistencia al dolor. Este proceso lo narra muy bien el cirujano Giménez Reyna. Anota que los pacientes prefieren cada vez más la anestesia total, incluso aunque tenga más riesgos. La tendencia es incluso la de solicitar el parto con anestesia (Giménez Reyna 89:195).

10. Escritores

El método del análisis biográfico no pretende un corte proporcional de la población según sus diversos estratos sociales. Hay uno de ellos que lógicamente se representa mejor, el de los escritores. Me refiero a los escritores profesionales. Aunque los llamemos así, preciso es reconocer que pocos son los que viven realmente de la pluma. La vocación más característica es la de poetas, pero, como la lírica no da de comer, la dedicación más corriente es la del periodismo. Gracias a lo cual los periódicos españoles han mantenido siempre una dignidad literaria más que mediana. Lo negativo ha sido la dificultad para llegar a una vida desahogada. Otra consecuencia maliciosa es el clima de animadversión recíproca entre los escritores que se sienten contemporáneos y hasta coetáneos o incluso partícipes de los mismos círculos secantes.

Oficialmente se podría pensar en la simpatía mutua entre dos sensibles poetas de la misma generación: Federico García Lorca y Miguel Hernández. Ambos fueron elevados a los altares cívicos después de su terrible martirio. Teóricamente eran caídos por parecidos ideales antifascistas. Pero la realidad es que entre ellos hubo una relación envidiosa. Más bien era una rencorosa asimetría por parte de Lorca, que quizá no podía resistir la estrella ascendente del de Orihuela, seguramente mucho mejor poeta. Sólo muchos años después se ha podido estampar un juicio sobre esa relación resentida (Sánchez Vidal 73). Es una demostración de que el parnaso literario no es todo lo idílico que a veces se ha supuesto. Visto así, se trata más bien de una representación en pequeño del gran drama nacional. Que no es otro que el clima de malas relaciones interpersonales y de general escasez cultural. Donde no hay harina, todo es mohína; también en la república literaria.

Gabriel Miró es el ejemplo de que de la literatura no se podía vivir. Después de varias novelas y de múltiples colaboraciones periodísticas, sus ingresos por esos conceptos no superaban (hacia 1915) los treinta reales diarios. Era el equivalente a un sueldo de menestral. Por eso tuvo que simultanear sus tareas de escritor con diversos destinos de cronista, secretario particular y auxiliar administrativo en Alicante (Guardiola 35:123). En 1920 entra como funcionario en el Ministerio del Trabajo «con la gratificación mensual de 250 pesetas» (p. 162). Fuera de Blasco Ibáñez no se puede decir que ningún escritor haya podido disfrutar de una vida de «rico». Por lo menos esa afirmación se mantiene hasta la época actual, donde ya hay una nómina de novelistas que pueden llevar una vida realmente regalada.

Las opiniones que mantienen los escritores sobre sus respectivos colegas revela un mundo pequeño, resentido, lleno de envidias y de ajustes de cuentas. Son innúmeras las ilustraciones que se pueden aducir, y eso que, como es lógico, hay un púdico ocultamiento de esas malquerencias.

Particularmente esquinadas y recelosas son las múltiples referencias que hace Pío Baroja de los muchos escritores que trató. Empieza por proyectar en los otros lo que él mismo acusa: «Yo, entre la juventud literaria del tiempo, no vi más que malas intenciones: la envidia y la tristeza del pequeño éxito ajeno, la acusación del plagio, la acusación de homosexualismo. Todo lo que pudiera denigrar al compañero» (Baroja 70, I:473). Se refiere sobre todo al Madrid literario de principios del siglo actual, hosco y mal avenido. No salva ni siquiera a los compañeros de la supuesta «generación del 98», que el gran novelista vascongado se resistió a reconocer como tal: «En ese sentido de la risa y de la sonrisa, todos los escritores de mi tiempo han tenido mucha menos ganas de reír que yo. Yo no he visto reír nunca a Valle-Inclán, a Unamuno, a Maeztu. Y si alguno de ellos reía, era contra algo, pero nunca por algo. Tampoco vi reír jamás a Miró. En cambio he visto reír alguna vez a Azorín y, de una manera estrepitosa, a Ortega y Gasset» (Baroja 70, I:140). Prácticamente, los dos únicos verdaderos amigos que tuvo Baroja, de los del gremio literario, fueron Azorín y Ortega. La razón paradójica de esa simpatía (siempre relativa) es que el estilo de ambos se alejaba mucho del típicamente barojiano. Azorín fue el que estampó el rótulo de «generación del 98», desde luego, bastantes años después del suceso bélico que les da nombre. Baroja no pudo tragar a algunos miembros de ese supuesto grupo. Es llamativa su actitud despreciativa respecto a Ramiro de Maeztu, aunque el hombre admita también su tanto de culpa: «Maeztu era un impulsivo. Creo que un psiquiatra le hubiera considerado como un esquizofrénico, y a mí como un maníaco-depresivo. Claro que no hay que buscar gente completamente normal entre personas que se dedican a actividades tan poco productivas y prácticas como la literatura y la filosofía. Todos tienen su tara. Son inadaptados, antisociales, vanidosos» (Baroja 70, I:93). El juicio resulta excesivo, pero al menos se agradece la sinceridad y el espíritu autocrítico. No son virtudes sobresalientes en este gremio. Pero siguen las diatribas: «Blasco Ibáñez hizo *La horda* a base de estos libros míos [la trilogía *La busca, Mala hierba, Aurora Roja*]. Si en literatura el rapto debe ir seguido del asesinato para ser legítimo, aquí hubo una ligera sospecha de rapto, pero no hubo una ligera sospecha de asesinato» (p. 583). «Blasco Ibáñez era un Tartarín valenciano... En él todo era aparato. Alguna gente creía que él, como hombre, valía más que como novelista; pero no había tal. Como novelista valía mucho más que como hombre» (p. 631). Obsérvese la sutileza de ese último desprecio.

El único del grupo que sale bien parado es Azorín, y aun así, «Azorín está muy bien, pero es muy poco novelista. No le gusta el misterio ni lo dramático... Felipe Trigo es lo contrario en malo» (Baroja 70, I:552). Ni siquiera los más cercanos al estilo barojiano se van sin la correspondiente pulla. «López

Pinillos era escritor que tenía mérito. Había en él condiciones de realista, [pero] con una mordacidad sistemática de hombre de periódico, cosa que a mí nunca me ha hecho gracia. Personalmente era tipo repulsivo... Recordaba algunos de esos judíos, rubios y gruesos, que tienen aire de cerdo» (p. 572). Es proverbial el antisemitismo de don Pío, no se sabe muy bien a cuento de qué.

Debe subrayarse que tanto Trigo como López Pinillos o Blasco Ibáñez son novelistas que escriben a la manera barojiana. Es esa cercanía estilística lo que irritaba al guipuzcoano. O quizá el hecho de que, tanto Trigo como Blasco, llegaron a ganar sumas apreciables con sus novelas. Baroja era muy mirado para los asuntos crematísticos. La verdad es que el hombre pasó la primera parte de su vida malviviendo con sus escritos. A lo mejor por eso mismo escribió tanto.

El éxito de Felipe Trigo despierta la envidia de otro novelista también muy popular, Alberto Insúa. Este último achaca a Trigo que se sentara en el café a corregir ostentosamente las galeradas de sus novelas, sólo para que le viese la gente (Insúa 52:560). La verdad, no parece ése un signo que debiera irritar. Seguimos con la envidia.

Es un principio sociológico (el gran Simmel lo desarrolló) que las enemistades entre afines son las más ácidas. César González Ruano se da una vuelta por la república literaria de su tiempo juvenil. Anota el odio mutuo que se tenían Ramón Gómez de la Serna y Rafael Cansinos. Pero adivina que esa ojeriza recíproca se desprende de que compartían las mismas simpatías. Por ejemplo, ambos admiraron a Carmen de Burgos (Colombine). De hecho, esta escritora fue la mujer de Ramón Gómez de la Serna durante muchos años (González Ruano 56:101). Cansinos hace la presentación literaria de esa insigne mujer, que se sabía la primera periodista que se había atrevido a hacer *interviews*, como entonces se decía. Hasta entonces (años veinte) «sólo había señoras, como la Pardo Bazán, que escribía por deporte», es decir, no para ganarse la vida. Colombine se queja de la leyenda que le atribuía haber sido amante de Romanones, Segismundo Moret y Vicente Blasco Ibáñez (Cansinos Assens 95:259). Ahora se entiende que Colombine escribiera varios tratados, dirigidos a las mujeres, para conservar y resaltar la belleza.

La «generación del 27», como todas las anteriores del gremio literario, se reduce a un par de tertulias de amigos. Con todo, es evidente la floración tan extraordinaria de poetas en torno a la fecha de 1927, que es cuando se reúnen para un homenaje a Góngora: Gerardo Diego, Aleixandre, Altolaguirre, Cernuda, Antonio Machado, Alberti, etc. Pero, cosas de la república de las letras, no todos los contemporáneos reconocen esa pléyade de poetas. Un periodista le pregunta al crítico Rafael Cansinos, en 1927, sobre «los nuevos poetas». La contestación es: «Que no aparecen» (Camín 27:66).

Esto de las generaciones literarias se presta a un curioso juego. Los coetáneos no reconocen la valía de los que van a ser los epónimos de su tiempo. Es la generación siguiente la que redescubre el valor de los mayores. Así, González Ruano (nacido en 1903) asegura que, de joven, no era la «generación del 27» la que les llamaba la atención, sino la «del 98». A él personalmente le fascinaba la prosa de Baroja (González Ruano 56:130). Pero la unidad generacional, en el sentido de escuela, no es tal. La prueba es que a González Ruano le repelía la prosa de Unamuno: «Yo no tuve nunca simpatía por don Miguel de Unamuno.» Le fastidia «su egotismo, su castidad, su apostolado de Carlyle a la española, su lío religioso y su aldeanismo seco y escamón... Me fastidiaban también íntimamente casi todos los detalles, [por ejemplo] su roñosería» (González Ruano 56:252). La verdad es que Ruano era un manirroto hasta la prodigalidad. De hecho tuvo que meterse en dudosos asuntos de contrabando para poder pagar su dispendioso tren de vida.

A través de los recuerdos de González Ruano confirmamos, una vez más, lo enconadas que eran las relaciones entre los escritores. El autor cuenta la anécdota de su Premio Mariano de Cavia 1931. Está en el jurado un amigo suyo, Manuel Machado. Va a visitarle para ver si le podía echar una mano.

Machado le promete su ayuda con todo entusiasmo, pues no tiene otro candidato. El premio se lo dan por unanimidad, pero luego se entera que realmente Machado se opuso resueltamente a esa decisión del jurado (González Ruano 56:277).

Hay que agradecer estos testimonios personales y sinceros. Realmente contradicen muchos estereotipos que se tienen sobre los escritores afamados. Por ejemplo, según González Ruano, Valle-Inclán «no era ese hombre descuidado que afirma la burda leyenda, sino por el contrario un verdadero *dandy*... Tenía fama injustificada de cascarrabias, de envidioso y de mala persona. Yo creo que no lo era... lo que tenía era un irremediable y casi inocente afán de lucimiento» (p. 247). No era el único, como vemos.

González Ruano no se adscribe a la «generación del 27», sino a los prosistas que iban a venir después, mayormente asociados al falangismo literario. Aunque el fenómeno siga siendo madrileño, hay un núcleo de estos escritores que procede de la famosa tertulia del Lyon d'Or de Bilbao (años 1925 a 1930). Ahí están Ramón de Basterra, José Félix de Lequerica, Rafael Sánchez Mazas, Manuel Aranaz Castellanos, Pedro Mourlane Michelena y Luis Antonio de Vega. A los cuales agrega González Ruano el nombre de Eugenio Montes (gallego y judío) como otro de sus maestros (p. 336). Por otras fuentes sabemos que asistían también algunos pintores, como Ignacio Zuloaga o Darío de Regoyos. Eran todos grandes artistas o intelectuales, pero sobre todo enormes conversadores. Es lástima que no hayan quedado sus pláticas, sus controversias. La literatura española del siglo XX es todavía una reminiscencia de la fase homérica, la de los bardos, en la que la voz es lo que cuenta. González Ruano se identifica con esa generación, a la que los une ese modo de hacer literatura. «Era una generación de escritores en periódico», es decir, de café. Se ganan la vida con esas colaboraciones periodísticas, si bien casi todos ellos son «señoritos», esto es, de buenas familias. Además, es la primera generación literaria que pasa por la universidad (p. 338). Lo de estudiar es otra cosa. Recordemos que la tertulia del

Lyon d'Or estuvo presidida mucho tiempo por Pedro Eguillor, inspirador de la influyente revista *Hermes.* Es la típica figura del intelectual ágrafo, que impulsaba la escritura de otros, pero que él mismo era remiso en publicar.

González Ruano se apunta a lo nuevo, que era entonces el falangismo literario. Rechaza, por tanto, el tiempo viejo de los hijos del 98 que iban a ser sobre todo republicanos. Véase, por ejemplo, esta confesión: «Con Rafael Cansinos tuve toda la amistad que él concedía a un joven, que no era nunca mucha. Tenía una extraña altivez recreada en una especie de estética del fracaso y presumía de algo así como de mártir oficial de la literatura española. Sobre él pesaban los rumores maldicientes de viejos vicios y confusionismos de la intimidad, que él se echaba sobre los hombros, encantado» (González Ruano 56:99). El lector puede suponer que el viejo vicio innombrado era el de la homosexualidad. Como suele ser común, Cansinos no la reconoce respecto de sí mismo, pero la proyecta sobre otros escritores coetáneos: el marqués de Campo, Pedro de Répide, Antonio de Hoyos y Vinent, Jacinto Benavente. «Antonio de Hoyos y Vinent ha heredado la popularidad de la infanta Isabel [la Chata]. Su aparición en las verbenas constituye un número sensacional [por su atuendo]: monóculo, pulsera de oro, tacón alto. Los hombres lo miran con repugnancia, las mujeres con burla. [Se hace acompañar] de su *secretario,* Luisito Panés, que parece una señorita amazona con su hongo y su cara de rosa» (Cansinos Assens 95:117). De Jacinto Benavente dice que «pasaba siempre acompañado de su efebo granadino, un joven flaco y con bigote negro al que llamaban *la Virgen del Albaicín»* (p. 127).

Las memorias póstumas de Cansinos son un recalcitrante ajuste de cuentas con sus compañeros del retablo literario. No deja títere sin descabezar: «Todos cobraban del fondo de reptiles o figuraban en nóminas inconfesables. Manuel Bueno cobraba del Ayuntamiento [de Madrid] como ama de cría. A él habían querido ayudarle, buscándole una plaza de matarife. ¡Para cobrar nada más! Pero él la había rechazado. Él era un hombre digno» (Cansinos Assens 95:179). Lo del *fondo de reptiles* (sobornos a periodistas) era una práctica que venía de los primeros tiempos de la Restauración. Las plumas corruptas no se ponen sólo al servicio de los políticos, sino de los financieros. Por ejemplo, «Julio Camba era un feroz anarquista, odiaba a los burgueses, pero amaba la buena vida burguesa, los bistecs gordos y las mujeres finas, y como los burgueses son los que disponen de eso, los adulaba unas veces y otras los intimidaba, para tener su parte en el festín» (Cansinos Assens 95:175).

Josep Pla siempre ha sido un autor admirado y hasta envidiado, que es lo más que se puede decir. Sus compañeros de la horda literaria tienen muchos reproches que hacerle, desde sus veleidades españolistas hasta su mal carácter. Sebastián Juan Arbó lo considera «el mejor prosista de la Cataluña de hoy» (Arbó 82:144). Pero antes acumula no pocas tachas sobre su carácter: «Impertinente, agresivo y faltón... Fue el que habló peor del *millonario* catalán, en general, y trató mejor —y aduló— a los millonarios catalanes en particular... Se tenía siempre la sensación de que, en el fondo, se estaba riendo de uno» (p. 142). El millonario catalán que le protegió fue Francesc Cambó.

Josep Pla (nacido en 1897) se refiere a su generación como la que viene de los libros. «Creemos que hemos vivido porque hemos leído libros» (Pla 94:361). Se podría definir así a los del 98 y a sus «hijos», siempre que hablemos de escritores o de profesionales, claro está. Sería interesante saber con qué símbolo se puede definir cada generación, en el sentido de las personas de edad parecida. Desde luego, hoy no serían los libros ese elemento unificador, ni siquiera para los escritores. De mí sé decir que, con las personas que más aprecio, suelo hablar, efectivamente, de libros. No es conversación que mantenga con muchos de los colegas, aunque nos movamos todos en el mundo universitario o profesional.

Sabemos mucho de los escritores por sus confesiones íntimas. Las cuales las redondeamos con las descripciones que de ellos hacen sus colegas. Por ejemplo, la figura de Carlos Barral queda retratada admirablemente en los recuerdos de Salvador Pániker, paisano, coetáneo y de la misma clase social y cultural. «Barral confiesa ser biológicamente vanidoso... Barral se cubre. Barral es frágil. Barral declama. Barral tiene un perro. Barral no entiende de música. Barral es guapo, pero tiene la cara atormentada, ojeras prematuras, pinta de Rasputín enjuto. Una aura de turbulencia y autodestrucción. La voz afectada de la gente insegura» (Pániker 88:139). Extrañamente, Pániker apenas aparece en las memorias de Barral. Y sin embargo tuvieron que verse muchas veces. Me consta que fue así. De hecho, las memorias de Pániker se publicaron por la casa editorial de Barral. Coincidían en muchos aspectos biográficos (castellanohablantes en Barcelona), pero diferían en muchos rasgos de personalidad y de talante personal. El atildado Pániker llega a decir, por Barral, que «no puede ser amigo de un hombre que lleva la camisa desabrochada hasta el ombligo» (p. 159).

De pasada y sin mencionarlo, Barral califica como «filósofo rococó» a Salvador Pániker (Barral 88:207). No cabe más elegante desprecio con menos palabras. De nuevo hay que observar que la puya se lanza a un paisano, coetáneo y escritor de muy parecidas influencias y experiencias. Es decir, estamos ante las represalias dentro de la misma tribu, algo que marca muy bien el gremio de los escritores. Una vez más, pudiera ser una manifestación de la famosa envidia.

Hay más demostraciones de los piques entre afines. Carlos Barral alude a la simpática figura de Antonio de Senillosa como «un hombre de letras, pero no escritor» (Barral 75:183). Curiosamente, esa misma corrección se podría aplicar al propio Barral, un poeta siempre en ciernes y un prosista que no logró trascender la escritura de su autobiografía. Esta última resulta valiosísima como documento para este texto, pero la verdadera *opera omnia* del barcelonés es la que consiguió extraer de sus amigos escritores. Él fue un soberbio editor, un audaz empresario de la literatura, pero siempre a pesar suyo. Esto es muy español, si se puede decir así. Me refiero a la desazón que produce no ser lo que uno hubiera querido ser. El hecho es que entre nosotros se da mucho el hombre de letras que publica menos de lo que escribe, y escribe menos de lo que se propone. La frustración se suele diluir con alcohol. La «generación etílica» se llamó a la que floreció en torno a 1950, tanto en su versión barcelonesa como madrileña. J. M. Caballero Bonald describe la vida literaria madrileña de los años cincuenta en torno a cafés y colegios mayores. Más que reuniones literarias, aquéllas eran «confabulaciones etílicas» (Caballero Bonald 95:319). La mezcla de alcohol y literatura la extiende nuestro hombre a los círculos literarios andaluces. «Seguramente les gustaba más hablar que escribir» (p. 240).

No se puede olvidar el estupendo retrato de Carlos Barral, en el ápice de su gloria, que traza Max Aub: «Aire protector y Gran Justicia, dictamina infalible. El lector o el autor que se le acerca hace las reverencias y las genuflexiones que marcan el protocolo, llegando con la frente al suelo... Señorito y marxista, como hoy se debe ser, sobre todo en Barcelona. Abierto a los amigos y —supongo— cerrado a los demás... Estoy seguro de que, en el fondo, cree que los negocios dependen todavía de la calidad de la mercancía» (Aub 71:99). Precisamente, esa última creencia es la que precipitó a la ruina mercantil y personal del gran editor barcelonés.

Son muy divertidas las puyas mutuas que se dedican los escritores, pero todavía son más significativos los silencios. Tomemos, por ejemplo, la pareja de coetáneos y paisanos Juan Goytisolo y Carlos Barral. Tuvieron que pasar por muy parecidas influencias y experiencias, pero se ignoran mutuamente con notoria inclemencia. Éste es el inmisericorde juicio de Barral: «Aparte de no apreciar mucho ni su imaginación ni su verbalidad, no tengo nada contra Juan Goytisolo, salvo que me irrita su maniático luto histórico y su cadavérico gesto de sarcasmo. Pero en el fondo le tengo afecto y no me parece tan mal escritor» (Barral 88:50). Como tantos otros retratos que hace un escritor de otro, se trata de un ajuste de cuentas, típico de la república literaria. Páginas atrás, en el mismo texto autobiográfico, Barral deja caer la causa de su resentimiento. Al parecer, Juan Goytisolo realizó una serie de maniobras fraudulentas, o por lo menos turbias, para lograr que un premio Formentor fuera para Jorge Semprún en detrimento de Mario Vargas Llosa (p. 46). Este último era la criatura favorita de Barral. Antes había escrito Barral que uno de sus «tics de abominación literaria» era precisamente la prosa de Juan Goytisolo (Barral 75:231). La verdad es que las novelas de Juan Goytisolo han tenido una amplísima recepción en todo el mundo. No así las escasas narraciones de Barral. Las cosas como son, aunque reconozco que Barral editara alguna obra mía. Siempre le leí y sobre todo le escuché con gusto. Su conversación era oceánica. Pero hay que entender el gesto despreciativo de Barral en su papel de supremo elector de autores. En algún momento deja caer un comentario que parece increíble: que lo que le pasa con casi todos los autores contemporáneos es que no le interesa en absoluto lo que escriben (Barral 78:67). Quiere decir que, para seguir siendo el pontífice de las letras hispanas, él no debe comprometerse mucho con uno u otro nombre.

También en el mundo de los escritores cabe la distinción entre lo real y lo oficial. Oficialmente todos ellos pertenecen a la misma guilda literaria, pero caben después camadas muy distintas, que ellos llaman escuelas o generaciones. Incluso dentro de esos círculos caben opiniones ácidas. Un dato minúsculo que sólo cabe obtener a través de un diario póstumo. Gil de Biedma anota la seriedad «algo cómica» de Manuel Sacristán, quien le sigue cohibiendo. Añade que Carlos Barral le dice que José María Valverde «es un imbécil, lo que probablemente significa que le considera un reaccionario» (Gil de Biedma 91:125). Nótese que todos estos puyazos se lanzan contra personas que oficialmente se reconocían entre sí, parecían congeniar entre ellos y hasta se llevaban bien.

Una constante de los escritores no de derechas es su querencia a ser «compañeros de viaje» del comunismo. Al menos esto fue así durante la larga cuarentena franquista. Jaime Gil de Biedma, de la llamada «escuela de Barcelona», lo expresa muy bien: «Ignoro si alguna vez seré comunista, pero soy decididamente un compañero de viaje y ahora con más vehemencia que nunca. Ignoro si el comunismo será bueno en el poder, pero es bueno que exista. Mientras no esté en el poder, estaré a su lado; después ya se verá. Lo importante es acabar con lo de ahora» (Gil de Biedma 91:49). Luego nos hemos enterado de que el Partido Comunista negó el ingreso de Gil de Biedma por homosexual (declaración de José María Castellet en «Babelia», *El País*, 28 de diciembre de 1996). Adviértase que el texto citado de Gil de Biedma es de un diario fechado en 1956 y publicado póstumamente. Esa fecha representa el apogeo de la tendencia que señalo, sin la cual no puede entenderse bien la larga marcha de la oposición al franquismo. La fascinación intelectual por el comunismo (y de modo más general por el socialismo) se produjo sobre todo en los ambientes de la clase acomodada. Llegó a ser tan fuerte ese fenómeno que, ante la inminencia de la ruptura del franquismo, el vaticinio general era el de una predominancia de las ideas marxistas. Ni siquiera con el acceso al poder de los socialistas en 1982 se pudo decir que llegaron a cristalizar las ideas marxistas. El reconocimiento legal del Partido Comunista de España en 1977 fue la señal para el comienzo de su desguace. Es un caso notabilísimo de lo que podríamos llamar profecía autoderrotante.

El hecho de escribir libros, de poseer una cultura suficiente, no garantiza que lo que se escriba mantenga la debida calidad literaria. Después de todo, ese juicio sobre el mérito literario es tan subjetivo y provisional como el gusto de cada uno. Tomemos el caso de la autobiografía de Francisco Giménez Reyna, por lo demás llena de observaciones interesantes. El autor es un médico de familia acomodada, que recibe una excelente educación (institutrices, Liceo Francés, Residencia de Estudiantes). Aprende idiomas y se especializa en Alemania. No sólo se dedica a la medicina, sino que escribe artículos periodísticos y cuentos (Giménez Reyna 89:321). Declara ser un gran aficionado a la lectura (p. 332). Entiende que la obligación del médico es también la de escribir bien (p. 403). Presume de una ética perfeccionista: cumplir lo que hay que hacer hasta el escrúpulo (p. 280). Pues bien, después de todo esto, su libro autobiográfico está plagado de errores de ortografía y sintaxis. No es el clásico libro artesanal, «de autor», sino que aparece publicado por la Universidad de Málaga. Es un síntoma de lo poco que ha llegado a contar la exigencia de calidad en los productos culturales. El libro deja de ser una manifestación de la excelencia cuando todo el mundo puede «imprimir» con su ordenador doméstico.

11. Familia

El método que aquí se sigue nos va a servir para ampliar el campo de lo que los sociólogos o antropólogos han roturado como específico de la institución familiar. La vida de una persona, y más si es famosa, es inseparable de sus lazos familiares, de parentesco. Aunque no se tenga otra herencia material, al menos la familia de origen transmite el nombre y los apellidos. Por cierto, habría que recordar aquí el conjunto de profesiones en las que abundan los seudónimos: escritores, toreros, deportistas, actores. Es una sutil manifestación del deseo de desligarse de esa herencia familiar fundamental, que consiste en la imposición de nombres y apellidos. Se hace así cuando la ocupación lleva cierto estigma o cuando a través de ella se persigue un fuerte grado de movilidad. Volveremos sobre ello (cap. 22).

El capítulo de familia es el que mejor realiza el principio separador entre el «ser» y el «deber ser» que tan bien caracteriza a la sociedad española. La familia debe ser el reino del afecto, pero muchas veces es realmente su contrario. Sobre todo porque la familia no es una sola. Está la de origen (los padres y hermanos del sujeto), la de fundación (el cónyuge y los hijos del sujeto) y la política (el sujeto y la familia de origen del cónyuge). A su vez, dentro de cada una de esas «familias», caben distintas relaciones personales, que pueden evolucionar con distinto signo o al menos con variable intensidad afectiva. Así pues, la equiparación entre familia y afecto, sin mayores distingos, no es tan sencilla. Recuérdese que a los parientes se los llama también «deudos», esto es, a los que se debe algo, normalmente sin que se termine de pagar nunca. El mundo de la familia es también el de la obligación.

El método de los testimonios biográficos es excelente para calibrar muchas de esas combinaciones reales, que con otros métodos quedarían oscurecidas. Aun así, también aquí opera la censura social. Los testimonios biográficos suelen ocultar las facetas desagradables de las relaciones familiares. Es la parte donde más censura se ejerce.

Anotemos la estupenda exclamación de Pla, siempre rodeado de parientes, como buen solterón que era: «¡La familia! Cosa curiosa y complicada.» Está en la primera página de su famoso diario, *El cuaderno gris* (Pla 94:13). En efecto, lo que él llama dietario, al uso catalán, con resonancias mercantiles, es una recolección de curiosidades y complicaciones en torno a las familias de su comarca de origen. Es una gran lección para los sociólogos, empeñados en hacer real la abstracción de la llamada «familia nuclear». La realidad es la de la maraña de redes de parentesco, vecindad y amistad.

La verdad es que en Cataluña la familia lo es más que en otras partes de España donde no ha cristalizado tanto la sociedad burguesa. No es una cuestión étnica, sino estructural. La prueba es que esa misma presencia de la familia patriarcal de la clase industrial catalana se da en Bilbao o en algunos puntos de Andalucía. Pero la escala de Cataluña es mucho más amplia. Se traduce en que los padres toman más a su cargo «la educación, la profesión y la personalidad de los hijos», incluyendo los proyectos matrimoniales (McDonogh 89:61). Es más, los catalanes burgueses, por oposición al Estado central, han llegado a constituir «una imagen de Cataluña» que reproduce la del conjunto de empresas como «una familia colectiva, sentimental y disciplinada» (p. 69). Eso es algo que no ha llegado a cuajar en otras regiones.

Una buena parte de las desavenencias familiares se derivan del hecho de que, cuando uno se casa, lo hace no con una persona, sino con una familia. Sólo que eso no figura en el contrato. Nótese que esa familia política no se elige. Claro que tampoco es de elección la familia de procedencia. Precisamente es esa cualidad adventicia de las dos «familias», que un adulto normalmente tiene, la causa de múltiples conflictos íntimos. Estamos llamados a un mundo en el que casi todo tiene que ser por elección: el consumo, el trabajo, la política. Pero las familias se imponen a uno, como realmente se le imponen el nombre y los apellidos. De tal forma que lo que parece más auténtico y personal empieza por no serlo.

Julián Marías anota que «del matrimonio puede *resultar* una familia, pero no lo es, y es funesta la interpretación *familiar* del matrimonio. La familia es la de los padres, la que los hijos encuentran» (Marías 88:327). La verdad es que ésta es una observación que describe bien lo que ocurre, por lo menos al tipo de personas que suelen escribir autobiografías. Pero, en buena doctrina teórica, es familia tanto la de *origen* (del sujeto para atrás) como la de *fundación* (del sujeto con el cónyuge y eventualmente los hijos). El que los usos sociales destaquen sobre todo la familia de origen es un dato cultural sobresaliente para entender la sociedad española. Indica, por de pronto, lo mucho que cuenta la obligación y lo poco que interviene el afecto en los hábitos familiares. Todo ello, naturalmente, en contra de las expresiones retóricas al uso.

Se señala muchas veces el hecho de que en España las mujeres casadas (fuera de algunos reducidos círculos) no lleven el apellido del marido, sino que conserven el del padre. Este uso se interpreta como una conquista feminista, pero no es así. El padre sigue siendo un varón, al igual que el marido. Se trata más bien de esa constancia del mayor peso de la familia de origen sobre la de fundación.

Las relaciones entre los esposos (o los padres, vistos por los hijos) se prestan, como es natural, a todas las posibles oscilaciones. No siempre hay que aceptar la hipótesis benévola del amor en el matrimonio. El recuerdo de un barcelonés del común es que, de niño, llegó a creer que «los matrimonios tenían la obligación de no hablarse», pues sus padres nunca hablaban entre sí (Francés 62:16). La descripción es cruda, pero da la impresión de que en muchas biografías ocurre algo parecido. Se observa así que los cónyuges tienen muy pocas cosas que decirse, fuera de las comunes de la intendencia doméstica, que poco importan a la narración biográfica. Es decir, hay muchos más matrimonios de conveniencia de lo que se supone. O mejor dicho, en los matrimonios por amor hay una notable parte de interés. La conveniencia no tiene por qué ser exclusivamente económica. Basta con que la familia sirva para mantener una posición social, el orden de las apariencias. Puede dar la impresión de una excelente relación entre los esposos, pero la intimidad se reduce a lo imprescindible. Miguel Ortega recuerda el ambiente familiar de origen, discreto y ejemplar. Sin embargo, anota respecto de su padre, José Ortega y Gasset: «Nunca nos hacía partícipes, ni a mamá ni a sus hijos, de los temas que trataba en sus artículos» (Ortega 83:69). Esta falta de comunicación parecería, hoy, incompatible con una normal convivencia familiar. Hoy se exige más afecto en la relación matrimonial y por eso hay más divorcios. Y si todavía parecen pocos es porque el afecto exigido no es mucho.

Eugenio Noel sitúa su vida en la peripecia de una familia un tanto excéntrica, por ejemplo, sus padres, «que se querían, vivían en una especie de separación de cuerpos». Y añade, grandilocuente: «Parece que una gran mano dramática prepara el escenario en que hemos de representar luego la novela de nuestra vida» (Noel 62, I:17).

Cuando hablamos de familia, incluso en su forma nuclear, nos la imaginamos al completo, con todos sus efectivos teóricos. Y no es así del todo. En épocas no muy lejanas era tan elevada la mortalidad que muchos relatos de la infancia anotan la falta de (al menos) uno de sus padres. Es decir, nos referimos a la historia de niños huérfanos. Puede incluso que esta circunstancia sea más común en los hogares que luego han dado lugar a personalidades eminentes, lo suficiente para que luego existan memorias o biografías escritas. Este hecho contradice la impresión de que la «familia monoparental» se asocia normalmente con situaciones de marginación o desclasamiento. Anotemos algunas ilustraciones de orfandad. Pablo Iglesias pertenece a un hogar en el que muere el padre cuando el insigne patriarca del socialismo era un niño. Él y su hermano son internados en un hospicio. Otra figura del socialismo histórico, Indalecio Prieto, se queda huérfano de padre cuando niño. La madre queda desamparada con tres criaturas. Había sido la criada del padre de don Indalecio, con el que al fin se casó. Antonio Maura vio morir también a su padre cuando tenía trece años. El padre de Concepción Arenal murió cuando la hija cumplía los nueve años de edad. Manuel Azaña fue huérfano de padre y madre. El padre de Severo Ochoa falleció cuando el eminente científico contaba siete años. Vivió una infancia rodeado de mujeres: su abuela, su madre y sus hermanas. Juan J. Linz se queda sin padre a los ocho años, lo que le lleva a una extraordinaria identificación con su madre. Puede que sea una casualidad, pero son abundantes los casos de personalidades egregias que vivieron una infancia sin figura paterna. La explicación es puramente demográfica. Simplemente, hasta hace muy poco era alta la mortalidad a edades relativamente jóvenes. Por eso mismo también abundan los casos de personajes a quienes se les muere pronto la madre. José Antonio Primo de Rivera se queda sin madre a los cinco años de edad (muere de sobreparto). Josep Maria de Sagarra pierde a su madre cuando tenía catorce años. José Luis L. Aranguren se siente huérfano de madre a los cuatro años de edad. La función de la madre la cumple su abuela. Fernando Fernán-Gómez se confiesa, con gallardía y humor, hijo natural. Su madre era actriz y estaba largas temporadas ausente. La función de la madre correspondió también a la abuela. Lo admirable es que la ausencia de (al menos) uno de los progenitores no haya sido en esos casos un obstáculo al desarrollo personal. Al contrario, más bien ha sido un estímulo. El hogar monoparental aparece en estos casos destacados como un acicate para la emulación.

Las relaciones de los hijos con los padres admiten todo tipo de combinaciones. No se pliegan sólo al estereotipo del deber ser. Son muchos los ejemplos de personas eminentes que recuerdan el desamor persistente de la madre, del padre o de ambos. Por ejemplo, la actriz Nuria Espert tiene un recuerdo distanciado de su padre, que era simpático para sus amigos pero indiferente ante su mujer. Lógicamente, la niña se resiente de ese triángulo mal cerrado. Porque, aunque su madre estaba también mucho tiempo fuera de casa, sus relaciones con ella fueron más afectivas. Nuria era hija única (Massanés 78:93). Con todo, Nuria Espert considera «un acto de amor muy hermoso» el hecho de que sus padres no se separaran, a pesar de no llevarse bien, para que la vida de la hija le «fuera fácil». Cuenta el detalle de cómo sus padres, casados sólo civilmente durante la República, accedieron al matrimonio religioso el mismo día que bautizaron a su hija para que hiciera la primera comunión. Era el año 1949 (p. 101).

La novelista Ana María Matute revela muy bien el factor de personalidad que supuso para ella el hecho de que su «nacimiento fue una verdadera frustración para su madre, que esperaba un chico». Esa frustración la lleva a una mala relación con su madre, de la cual sólo recibió dos besos en su vida, se supone que en ocasiones señaladas. La falta de una verdadera madre afectiva se suplió con el papel de intenso afecto por parte de una niñera (Massanés 78:19). Esa sustitución lleva a la novelista a una cierta actitud masculina. Nunca quiso ser como su madre ni como sus tías. Toda la vida se resintió de «la predilección de mis padres y de mi hermana mayor por [su hermano] José Antonio». Este último vino detrás de ella y llevó por fin el nombre que iba destinado a Ana María (p. 32). La literatura salió ganando con la frustración de Ana María.

La cineasta Pilar Miró revela otro caso del drama doméstico que supone saberse la hija no deseada. Aparte de la deficiente relación con su padre, «tanto mis tías como mi madre tenían absoluta predilección por mi hermano [nacido cuando los padres eran relativamente jóvenes]. Yo, en cambio, nací en 1940, y supongo que caí como un rayo. Mi madre tenía cuarenta años y mi padre cincuenta. Creo que con mi llegada colaboré a esa especie de caos en que se hundió mi familia nada más terminar la guerra... Mi familia estaba siempre muy pendiente de mi hermano, y no lo estaba de mí... Mi familia no era mi familia: era la familia de mi hermano. No entendía muy bien qué es lo que hacía yo en esa casa» (Massanés 78:130). El testimonio, descarnado como es, ilustra muy bien lo que debe de ser bastante corriente. La familia es también un grupo con tensiones. El sentido de la emulación profesional puede que se alimente obsesivamente de esas frustraciones iniciales. Muchos relatos biográficos se podrían explicar por el dato, aparentemente azaroso, de nacer a destiempo o con el sexo distinto del deseado por los padres. La verdad es que Sigmund Freud tiene mucho que decir.

Las tensiones o conflictos familiares se derivan muchas veces del contraste entre las expectativas de afecto y la realidad de unas relaciones que tradicionalmente tenían un alto contenido autoritario o instrumental. Es penosa, por ejemplo, la relación de Miguel Hernández con su padre. A toda costa quería éste que su hijo continuase el negocio familiar de tratante de ganado (no de pastor, como a veces se ha dicho). Naturalmente, al chico le tiraban los libros. El ápice de la tensión entre uno y otro estalla cuando Miguel Hernández agoniza en la cárcel. Su padre se negó a visitarle. «Él se lo había buscado», comentó (Sánchez Vidal 73:12). Hay que ser animal, por muy progenitor que uno pueda ser, dicho sea con el mayor respeto por los animales.

La significación de la disciplina y el autoritarismo de la familia tradicional se revela en la siguiente anécdota de la vida de Carlos Jiménez Díaz. A sus veinticinco años, en 1923, gana una plaza de catedrático y decide casarse después de un largo noviazgo. Días antes de la boda, el padre de Carlos impide a su hijo que vaya una noche al teatro acompañando a sus futuros suegros y a su novia. «En esta casa no se sale de noche», le corta severo su padre (Jiménez Casado 93:112). Puede que este ejercicio de disciplina extrema tenga algo que ver con el espíritu de superación y de excelencia de la carrera del insigne médico.

Las relaciones familiares manifiestan a veces una curiosa ambivalencia de amor-odio o, mejor, de sentimiento-resentimiento. Éste es el caso, por ejemplo, de la ambigua y obsesiva reacción de Salvador Pániker respecto a su hermano mayor Raimundo. Su padre era un hindú escéptico y su madre una catalana muy católica. Ambos hermanos viven, a su modo, una profunda experiencia religiosa. Raimundo se escora del lado de la síntesis entre el Opus Dei y el hinduismo. Salvador llega a una fórmula ecléctica epicúrea, con una sorprendente clarividencia para los negocios. Realmente le hubiera gustado ser novelista. Lo interesante es la actitud crítica que manifiesta Salvador hacia su hermano, al cual secretamente admira, por lo que su crítica debe interpretarse como una suerte de curiosa preocupación. Le echa en cara que «nunca ha sabido escribir», quizá por ser políglota. Descubre el «caparazón de represiones juveniles... la razón por la que mi hermano no se haya enfrentado todavía con el disparate de su propia vida» (Pániker 85:115). La verdad es que estamos hablando de dos formidables ejemplares humanos, cargados de altísima energía, sólo que del mismo signo. Por eso, al final, se repelen. Dentro de lo que cabe, la relación de Salvador Pániker con su hermano Raimundo es de admiración, no exenta de un punto de envidia. Pero la relación con los otros hermanos y cuñados es de resentimiento, si no de abierto conflicto por cuestiones de herencias y de intereses económicos (Pániker 88:26).

El joven Josep Pla anota una observación que bien podría haber suscrito el sociólogo Jorge Simmel. «La educación del país exige vivir admirablemente con los forasteros y acepta que se viva como gato y perro en la familia.» La observación es a cuenta de las continuas peleas con su padre. «A veces pienso que mi padre me odia y me desprecia» (Pla 94:204). Éste es un conflicto muy común en las personas con espíritu innovador, creadores, artistas o empresarios. El padre no entiende muy bien que la carrera elegida por el hijo sea la adecuada. Es un típico conflicto familiar. Aunque el «país» al que se refiere Pla sea sólo el Ampurdán, es evidente que su observación se puede extender al resto de Cataluña y de España.

La familia no es sólo la «nuclear» de padres e hijos; puede ser también estirpe, dinastía, clan. Es un suceso reducido que se aplica fundamentalmente a ciertos ambientes aristocráticos y burgueses. Hay, por ejemplo, un estupendo estudio biográfico de la familia Ybarra, de Sevilla. Se trata, ante todo, de una «casa», como rezan sus membretes mercantiles. Normalmente eran todos comerciantes, industriales, terratenientes. Desde luego, este ejemplo contradice el estereotipo de los ricos andaluces de tipo absentista. Algunos de los miembros de los Ybarra se ven catapultados a puestos políticos, pero no se trata de una decisión personal. Ahí es donde actúa la «casa». El puesto político está principalmente para representar los complejos intereses del clan familiar. Ahí sí que el Estado es el consejo de administración de la burguesía (Sierra 92:20).

Fuera de los clanes empresariales o aristocráticos, la verdad es que los españoles aprecian poco la noción de familia como una extensa parentela. El filósofo Julián Marías concluye que «tener con una persona un bisabuelo común me deja indiferente» (Marías 88:32).

La solidaridad de la familia extensa se reafirma en los dos extremos de la pirámide social: los ricos de verdad y los pobres de solemnidad. En las memorias de Eleuterio Sánchez (*el Lute*), el autor insiste en que «la familia [extensa] es el supremo valor al cual se sacrifica todo» (Sánchez 77:511). No es una frase hueca. El principio lo pone en práctica a lo largo de toda su agitada peripecia de raterillo, delincuente menor, preso y fugitivo. La solidaridad con los hermanos, cuñados y demás parentela llega a extremos de verdadero sacrificio, de riesgo de supervivencia. Y encima nuestro hombre se casa con una gitana y accede a una familia todavía más extensa y trabada, realmente una tribu, un clan. Todo ello mientras continúa siendo fugitivo. La solidaridad familiar todavía es mayor entre los gitanos, hasta extremos que al mismo «quinqui» se le hacen a veces insoportables. El autor se da cuenta de que en realidad no se había casado con una mujer, sino con toda la parentela de la gitanilla (Sánchez 88:188). Éste es un rasgo que, salvando las distancias, empapa la sociedad toda. La familia española acentúa el carácter «nuclear», incluso en zonas rurales, pero contiene ramalazos de la importancia social que toma a veces la «familia política». También es curioso que reciba ese nombre.

La familia no es sólo el orden del deber ser. Ésta sería la consideración sacral de ese grupo social. Bien es verdad que la literatura biográfica cultiva esa presentación idealizada de la familia. Pero hay lugar también para una consideración más realista. Considérese, por ejemplo, el caso de lo que un gran amigo mío, Juan F. Marsal, llamaba los «evaporados». Sucede en no pocas familias, más de las que se supone. De modo inesperado, uno de sus miembros literalmente se «evapora» del recuerdo de los demás. Suele ser un personaje excéntrico, a veces deficiente. Esa circunstancia, lejos de servir para que sea llamativo, lo hace invisible. Es como si no hubiera existido. Juan Goytisolo narra el caso de un tío abuelo suyo cuya presencia se borra de la memoria de sus parientes. «Su simple mención resultaba molesta.» Era un bohemio disipado y rebelde, un disidente, del que el autor se considera su reencarnación (Goytisolo 85:33).

El ejemplo más típico de persona «evaporada» es el de la que se exilió después de la guerra civil. Todavía más común y dramático es el caso del pariente fusilado por los rojos o los nacionales. Se supone que su historia no es aleccionadora. Simplemente se le borra de la memoria familiar.

Francisco Ayala revela uno de esos casos de «evaporados». Su madre le hablaba mucho de su abuelo, envuelto siempre por un halo de afecto y respeto. Pero nadie de su familia mencionó nunca la figura de su abuela, que tuvo muchos hijos. Hasta muy tarde no llegó a averiguar su nombre. Nunca pudo aclarar el misterio de esa rara ausencia en la memoria familiar (Ayala 82:26).

Un caso un tanto estrambótico de familiar «evaporado» es el de la madre de los Goytisolo (Juan, Luis y José Agustín), los tres escritores. La madre muere a comienzos de la guerra civil como consecuencia de un bombardeo. «A nosotros, en casa, nuestro padre nos prohibió hablar de ella después de su muerte, como si en vez de morir hubiese huido con otro hombre, e incluso no dejó que se pronunciara su nombre: Julia. Llegó hasta cambiar el nombre de la mujer que nos cuidaba, que se llamaba también Julia» (Marsal 79:166). Es natural que, de una historia así, surgieran vocaciones de novelistas.

Alfredo Marquerie cuenta la historia de un primo suyo, a quien llama por la inicial (G). De él se habló siempre «en voz baja y entre dientes». Poco a poco, logró enterarse «confusamente, a retazos y fragmentos, de algunas de las peripecias de la vida de aquel ser misterioso». Era un bohemio, un aventurero, que avergonzó toda su vida a la familia de clase media (Marquerie 71:42). Claramente se trata de un caso de «evaporado» por razón de costumbres.

Los «evaporados» surgen a veces de las complicadas relaciones de pareja que establece una sociedad en la que no había divorcio. Ésta era la España de Franco. Ernesto Koplowitz rememora los años infantiles en los que su padre tenía dos hogares: los dos estaban próximos entre sí, tanto en Madrid como en la zona de veraneo de la Sierra. El padre atendía a las dos familias con largueza. Pues bien, durante años los niños de uno y otro hogar no supieron de su existencia mutua ni de las respectivas mujeres de su padre. El cual mantenía, a su vez, otras relaciones ocasionales (Koplowitz 92:72). El grado de ocultamiento fue tal que el autor no descubre que es judío hasta que tiene doce años. El hecho se hace evidente en el internado suizo donde reside (p. 100). Naturalmente, dos años después el muchacho es ya sionista (p. 112). De manual.

A veces no es que haya un familiar «evaporado», sino que se oculta todo lo que se puede la genealogía familiar y sus incidencias. Éste es el caso, por ejemplo, de Galdós, un hombre eminentemente público durante medio siglo. Es increíble la capacidad de ocultamiento que desplegó para silenciar los detalles de su familia y no digamos de su vida personal. Se atribuye, incluso, el antecedente de un abuelo suyo, vascongado, como funcionario de la Inquisición para intentar una explicación del ambiente de secreto que rodeó a su vida (Ortiz-Armengol 95:68).

No estoy hablando de sucesos demasiado extravagantes. Hay suficientes testimonios como para concluir en que se trata de una descripción realista de la familia española. Es el lugar natural del afecto, pero también aquí se incuba el resentimiento. Tengo que reconocer que en mi familia de origen ha habido también un «evaporado», un tío mío, con pocas luces, el bueno de Gonzalo. Literalmente desapareció de la convivencia con sus hermanos, más bien hermanastros, pues el hombre era hijo de un matrimonio anterior de mi abuela. Fue literalmente un proscrito de la convivencia familiar. Sólo tuvo el cariño de su madre, pero aun así únicamente se lo podía manifestar a escondidas. Como suele suceder en estos casos, a la víctima se le echó la culpa de sus excentricidades. Una de ellas era la de leer el *ABC*, algo que chocaba mucho en un ambiente campesino y que a mí, como niño, me maravillaba. Otra, más grave, era su incapacidad para desempeñar ningún trabajo. Yo lo traté poco de niño, pero realmente me fascinaba, quizá porque se expresaba muy bien. El hombre pronto tuvo que hacer una vida de verdadero troglodita. Casi nunca se hablaba de él en la familia. Realmente nunca supe cuándo murió. Y sin embargo lo recuerdo con mucho afecto, como una persona muy *querible* (necesito el neologismo vulgar), a pesar de su simpleza mental. O quizá fuera por eso mismo. O acaso funcione aquí un sentimiento de difusa solidaridad con el personaje porque yo mismo he sido un poco «evaporado» para algunos de mis parientes. Claro que en mi caso no hay desprecio ni sufrimiento. Es sólo la automarginación que da el menester intelectual.

12. Franquismo (y oposición)

La última edición del Diccionario de la Real Academia Española ha incorporado la voz *franquismo*: «Movimiento político y social de tendencia totalitaria, iniciado en España durante la guerra civil de 1936-1939, en torno al general Franco, y desarrollado durante los años que ocupó la Jefatura del Estado.» No se entiende muy bien si fue el movimiento o Franco el que ocupó la Jefatura del Estado. Se colige que sea Franco.

El franquismo es algo distinto a un movimiento político y social. Es más bien un régimen, que tampoco fue totalitario en toda su extensión conceptual o cronológica. Realmente se acomoda mejor a la definición de régimen autoritario, que ha popularizado Juan J. Linz. El franquismo es una denominación que se acuñó desde la oposición al régimen. Indica que se trata esencialmente de un régimen personalista que se apoya sobre la dudosa legitimidad de una guerra civil. A toda costa quiso recuperar una cierta apariencia de legitimidad legal, pues Franco era, como buen militar, un reglamentista. No en vano, el franquismo se autoproclamó *democracia orgánica*. La imaginería organicista proviene del regeneracionismo, se alza con el experimento de Miguel Primo de Rivera y llega a su apoteosis con el peculiar fascismo español. Franco, maestro de mimetismos, acoge con gusto las alegorías organicistas.

Véase un ejemplo de la imagen no ya organicista, sino clínica, en este texto de Giménez Caballero, donde se contiene su crítica de la Restauración: «Hasta 1923, [en] que Primo de Rivera dio aquella enérgica pastilla de bismuto —que se llamó

Dictadura— a la monarquía alfonsina, conteniendo por siete años su terrible descomposición, aquello que yo vi desde 1900 no fue un régimen: fue una disentería... Un prudente médico (Cánovas) acertó a conllevar, por cierto tiempo, la precaria salud española, alternando dos únicas mediciones (la conservadora y la liberal), aislando al enfermo... dándole esperanzas de haberle restaurado... A fin de cuentas, las crisis ministeriales, ¿qué eran, sino exteriorizaciones —deyecciones públicas— de desintegraciones más internas?» (Giménez Caballero 79:31). La retórica organicista impregna más el experimento franquista que las veleidades totalitarias. Éstas duran hasta que los norteamericanos deciden el resultado de la segunda guerra mundial. Pasado el primer ímpetu totalitario, lo que sobreviene es una fórmula autoritaria personal que desea el desarrollo material de España a través de la iniciativa del Estado. Aquí también recoge el franquismo una larga tradición estatista, que en gran medida todavía perdura.

El franquismo puede entenderse como un formidable esquema para organizar el apoliticismo con todos los medios de un Estado autoritario. Uno de ellos fue el residuo falangista, con toda su carga utópica. Dionisio Ridruejo recuerda así su jovencísima incorporación al falangismo: «Di mi adhesión al pequeño movimiento falangista, más por la pasión juvenil de tener algo a que entregarse que por la esperanza razonada de ver realizada su utopía. En cierto modo, estas formas de adhesión a un proyecto extremista y remoto suelen ser muchas veces encubrimientos del apoliticismo» (Ridruejo 64:12). El testimonio debe reputarse como sincero, precisamente porque se escribe cuando el autor se halla ya de vuelta de sus primeras inclinaciones. Ese paradójico apoliticismo extremista es lo que enlaza estéticamente el falangismo con el anarquismo. Es curioso que la cubierta del libro de Ridruejo sea un dibujo abstracto que juega con los colores rojo y negro. Fueron los colores elegidos conscientemente para la bandera de Falange Española porque eran los del movimiento anarquista. Tampoco fue propiamente un partido. Pero Falange Española bebía de otras tradiciones, por ejemplo de la contraria del estatismo regeneracionista.

El tenor de vida de los españoles ha contado siempre con el papel munificente del Estado. No es un rasgo del presente, de lo que se llama Estado del bienestar. Ya Antonio Maura se refería a los presupuestos del Estado como «la lista civil de la clase media» (Rovira 53:161). Quería significar que el presupuesto público se creía como la ayuda para sostener a las mil formas de inactividad o de falta de iniciativa. Esa tradición estatista es la que recogen los Puntos de Falange Española, que es el «movimiento» con que se encuentra Franco. Más que de totalitarismo habría que hablar de antiliberalismo. Resuena una larga tradición de mendicidad o de clerecía, ambas acogidas al manto protector de la Iglesia, casi como un sustituto de Estado.

El falangismo, como difusa mentalidad, es algo muy distinto del franquismo. De hecho, la manera de pensar de Franco estuvo siempre muy alejada de la Falange, por paradójico que pueda parecer. El falangismo se puede ilustrar por un determinado haz de simpatías y antipatías respecto al estímulo de nombres concretos. Tomemos la declaración de Luis G. Berlanga, un cineasta que no podría ser tenido por franquista, a pesar de haber ido a la División Azul, o precisamente por ello. Sus personajes atractivos como adolescente fueron José Antonio Primo de Rivera, Indalecio Prieto, Ángel Pestaña y Buenaventura Durruti. Resuena el culto a la acción directa, al espíritu juvenil. La mezcla de falangistas, socialistas y anarquistas no era tan incompatible como pueda parecer. En cambio, el joven Berlanga odiaba a los políticos típicamente liberales o republicanos: Azaña, Lerroux o Gil Robles (Gómez Rufo 90:36). Hay algo generacional: el padre de Berlanga se había señalado como republicano liberal (p. 94). Franco tenía los mismos odios, pero no participaba de las mismas simpatías.

Desde fuera, Francisco Franco y José Antonio Primo de Rivera aparecen como los dos epónimos del bando nacional, uno omnipresente y otro «ausente». (Este último epíteto se lo dedican los fieles a José Antonio.) Pero ambos eran incompatibles entre sí, como demuestra la defección de los falangistas más joseantonianos. Curiosamente, ambos personajes coincidieron en un acto particular. En 1931, Franco fue testigo de la novia (su cuñada Zita Polo) en la boda de Ramón Serrano Suñer, mientras que José Antonio era testigo del novio (Preston 93:68). No debieron de intimar mucho. Eran personalidades opuestas. Según Preston, uno era un general «cauteloso y concienzudo» (*cautious, hard-working*) y el otro un «señorito pinturero» (*flamboyant playboy*). Es lógico que no se encontraran en vida (p. 98). La suprema y final ironía es que sus cuerpos reposan para siempre, frente por frente, en el gigantesco dolmen (la magia de la montaña horadada) del Valle de los Caídos. Con lo cual no se ha cumplido el destino inicial de que ese faraónico panteón acogiera a los combatientes de los dos bandos. Junto a las tumbas de Franco y de José Antonio hay lugar para un tercer féretro. Podría ser el de Durruti. La casualidad quiso que muriera el mismo día y año que José Antonio. No sólo eso, en ese mismo día, 39 años después, fallecía Franco. Hay coincidencias que chocan. ¿Por qué no aprovecharlas como un signo de reconciliación?

Se ha escrito mucho sobre la propincuidad ideológica entre falangismo y anarquismo. El impresionante testimonio de Manuel Tarín-Iglesias sobre la Quinta Columna de Barcelona, durante la guerra civil, contiene un dato significativo. Los jovencísimos falangistas (todos menores de edad) de esa Quinta Columna obtienen sus armas de los anarquistas. Era manifiesta la simpatía entre uno y otro grupo, por antagónica que fuera su postura oficial (Tarín-Iglesias 85).

En 1946, un joven falangista de Barcelona, Francisco Farreras, es condenado a seis meses de prisión por injurias al Ejército. El hombre se había convertido en un activo antifranquista, uno de los primeros en recorrer ese camino ideológico. Entra en contacto con antiguos anarquistas. En 1958 escribe, desde el exilio parisino, un esbozo de su biografía política «como descargo, por lo menos ante mi conciencia» (Marsal 79:95). Es, claramente, un antecedente de la operación de disidencia que iba a manifestar años después Pedro Laín Entralgo con su famoso *Descargo de conciencia*. Seguía la línea de Dionisio Ridruejo, de quien fue gran amigo.

La División Azul es un capítulo insólito de la España contemporánea que merecería un estudio pormenorizado a través de la técnica del análisis biográfico. Sigamos con el testimonio de Luis G. Berlanga. Se alista para Rusia con menos de veinte años como tantos otros. Su difuso falangismo es el alimento de esa decisión, pero se precipita por otras razones. Una de ellas es el clásico desengaño amoroso (el héroe quiere impresionar a la dama esquiva). La otra es que su padre estaba condenado a muerte y la iniciativa del joven podía ser una ayuda para su excarcelación. Como así fue.

Al llegar aquí no resisto la tentación de olvidarme de una anécdota que ejemplifica bien las paradojas en torno a ese episodio de la División Azul. No hace mucho se vieron, en una amistosa ocasión, Pedro Laín Entralgo y José Luis Pinillos, los dos admirados maestros, y ambos con un notabilísimo talante liberal. Pedro Laín le recordó, cariñoso, a Pinillos:

—Pero hombre, José Luis, ¿cómo se te ocurrió de joven la locura aquella de alistarte en la División Azul?

Y el psicólogo le replicó rápido con su característica retranca, con un gesto amistoso:

—¿Qué me dices, Pedro? ¿Es que no te acuerdas que tú nos ordenaste que nos alistáramos?

Convendría terminar la historia de la condena a muerte del padre de Berlanga. En efecto, la familia logró el perdón, pero no por la heroicidad del hijo o por la levedad de los «delitos» del padre. Simplemente había sido un diputado y un cacique republicano. Lo decisivo fue que se echó mano de lo que el autor llama el «estraperlo de la muerte». Era una agencia de comisionistas que, previo pago de un generoso estipendio, lograban la conmutación de la pena y hasta el sobreseimiento de la causa. No se puede probar, pero Luis G. Berlanga da fe de que hubo que recurrir a ese infame procedimiento. Y añade esta filosófica reflexión: «Un obrero condenado a muerte no podía pagar esas cantidades [las del soborno], mientras que los ricos podíamos evitarlo. Aunque me parece que algunos ricos tampoco lo lograron» (Gómez Rufo 90:118). De esa gravísima corrupción se ha hablado poco.

Los testimonios biográficos matizan mucho el lugar común de que el franquismo se impuso simplemente por la fuerza. Claro que fue una dictadura que advino después de una guerra civil. Pero se asentó después porque a muchos españoles les interesó que así fuera. Eso fue así incluso en el caso catalán. Es valioso el testimonio del arquitecto Oriol Bohigas, por provenir de la izquierda y del nacionalismo, lo que lo aleja de toda sospecha de interés personal. «El buen recibimiento a los *nacionales* [por parte de los catalanes] no fue solamente una respuesta condicionada por el hambre y otras privaciones. Supuso también una general aceptación del nuevo régimen que, a la vez que restablecía un orden, terminaba una guerra... A excepción de los fugitivos —*refugiados* los llamábamos—, todo el mundo [en el ambiente de la burguesía catalana] se había convertido al franquismo sin saber qué significaba y sin intuir demasiado sus consecuencias» (Bohigas 91:138).

El testimonio de Carlos Barral es muy parecido. Proviene del mismo ambiente burgués de Barcelona, sólo que no tan catalanista. Se refiere a los años de la guerra y a los de la posguerra. «En mi familia se evitaba cuidadosamente cualquier alusión a los parientes republicanos... [que] estaban al otro lado de la frontera o se suicidaban en alguna prisión política, y, todo el mundo, incluso las criadas, que anteayer gritaban *no pasarán*, participaban de este entusiasmo por la nueva era y se arropaban en los pliegues de una religiosidad delirante» (Barral 75:18). Obsérvese que se adelanta la hipótesis de la conversión, superpuesta a la más patente de la represión. Podía ser una conversión insincera y hasta cínica, pero desde luego se aleja mucho de la interpretación simplificada del franquismo como una mera dictadura, y no digamos un eficaz totalitarismo.

Existe un documento complementario desde lo que podríamos llamar derecha nacionalista catalana. El que fuera alcalde de Barcelona con Franco, José María Porcioles, procedía de la Lliga, el partido nacionalista burgués. Sus memorias son una forzada justificación de que su nacionalismo moderado iba a preservarse mejor con Franco que con el otro bando, el de una hipotética República catalana. Hipotética, claro está, porque la guerra la ganaron los llamados «nacionales». Qué mejor para un honrado «nacionalista» catalán. El hecho se anticipa tempranamente en la biografía de Porcioles. Su padre, «aunque profundamente nacionalista, no era un sectario». Así que, con un gran sentido de la anticipación, envía a su vástago a Valladolid para que estudie Derecho y «perfeccione el dominio del idioma castellano» (Porcioles 94:27). Fue una buena inversión.

Una anécdota divertida, que ilustra sobre las fragilidades de un sistema autoritario tan extravagante como fue el franquismo, la cuenta José Antonio Giménez-Arnau. Era el año 1942. A la sazón, nuestro hombre había sido miembro de la Junta Política de Falange y director general de Prensa, entre otras altas responsabilidades. Decide hacerse diplomático de carrera en lugar de seguir la vía más fácil de aceptar una embajada política. La verdad es que la habría podido obtener con facilidad, pues era amigo del todopoderoso Ramón Serrano Suñer. Siguiendo las normas de las oposiciones, solicita un certificado de adhesión al régimen, pero se lo deniegan pues, dice nuestro hombre, «no consta que yo haya estado adherido al Movimiento» (Giménez-Arnau 78:143). En realidad no hubo nunca lo que se llamó después «movimiento-organización». Era sólo una vestimenta formal, una apariencia legal de un sistema autoritario y personalista.

La miseria del escritor bajo la censura del primer franquismo tuvo que llegar a situaciones penosas, ridículas y hasta humorísticas. Cuenta Cándido (Carlos Luis Álvarez) el suceso cuando trabajaba en *ABC* en los años cincuenta. El director encarga el obligado editorial de un 18 de julio a un periodista, quien se niega a hacerlo por razones de conciencia. Y añade Cándido, con resignación e ironía: «El editorial tuve que escribirlo yo. No había otra esperanza que el trabajo. Mi editorial no era emocionante, pero tampoco era en contra» (Cándido 95:239). Esta anécdota nos dice más de la esencia del franquismo que muchos tratados. Se comprende también que Cándido apareciera después como socialista, o por lo menos amigo de los socialistas. Esa transmutación la explica así años después: «Yo había creado mi socialismo a partir del cristianismo y ya por aquel tiempo [al final del franquismo] creía enérgicamente en la Teología de la Liberación» (p. 250). La frase la habría podido suscribir Felipe González de haber sido escritor. En la autobiografía de Cándido se da una curiosa circunstancia que explica el modo característico de escribirla desde el presente hacia atrás. Todos sus amigos son de derechas, pero él termina siendo de izquierdas. La explicación es que sus amigos quedan atrapados en el tiempo, como las mariposas de la colección, clavadas con el alfiler. En cambio, el autor que rememora su pasado lo reinterpreta desde el presente. Es el privilegio del memorialista.

Salvador Pániker reflexiona con rara sinceridad sobre la ambivalente relación de muchos intelectuales y empresarios (como él mismo) respecto al franquismo. «Detestábamos al régimen de Franco, pero nos habíamos acostumbrado a soportarlo. A algunos, encima, el régimen nos traía buena suerte» (Pániker 88:32). La última frase se refiere a que las conexiones oficiales suponían una excelente oportunidad para triunfar en los negocios o en las profesiones. De mí sé decir que el libro que realmente me dio dinero en aquellos años fue precisamente la *Sociología del franquismo.* Y en el caso de Pániker fue otro libro difundidísimo, sus *Conversaciones en Madrid,* que lo son con muchos prohombres del régimen. No deja de ser curioso, pues ambos libros contienen textos donde se ridiculiza el franquismo. Esto no lo podía entender Max Aub, pongo por caso, y por eso se murió muy poco después de su regreso a España en 1969. Definitivamente, aquel régimen no era totalitario. La prueba retrospectiva es que no sucumbió con el triunfo de los aliados en la segunda guerra mundial.

La larga cuarentena franquista está llena de paradojas (contradicciones internas, que diría un marxista vulgar). Al leer la intrigante (en todos los sentidos) autobiografía de Enrique Tierno se destaca una de esas paradojas. El dirigente de la oposición trata siempre con benevolencia, y aun con alabanzas, a personas muy eminentes por su falangismo o su franquismo, bien que, por tantas razones, realmente admirables. Por ejemplo, Salvador Lissarrague, Emilio Romero, Javier Conde, Jaime Campmany, Adolfo Muñoz Alonso, Joaquín Ruiz Giménez, Torcuato Fernández Miranda, Manuel Fraga, entre otros. Entiéndase que los ensalza mientras estaban con el régimen. Y en cambio pone a caldo, como suele decirse, a algunos de sus conmilitones socialistas. O lo que es peor, los silencia. Ese doble juicio se imprime en 1981, cuando Tierno estaba ya integrado en el PSOE. Es algo inexplicable, salvo que realmente entendamos que el franquismo fue algo distinto a lo que usualmente se entiende por totalitarismo, despotismo o fascismo. Insisto en que esos testimonios corresponden a un distinguido representante de la oposición a la dictadura, como él mismo prefiere decir. Y además desde supuestos muy radicales. En su autobiografía de 1981 estampó esta prepóstera declaración: «Yo sigo manteniendo los supuestos marxistas y negando que el sistema capitalista se justifique moralmente» (Tierno 81:232). Ya es mantener y ya es negar. Enrique Tierno explica su supervivencia como opositor al franquismo con este estudiado autorretrato: «Una persona sencilla, caracterizada como intelectual, muy definida, que no buscaba salir del marco de su clase como profesor, que no pretendía saberlo todo y que se adaptaba bien a las circunstancias» (Tierno 81:144). Hay que reconocer que luego hizo todo lo posible para parecerse al autorretrato.

Oficialmente, el enfrentamiento entre el franquismo y la oposición se presentó por ambos bandos como una cuestión ética, de principios, de concepciones del mundo. El asunto no era tan grandioso ni tan altruista. Hay que agradecer a la perspicacia de Enrique Tierno la interpretación más realista, descarnada. Se trataba de una «lucha por el poder» dentro de la clase dirigente que entonces mandaba y parte de los que veían el poder como «no próximo, pero asequible». Aunque a continuación señala que «los que trabajamos en la clandestinidad y quienes nos movíamos en la semiclandestinidad... no pensábamos en el poder» (Tierno 81:125). Es una estupefaciente declaración, muy corriente en el estilo, entre descarado y cínico, que distinguía a don Enrique. Los que, como él, «se movían en la semiclandestinidad» no pensaban más que en el poder. De ahí la frustración que supuso la muerte de Franco en la cama. Simbólicamente era una cama del Seguro de Enfermedad.

13. Guerra Civil

El azar ha querido que este capítulo venga detrás del que se refiere al franquismo. Escribo ahora Guerra Civil con mayúsculas porque es un uso admitido dar a las guerras ese carácter de sucesos históricos personalizados. Pero este caso se destaca todavía más, porque no hay que decir a qué guerra civil nos referimos, de las muchas que hemos tenido los españoles. Realmente, desde los primeros afrancesados de la guerra de la Independencia hasta los terroristas actuales ha habido siempre un grupo, más o menos nutrido o violento, de exiliados. Pero ninguna contienda ha sido tan trascendente como la de 1936, que es, para nosotros, la Guerra Civil por antonomasia. Muchos españoles ya mayores dicen «nuestra guerra», una curiosa manera de sentirla suya. Son abundantísimos los testimonios biográficos sobre esa crudelísima ordalía de nuestra historia. Realmente aquí no se sabe por dónde cortar, tal es la abundancia de materiales.

La impresión de casi todos los textos consultados es que, en la primavera de 1936, era general la presunción de que iba a haber un estallido revolucionario o un pronunciamiento militar, o ambas cosas. Pero casi nadie anticipaba una larga guerra civil. Otro acuerdo bastante general es que la fecha del levantamiento (el Alzamiento, de modo oficial) y de la revolución (pues ambas cosas fueron) no se pudo anticipar. De hecho, muchos emplean la expresión de que los *sorprendió* el 18 de julio. Para unos pocos esa fecha no fue tal sorpresa. Por ejemplo, al obispo de Madrid-Alcalá, monseñor Eijo y Garay, «el día 17 de julio le llegó la confidencia de que se ausentase cuanto antes de Madrid». Lo que le permitió salir de la capital y llegar a Vigo el 18 de julio. Salvó la vida (Enrique y Tarancón 84:206). Es un caso extraordinario de información providencial.

Dionisio Ridruejo proporciona una esclarecedora pista para interpretar por qué la guerra civil fue lo que fue y por qué la ganaron los nacionales. La autoridad de la República no llegó a ser enteramente castrense, cosa que sí ocurrió en el bando franquista. Es más, ese carácter militar —con la consiguiente tensión respecto al orden civil— continuó siendo una constante del largo régimen franquista (Ridruejo 76:149).

José Antonio Giménez-Arnau, falangista joseantoniano, relata, años después, sus recuerdos del estallido de la guerra civil. Escribe en presente, reviviendo los acontecimientos: «Hemos tardado tres días enteros [17 al 19 de julio de 1936] en saber que el golpe de Estado, como tal, ha fracasado... En España ha empezado la guerra civil» (Giménez-Arnau 78:66). Según la cronología del libro, ese párrafo debió de escribirse hacia 1971. La fecha me importa personalmente. Había publicado yo por entonces un modesto artículo con la tesis de que el Alzamiento no fue tal, menos una Cruzada, sino una verdadera guerra civil. Es decir, venía a coincidir con la tesis de Giménez-Arnau, que por otra parte terminó siendo la prevaleciente y la de sentido común. La diferencia, aparte de la modestia de mi escrito, es que a mí me costó un consejo de guerra y la condena de seis meses de prisión. Por lo visto, incluso en 1971 no se podía sostener impunemente que la guerra civil había sido una verdadera guerra civil. Lo fue así, aunque algunos de sus organizadores hubieran querido un rápido, y a poder ser incruento, golpe de Estado. Como fue, por ejemplo, el de Miguel Primo de Rivera. Precisamente en 1971 se publica un libro de memorias de Marquerie en el que se recogen los recuerdos del famoso periodista conservador Juan Pujol. Éste asegura, poco antes del Alzamiento del 36, que el «golpe de Estado, si triunfa en los primeros momentos, logrará imponerse, y en otro caso se transformará en una dolorosa y cruenta guerra civil» (Marquerie 71:95). Dionisio Ridruejo recuerda que «en los primeros números de la revista *Escorial*, en 1941, se condenó secamente —y no sin consecuencias molestas— el nombre de *Cruzada* aplicado a una guerra civil» (Ridruejo 64:19). Como puede verse, era una tesis admitida entonces por los «nacionales», bien que con resistencias por parte de la autoridad.

La toma de posición en la guerra civil se decide muchas veces por la suerte que corren los familiares. Una persona de izquierda moderada como Francisco Ayala no tiene duda. Los nacionales fusilan a su padre (un bendito) y a un hermano de diecisiete años (Ayala 82:229). No le quedaba más recurso que el exilio, aun teniendo una forma de ver las cosas tan moderada. No es claro que los intelectuales estuvieran casi todos del lado republicano. Realmente, cada bando tuvo su núcleo de intelectuales que no acababa de ser de «los suyos». No era una circunstancia propicia a la moderación, cualidad que tan consonante resulta con el ejercicio del intelecto.

Zubiri es uno de esos intelectuales que, ante el espasmo de la guerra civil, se exilió realmente de los dos bandos. A Jacinto Benavente o a Pío Baroja les ocurriría algo parecido. En el caso de Zubiri se añade la circunstancia de la anulación de las órdenes sacerdotales y su posterior matrimonio. Narra su mujer: «A España ya sabíamos que no podíamos volver [en 1936]. Ninguno de los dos bandos beligerantes nos admitía —a pesar de las apariencias— porque nuestro matrimonio a los unos no les agradaba por católico, a los otros por matrimonio» (Castro 92:99). Era realmente el drama de las dos Españas a escala doméstica.

Sobre el Madrid de los primeros días del *alzamiento* (trocado en *revolución* por el otro lado) abundan los testimonios, tan chocante fue el espectáculo. Por lo general, los de uno y otro bando se inquietan ante la saña de los contrarios. Merece salvarse, por lo excepcional, el comentario de Enrique Tierno, quien recuerda de esos días de julio «el carácter festivo que tenía Madrid aquellos días. Diría incluso que de broma» (Tierno 81:14).

El de Tierno no es el único testimonio en esa dirección de la alegría bélica. Julián Marías recuerda con optimismo los años anteriores a la guerra civil, en contra de lo que suele ser común en otras memorias. Pero es que ese mismo efecto se produce en plena guerra civil, que Marías la vive en Madrid. El filósofo observa en sus conciudadanos «apetencia de felicidad», gozo de la ciudad (Marías 88:210). Esta interpretación del lado jocundo de la contienda bélica choca, desde luego, con la saña con que los contendientes se destrozaron mutuamente.

Puede que, en efecto, hubiera un lado «alegre» de la guerra, que es tanto como decir irresponsable. La «alegría» la daba el carácter resueltamente juvenil de los combatientes. Se añade el hecho de que ambos bandos se embarcaran para una correspondiente «revolución», entendida de muy diferentes formas, con bastante idealismo todas ellas. De ahí que resulte una extraña guerra en la que las verdaderas «batallas» se producen en las respectivas retaguardias. Eso es así por la especial relevancia que tuvo la propaganda o por la crueldad desplegada contra los elementos civiles en uno y otro bando. Por este lado la guerra fue realmente «civil», esto es, incivil. Veamos el testimonio de un médico durante el largo sitio de Madrid: «Parecía una obsesión de las turbas armadas limpiar Madrid de presuntos adversarios, más que impedir a los verdaderos —procedentes de la vieja Castilla— su avance hacia la capital mediante un caótico semifrente de guerra establecido en la sierra de Guadarrama. Había grupos de milicianos que allí combatían durante el día y que al caer la noche regresaban a Madrid para dormir tranquilamente o, quizá, para dedicarse al pillaje» (Ortiz Picón 93:136). Conviene advertir que esos jubilosos milicianos recibían un estipendio regular de diez pesetas diarias, lo que era entonces un sueldo bastante sustancioso.

El lado «alegre» de la contienda bélica se manifiesta a través de los abigarrados atuendos, verdaderamente teatrales, de los combatientes. Hay un costado literario y hasta folclórico de la lucha, que ha suscitado tantas novelas y películas. El repertorio de canciones de ambos bandos constituye una joya musical o por lo menos etnográfica.

Pedro Laín Entralgo, a la sazón joven ideólogo del bando nacional, es uno de los que se pasan de la zona republicana a la contraria. Recuerda el asombro que le produjo el hecho de que, ante la ausencia de un himno nacional cantado, se popularizara el «himno de guerra y muerte» de la Legión (Laín 89:182). Si se me permite una mínima certificación personal, añadiré que uno de mis primeros recuerdos es el de las canciones de cuna que me cantaba mi padre. Debía de tener yo tres o cuatro años, y era ya particularmente insomne. Así que me acuerdo de la reiterada serie de canciones de cuna. Aunque parezca increíble, el repertorio se basaba en estas dos piezas que más se repetían: el himno de Infantería («Ardor guerrero») y el de la Legión («Soy valiente y leal legionario»). Los dos, efectivamente, hablan de muerte, que para mí resultaba una figura infantil, amable incluso, o por lo menos familiar. Mi primera oración de todas las noches durante la guerra fue ésta: «Virgen, que no maten rojos a papá.»

La eclosión de violencia que significa la guerra civil se va incubando en el rencor de los años anteriores. En 1935 publica Moreno Villa un profético artículo en el que se describe el clima de agobiante resentimiento de esos años. «Se oye el espíritu de venganza en los cuartos de banderas, en las sacristías, en los cafés y plazas, en torno a las camillas del brasero. Y a la hora de dormir, que debiera ser de contrición por lo que el sueño tiene de muerte, la mujer le dice al marido: "Yo los mataría a todos"» (Moreno Villa 76:208). Al final de la guerra, el presidente Manuel Azaña escribe un dolido texto, *La velada de Benicarló*, que es una especie de diálogo intelectual. Uno de los personajes acentúa esa idea de que las mujeres han sido las instigadoras de la rebelión militar, las que «lanzaron a la muerte a sus maridos» (O.c., III:405). Por eso la rebelión o el alzamiento se trocó en una lacerante e interminable guerra civil. La violencia penetró en la carne de familias enteras. Su memoria ha durado hasta hoy mismo.

Los sociólogos tendemos a buscar explicaciones estructurales de todo, es decir, descontamos el factor personal. Este texto asegura lo contrario. Incluso en un caso tan aparentemente objetivo como el de la feroz represión de la guerra civil se puede aplicar ese factor individual. Se concreta en la trayectoria «africana» de Franco y de sus generales más afines. La salvaje experiencia de la guerra de Marruecos había hecho que los oficiales perdieran la sensibilidad respecto al trato de los prisioneros. Ésta es la tesis del hispanista Paul Preston, y desde luego yo la suscribo (Preston 93:30). Por el otro lado está la general impunidad con que habían desplegado la violencia callejera los jóvenes activistas de la izquierda durante los últimos meses de la República. El factor personal vuelve a aparecer cuando consideramos que muchas brutalidades de la represión durante la guerra civil fueron esencialmente venganzas personales. Sobre el particular abundan los testimonios.

Durante la contienda, en ambas retaguardias, hay una violencia especialmente gratuita, que consiste en el saqueo de los hogares represaliados. Pedro Laín Entralgo recuerda con amargura el hecho de que la casa de sus padres fuera desvalijada por los nacionales, y eso que nuestro hombre era un ideólogo del nuevo régimen franquista. «Ni un retrato, ni un libro, ni un objeto entrañable de nuestro mundo familiar, para qué hablar de muebles o de cuadros, hemos podido conservar mis hermanos y yo» (Laín 89:303). Tal fue el rencor que almacenó por ese hecho que expresó entonces este terrible juramento: «no volver a pisar la tierra en que nací» (p. 304). Estuvo muchos años cumpliendo ese juramento hasta la muerte de su padre. Entonces le pusieron una placa en la casa donde había nacido y no tuvo más remedio que volver al pueblo de origen. Pero, a su vez, esa placa fue rota por la facción vandálica de sus paisanos que seguramente le consideraban una especie de traidor. Es un triste símbolo de hasta qué punto han seguido candentes las pavesas de la hoguera de la guerra civil.

Hay un episodio de la guerra civil realmente incomprensible desde nuestra sensibilidad actual. Se entiende incluso que se mataran unos a otros, pero no se explica por qué tenían que fusilar a los santos. El anarquista Durruti intenta comprender por qué los milicianos a sus órdenes llevan a cabo esa extraña venganza. En un pueblo de Lérida le explican que no hay por qué matar al cura porque «incluso habla de ponerse a vivir con una muchacha del pueblo. Y además —le aseguraron— se siente muy satisfecho con todo lo que está ocurriendo». La iglesia siguió en pie. «Simplemente se sacaron las estatuas [de los santos] y se quemaron en la plaza. Así, Dios ya no existe, está expulsado de este pueblo; y puesto que ya no existe Dios, la asamblea [anarquista] ha decidido reemplazar el *adiós* por la palabra *salud*» (Paz 96:552). Es una morrocotuda expresión de la «fe del carbonero» vuelta del revés, y además del poder de la creencia nominalista. El nombre (y la imagen) hace a las cosas y a las ideas. Por lo menos se demuestra que el anarquismo es la quintaesencia de lo español, como creía Gerald Brenan.

Con el paso de los años se ha ido produciendo la «reconciliación» de los dos bandos de la guerra civil, sellada por la Constitución de 1978. Pero ha sido más bien el natural olvido que produce el paso de las generaciones. Formalmente no ha habido un acto de atrición por parte de los dos bandos en pugna. Ambos cometieron atrocidades sin cuento. Por lo menos del lado nacional hemos podido leer los textos de arrepentimiento por parte de Dionisio Ridruejo o de Pedro Laín. Después de todo, se trata de dos personalidades que nada tuvieron que ver con las represalias de su bando. De ahí que su gesto los honre doblemente. Pero ese mismo «descargo de conciencia» está ausente de los textos del bando republicano. Luego por este lado la herida no se ha cerrado. Tomemos el último escrito de Santiago Carrillo. Incorporado ya a la transición democrática, vuelto al redil del PSOE, su recuerdo sigue siendo beligerante. Sólo se arrepiente de la «degeneración de la práctica soviética», pero otra cosa sería hoy inverosímil. Lo fundamental es que sigue considerando a sus conmilitones de la guerra civil con «la generosidad idealista y el espíritu de sacrificio [de una generación] movida por la voluntad de salvar la Humanidad de la barbarie fascista» (Carrillo 96a:9). De la supuesta barbarie comunista ni una línea. Es más, la violencia de los rojos durante la República y la guerra civil la atribuye bonitamente a la provocación de los falangistas. «Fue una decisión difícil: nuestra formación ideológica [el PCE] rechazaba el atentado individual» (p. 72). «La verdad es que nuestros grupos nunca se cobraron dos víctimas por una: los falangistas siempre nos llevaron ventaja» (p. 73). Como puede verse, nada más lejos del descargo de conciencia.

Las impresiones más sinceras de la guerra civil nos hablan de la violencia, un tanto gratuita, de los «paseos» en la retaguardia de los dos bandos. «Se mataba por nada, porque sí, por satisfacer el instinto y por sed de sangre y de venganza» (Arbó 82:173). El texto anterior culmina la descripción de uno de esos «paseos» en la Cataluña republicana. En este caso las turbas vengadoras sacan al juez comarcal del hospital donde estaba enfermo. No le dejaron ni vestirse y sólo con el pijama lo «pasearon». El hombre era de familia republicana y sin significación política (p. 173). Este caso se pudo reproducir miles de veces a uno y otro lado.

El periodista Manuel Tarín-Iglesias escribe un estremecedor relato de las cárceles de Barcelona durante la guerra civil. Aporta un dato que ha sido comentado muy poco. La dirección de las torturas y los vejámenes correspondió en muchos casos a personas del PSOE (Tarín-Iglesias 85:120).

En 1996 llegan a Madrid unos valetudinarios supervivientes de las Brigadas Internacionales. Celebran los sesenta años de su primera entrada en España. Se los recibe con cierta simpatía por parte de algunas autoridades. Sería impensable que esto mismo se hiciera con los extranjeros que vinieron a luchar del lado de Franco. Es la prueba última de que las heridas no se han cerrado del todo.

Francisco Giménez Reyna, cirujano establecido en Antequera, narra la terrible represión de las escasas dos semanas en las que la ciudad estuvo bajo el dominio republicano. Nada menos que 110 personas fueron asesinadas en ese pueblo. No fue tanto una venganza de la revuelta de los jornaleros locales como de la acción sistemática de dos individuos venidos de fuera (Giménez Reyna 89:151). Tenemos el testimonio directo de uno de los supervivientes de aquella matanza de Antequera, el poeta José Antonio Muñoz Rojas. No se trató sólo de una represalia personal. Las turbas quemaron la casa salariega con todas sus pertenencias, muebles, libros, cartas, recuerdos, incluido el archivo familiar centenario. El memorialista recoge el increíble razonamiento de los incendiarios: «Nosotros quemamos, destruimos, pero no robamos. Ha llegado la hora de destruir, luego vendrá la de edificar» (Muñoz Rojas 94:151).

La violencia verdadera de la guerra civil en los dos bandos, a través de un personaje anónimo, no es la de los caídos en el frente, sino la de los fusilados. Es un suceso tan cotidiano que acaba perdiendo dramatismo. Por lo menos pasan a la categoría de desgracias aleatorias, como las enfermedades (Maestre Alfonso 76). Se comprende que luego casi nadie quisiera que las cenizas de los muertos fueran a parar al Valle de los Caídos. Realmente tendría que haberse llamado el Valle de los Fusilados.

Es muy interesante la interpretación de la guerra civil por parte de José María Porcioles, catalanista moderado y luego franquista. La contienda se ve desde Cataluña como «una lucha que no era en modo alguno la suya... La guerra civil nos fue impuesta. Cuando los militares sublevados en Barcelona fueron vencidos, Cataluña no ganó nada» (Porcioles 94:35). Relata la paradoja de cómo los honrados catalanistas de la Lliga son detenidos por los revolucionarios. La razón era tan simple como «las denuncias de personas envidiosas o simplemente asistir a misa» (p. 40). Así que Porcioles, como otros muchos, en cuanto pudo atravesó la frontera y se unió a los franquistas por el paso de Irún. «Al atravesar el Bidasoa, la visión de la bandera nacional me emocionó» (p. 45). Allí se encuentra con numerosos catalanes que habían sido perseguidos en el bando republicano, pero no por razones políticas, sino religiosas o de clase. «No existía en ellos, ni por asomo, un pensamiento fascista. Esperaban simplemente que pasara la tormenta para recobrar el equilibrio perdido: volver a la familia, a los negocios, a los despachos abandonados» (p. 46). En el caso concreto de Porcioles, cuenta cómo establece una «corriente de mutua comprensión» con Mercedes Sanz Bachiller, viuda de Onésimo Redondo, que «provenía del campo católico» (p. 47). Esta anécdota ilustra muy bien la complejidad y la especificidad del franquismo que iba a cristalizar en la guerra civil o *Cruzada de Liberación*. Así se explica la curiosa interpretación que da Porcioles de su desenlace. La «liberación» lo era literalmente para Cataluña. «El Gobierno revolucionario [de la República] había sido un cuerpo extraño, una prótesis incrustada en su organismo» (p. 50). En 1939, Porcioles acepta el cargo de delegado de Auxilio Social en su pueblo (Balaguer), dado que, atestigua impávido, «no se trataba de un cargo político» (p. 51). Luego acepta el de presidente de la Diputación de Lérida, persuadido por el obispo (p. 53). Nombrado ministro de Justicia el leridano Eduardo Aunós, el notario Porcioles pasa a ser director general de Registros y Notariado (p. 56). Confiesa sus preocupaciones por tener que marchar a Madrid: «La idea de separarme de mi familia, aunque fuera provisionalmente, me inquietaba. Por otra parte, la perspectiva de ocupar un cargo importante, desde el que favorecer a Cataluña, me complacía» (p. 57). En Madrid se hace amigo de Eugenio Montes y Pedro Mourlane Michelena, entre otros notables falangistas del momento (p. 58). A partir de éste y de otros testimonios es muy difícil sostener la tesis de que la guerra civil, desde el bando franquista, lo fuera contra Cataluña (o contra el País Vasco).

El arquitecto Oriol Bohigas, que escribe desde la izquierda exquisita, da una personal interpretación de la guerra civil en Cataluña que coincide bastante con la de Porcioles. Está muy lejos de la que luego se hizo oficial respecto al enfrentamiento entre el franquismo y Cataluña o los catalanistas. «Yo sólo conocí gente que se indignaba o se desorientaba con la insurrección [de Franco] y que, poco a poco si era de izquierdas, o bastante aprisa si era de derechas, se iba acercando al franquismo, inducida primero por las barbaridades cometidas por los *rojos* y, después, por el convencimiento de que la guerra sólo podía terminar con el triunfo de Franco» (Bohigas 91:89). Es decir, más que represión hacia los catalanes se habla aquí de autoconvencimiento pragmático de que el franquismo no era tan malo. De hecho, las crónicas objetivas nos hablan de muchos catalanes nacionalistas, pero católicos, que se integraron ya en la guerra con el franquismo. No digamos después. Oriol Bohigas aporta el testimonio de su padre, catalanista, que se desencanta del republicanismo catalán al ver los incendios de las iglesias de Barcelona durante los primeros momentos de la guerra civil (p. 96). Más dramático es el testimonio doméstico de la quema voluntaria de estampas, libros y otros objetos religiosos en 1936 por temor a las represalias de los republicanos. El sarcasmo fue que esa misma escena purificadora hubo que hacerla, al revés, con los recuerdos catalanistas en 1939. Era «el círculo vicioso de la destrucción» (p. 101). Realmente, ésa es la esencia de una guerra civil. Que, como puede verse, estuvo muy lejos de ser una revolución o una cruzada de liberación. Se confirma la idea de una verdadera guerra civil de carácter ideológico, una «guerra de ideas», como se dijo. Sólo que a las ideas más o menos fijas hay que añadir los intereses cambiantes. Precisamente son estos últimos los que explican que tantos líderes intelectuales, sociales y políticos de la Cataluña actual registren en sus familias numerosas casos de personalidades que se pasaron durante la guerra al bando franquista (p. 103). Es un episodio de lo que podríamos llamar *historia oculta*, la que no se escribe. Por lo menos, el método biográfico permite detectar ese vergonzante episodio.

Julián Marías recuerda su participación en la guerra civil como soldado movilizado, desde el lado republicano, en destinos alejados del frente. «Para mí fue interesante no exponerme a matar a nadie y no alejarme de Madrid» (Marías 88:219).

Es curioso que, desde el otro bando, Pedro Laín repita ese mismo argumento de que se propuso y logró no disparar ni un tiro (Laín 89:187). Es una extraña conducta antiheroica que choca con el ambiente real de aquella época, transido de idealismo, heroicidad, exaltación y locura. Un testimonio cercano puede ser el de mi padre, combatiente en diversos frentes del lado de los nacionales. Su impresión más positiva es que logró apuntarse como cocinero y asistente, de tal modo que no tuvo que matar a nadie. Recuerda que ni él ni sus compañeros «tiraban a dar» cuando había que hacerlo. Es un minúsculo dato que contradice la leyenda de fiereza de los combates de la guerra civil. Lo cierto es que sus aspectos más crueles se localizaron en las respectivas retaguardias.

En la guerra civil no todo es acción bélica. Sigue, a su modo, el ritmo «civil» de la vida. Por ejemplo, en el Madrid sitiado se crea (en 1938) un Instituto de Higiene de la Alimentación, creado bajo los auspicios del profesor Negrín, que era presidente del Gobierno. El instituto lo dirigía de hecho Francisco Grande Covián. De su mano entró a trabajar el autor que relata esos hechos (Ortiz Picón 93:54). Algunas de las investigaciones del instituto tuvieron una gran resonancia internacional, como el descubrimiento de la curación de la pelagra por parte del equipo de Grande Covián.

El testimonio de Fernando Fernán-Gómez nos ayuda a revivir ese peculiar modo de vida de la retaguardia. En el Madrid de la guerra, aunque fuera frente de batalla los tres años, se hacía un esfuerzo para que continuara la vida civil y rutinaria. Era la auténtica «defensa» de sus habitantes. Se trataba de huir del modelo opuesto de la cárcel, que atemoriza porque «allí es imposible estar rodeado de nuestras cosas y elegir, aunque dentro de un estrecho margen, nuestras costumbres». Esto último es lo que posibilitaba, paradójicamente, la vida cotidiana en el Madrid bélico. Los combates, las balas, «eran para nosotros —hablo de los que no éramos ni héroes ni mártires— algo así como la lluvia» (Fernán-Gómez 90, I:202). Y, sin embargo, la guerra significaba que las relaciones interpersonales se iban a hacer más agrias. En contra de los testimonios de la literatura heroica de ambos bandos, «el hambre y los padecimientos habían agriado el carácter de los madrileños... nos empujábamos, nos agredíamos para conseguir entrar en el vagón, para alcanzar un asiento en el viaje en largo» (p. 277).

A pesar de los enardecimientos bélicos, la guerra civil fue una extraña confrontación en la que los ganadores no se sintieron particularmente orgullosos de su hazaña. Al contrario, fuera ya de la exaltación propagandística, los «nacionales» se sintieron más bien dolidos y hasta moralmente derrotados. No hace falta llegar al dramatismo literario del «descargo de conciencia» de Laín. El testimonio de Cela traduce muy bien el desengaño final: «No es verdad que los nacionales ganáramos la guerra, ni sabíamos ni teníamos con qué. La guerra civil española fue una vergonzosa pelea entre aficionados que se limitaron a perder los rojos, que eran todavía más chapuceros que nosotros» (Cela 93:248).

Más distanciado es el recuerdo de uno de los actores de la transición democrática, que vivió de niño la experiencia de la guerra civil desde el bando franquista: «Fueron unos años de gran interés, pienso ya ahora desde la lejanía, de los que recuerdo pocas cosas de juegos y de amigos infantiles y muchas de vida familiar y de acontecimientos extraños a mí mismo [como la guerra civil]. O es que yo sólo servía para acumular este tipo de recuerdos y de cosas, o todo son inventos de mi larga vida, cortada por los tiempos y las secuelas de una guerra civil en la que ni estuve ni dejé de estar» (Jiménez Blanco 94:28). Respecto al famoso «parte» del 1 de abril del 39, recuerda que «produjo más preocupación que alegría entre los presentes... No recuerdo aquel momento como el del fin gozoso de una pesadilla» (Jiménez Blanco 94:71). Por este lado no hay ni rastro de que aquello hubiera sido una cruzada. Aparte de lo prepóstera de esa imagen para el siglo XX, no se olvide que en este caso los musulmanes estaban del lado «cristiano».

Luis G. Berlanga vive también como adolescente la guerra,

pero desde Valencia. Su recuerdo es el de las «vacaciones más maravillosas del mundo», una mezcla de lecturas por placer y de «gran vida» de señorito juerguista (Gómez Rufo 90:107). Son abundantes los testimonios de los que vivieron la guerra como niños o adolescentes. Por lo general coinciden en el carácter de larguísimo asueto que tuvo aquella ocasión. A veces, por fortuna, las circunstancias de la vida no son coherentes.

Lo terrible de la guerra civil fue el desgarramiento que se produjo en muchas familias. Luego ha durado medio siglo más a través de recuerdos, reproches, frustraciones y resentimientos. Al principio no estaba tan claro quién era de un bando o de otro. Muchas personas decidieron esa opción por razones aleatorias. Por ejemplo, se inclinaban hacia un lado porque los del otro habían matado o detenido a algún familiar. Lo cual podía deberse, a su vez, al azar de una delación, al hecho de residir en tal o cual localidad, a la ocupación o los medios de fortuna. Luego, el hecho de haber estado en uno u otro bando determinó la suerte de millones de personas, incluidas las que no combatieron. Ése fue el drama final.

14. Horario

La evolución de una sociedad no se establece sólo a través de los grandes hitos históricos, los personajes eminentes, las palabras que escribimos con mayúscula. Es también un determinado ritmo de la vida cotidiana que afecta de modo distinto según sea el momento o los grupos sociales a los que se aplique. A lo largo de este volumen hay mucho espacio dedicado a transmitir la idea de lo que ha sido ese ritmo de la vida cotidiana. Desde luego, no se olvide la fuente. Nos referimos siempre a los textos de los memorialistas o de las biografías. Ahora nos podemos concentrar en un rasgo minúsculo, pero que redondea la definición de la vida diaria: el uso del tiempo.

Puede parecer sorprendente, pero en una sociedad tradicional o más simple el tiempo aparece tasado, medido. Hay un ritmo litúrgico exacto a lo largo del año. Cada momento tiene su obligación y su rito. El horario y el calendario son estrictos y alcanzan a todos de manera rígida. La sociedad se organiza en lo civil como si fuera un gran convento. A medida que evoluciona la sociedad, hay más lugar para distintos usos del tiempo, para una consideración más plástica del horario. Las personalidades egregias se adelantan a ese uso más personal del horario.

Los recuerdos de un sacerdote aragonés nos permiten reconstruir el rígido horario de los campesinos de Calanda (Teruel) a principios del siglo actual. La comida era invariablemente a las doce. La cena era al anochecer, esto es, entre las seis y media y las siete durante el invierno y, en el verano, alrededor de las ocho y media (Mindán 95:14). El horario de las instituciones cerradas, como el seminario, reproducía el uso campesino. Así, los seminaristas se levantaban a las cinco y media de la madrugada (p. 71). Todavía durante los años veinte, en una comarca que entonces era más bien rural, la de Llodio, la cena era a las siete de la tarde (Martínez de Bedoya 96:44).

Las biografías de los grandes hombres abundan en el comentario de que dormían poco, como si fuera un gran mérito. Por ejemplo, el hijo del político José Canalejas comenta, admirado, que su padre «dormía cuatro horas» y a veces pasaba noches enteras sin dormir (Duquesa 53:296). Carlos Jiménez Díaz sólo necesitaba cinco horas de sueño, incluso desde muy joven (Jiménez Casado 93:360). Ni siquiera llegaba a esa ración de sueño la de Melquíades Álvarez cuando joven (García Venero 74:29).

La rigidez del horario tradicional la refleja muy bien Josep Pla en la estampa del veraneo familiar en la playa de Calella a principios de siglo. «A la una se oye, en cada casa, un ruidito de platos, de tenedores, cucharas, copas y cuchillos. A la una y cinco la playa queda vacía y todo el mundo se dispone a comer» (Pla 94:159). Hoy, esa hora sería más bien la de bajar a la playa. La sociedad actual, más compleja, admite la superposición de diversos horarios. La gran ciudad se distingue porque cada vez hay más locales que funcionan las veinticuatro horas.

El horario estricto de una sociedad tradicional permite que lo conculquen algunos privilegiados o marginados. Entran aquí los artistas y bohemios, los escritores. El caso eminente es el de Joaquín Costa, un extraño autodidacta y polígrafo, como entonces se decía. Mantuvo siempre una planta física de gigantón enfermizo. Su horario era al revés que el establecido. Se levantaba a las once de la mañana. Desayunaba a las doce y media, comía a las nueve de la noche («cuando medio Graus estaba durmiendo, y todo él en invierno»). Cenaba a las cuatro de la mañana. Entre comida y comida leía y escribía febrilmente (Ciges Aparicio 30:24). Al final de su vida ni siquiera respetaba ya ese estrambótico horario. Dormía sólo a ratos de media hora y comía cualquier cosa cuando se sentía desfallecer

(p. 226). No es de extrañar su muerte, más bien prematura (sesenta y cinco años), y sobre todo su naturaleza enfermiza y alterada. Se nota en su obra.

Marcelino Menéndez y Pelayo (como Costa) escribía en la cama. «Escribía así un día entero, dos días, una semana, con una facundia y una claridad mental inagotables» (Agustí 74:194). Lo de la facundia (capacidad de hablar sin parar) quizá se explique porque esas sesiones de escritura sobre la cama se acompañaban con generosas libaciones de aguardiente. O también pudiera ser porque, al tiempo de escribir, conversaba con alguien. Es posible que haya un poco de leyenda en ese recuerdo, pero lo que es real es que se predica con encomio. La hueste intelectual trata luego de imitar a esos monstruos.

Josep Pla observa con admiración el horario que sigue Ramón Gómez de la Serna: «La vida que hace es la mejor para un intelectual que quiera trabajar: duerme de día y escribe de noche» (Pla 86:201). Quizá fue este estímulo el que hizo a Pla proclive a alterar su horario una vez que se retiró a su masía de Llofriu. Se levantaba a eso de las dos de la tarde. La cena de los demás era el almuerzo para él, lo que le permitía echarse una extraña siesta a las diez de la noche, para así poder leer y escribir tranquilamente hasta las cinco de la madrugada (Buqueras 85:142).

Otro ejemplo de «horario cambiado» es el de Pedro Sainz Rodríguez, una rara mezcla de conspirador político y de investigador científico. Trabajaba toda la noche y se ponía a dormir con el alba. Eso era al menos en los tiempos de la República, cuando don Pedro era un erudito y empezaba a ser conspirador (Sainz Rodríguez 88:11; testimonio de José María de Areilza). Hay que suponer que, años después, durante su breve etapa de ministro, alteraría su ritmo circadiano.

El hecho de vivir con el horario cambiado genera una especial solidaridad entre los nocherniegos. De ahí el intenso espíritu de cuerpo que desarrollan ciertos grupos ocupacionales que trabajan de noche. Es el caso de los periodistas, telegrafistas, sanitarios.

Personalmente me han maravillado siempre esos tipos extraordinarios que pueden dar la vuelta al horario. Reconozco que, si se trabaja de noche, las interferencias son nulas y el rendimiento tiene que ser mayor. He conocido algunas personas que han conquistado ese personalísimo horario, Fernando Albero y José Luis Dibildos, por ejemplo. Los dos, admirables por más de un concepto. ¿Será que la inversión del horario va más con las profesiones liberales? Lo más divertido en el caso de Dibildos es que su perro ha invertido también el horario para adaptarse al de su amo.

El espíritu creador se distingue por un uso estricto y forzado del horario. Un ejemplo puede ser el del médico eminente Gregorio Marañón. Él mismo se consideraba un «trapero del tiempo», en el sentido de que utilizaba para escribir todos los recortes posibles de sus horas. Así, aprovechaba los viajes, las esperas, los intermedios entre una y otra actividad para sacar tiempo, aunque fueran sólo unos minutos cada vez (Gómez-Santos 71:115). «Algunos de mis pequeños trabajos están escritos en ese cuarto de hora que tardan en llamarnos a la mesa» (p. 201). Incluso el mes que estuvo en la cárcel, en 1926, lo aprovechó al máximo. Se levantaba a las cinco de la mañana para ponerse a escribir. Por la tarde venían tantas personas a verle que no podía concentrarse (p. 247). Sólo con esa avaricia del tiempo se explica la prodigiosa fecundidad de don Gregorio, que además estaba atrapado en una densísima red de relaciones sociales. Fue el gran anfitrión de políticos, científicos, artistas, escritores de su época.

15. Infancia

Una sociedad tradicional se define por lo copioso que es el estrato de los niños. Aunque fallezcan muchos, nacen muchos más. Y sin embargo, en esa situación tradicional, los niños son poco visibles. No existe propiamente un atuendo infantil ni hay un mundo reservado y autónomo para los niños. Ésas son condiciones que va introduciendo después una sociedad que se desarrolla y complica. Claro que el método del análisis biográfico selecciona personajes encumbrados por alguna razón. Así que a través de ellos sí se puede rastrear esa etapa de la vida que llamamos infancia o niñez, a veces con gran personalidad. No siempre es fácil porque se trata de una edad cercada de tópicos. Parece que necesariamente debe transmitir felicidad o por lo menos sosiego. No siempre es así. El miedo suele ser una experiencia común de los niños.

Muchas autobiografías, sobre todo las de los políticos, empiezan a contar los recuerdos o testimonios a partir de la edad adulta. Es como si quisieran replicar el modelo de los Evangelios. Después de todo, este libro por antonomasia comprende cuatro versiones de la vida de Jesús, pero todas ellas apenas se refieren a la vida de niño. Lo que interesa es la «vida pública» del Mesías. En las biografías de los hombres públicos hay algunas breves alusiones a las circunstancias de la familia de origen. Pero, por lo general, se oculta la infancia, como no fueran relevantes esos años por razones de otra índole. El hombre público entiende que tiene que presentarse así, con ese papel, que excluye, naturalmente, la infancia. Es muy raro que una persona se sienta «hombre público» desde la niñez. Es una condición principesca que ni siquiera la burguesía encumbrada puede ostentar. Y, sin embargo, la infancia es fundamental para dibujar el perfil estrictamente humano del personaje en cuestión. La prueba es que las biografías de mujeres (siempre escasas) acopian más datos sobre la niñez. Por ejemplo, las memorias de Rosa Chacel o de la condesa de Campo Alange. La razón es que las mujeres presentan una biografía más enteriza, precisamente porque su papel ocupacional no suele ser tan absorbente.

El pudor de no atreverse a relatar los miedos de la infancia lleva a creer que «todas las infancias son iguales» (Francisco Umbral, «Cándido», *El Mundo*, 8 de diciembre de 1995). Nada de eso. Los elementos comunes suelen ser precisamente los estereotipos, pero la niñez es distinta para cada biografía. Es más, el árbol de la vida está contenido en la almendra de la infancia. Es ahí donde se aprecia el peso de la familia de origen.

El cineasta Fernando Fernán-Gómez se entretiene en rememorar su niñez verdaderamente peculiar, como contemporánea que fue de sucesos históricos imborrables. En algún momento parece apuntarse a la creencia de que «no se debe escribir sobre la propia infancia, porque la infancia de todos los hombres es la misma». Pero sigue con los acontecimientos de su niñez, realmente singulares: nace en Lima, le inscriben en el registro de Buenos Aires y vive de niño en Madrid, criado por su abuela (Fernán-Gómez 9aI:31). Es un espectador atónito de la guerra civil en Madrid.

El doliente relato autobiográfico de un emigrante fracasado reconoce abiertamente el peso que tiene la infancia. «La edad de la niñez es la mejor edad para forjar la mente de un hombre: si de chico se lo trata mal y se lo explota, cuando llega a hombre no tiene fe en nada ni confianza en nadie. Tal es mi caso. Los hechos que le suceden [a uno] de grande se olvidan, pero los de la niñez no se olvidan jamás» (Marsal 72:30). Es un conocido recurso de la memoria que los viejos empiezan a destapar los sucesos de la niñez que creían dormidos.

Está por dilucidar a qué edad se tienen los primeros recuerdos. Pero suelen ser indelebles. Sería el verdadero comienzo de la vida de uno, porque es la consciente. Naturalmente suelen ser sucesos mínimos, domésticos. Un gran médico decimonónico, Federico Rubio, registra su primer recuerdo como la emoción estética que le produjo el paisaje —el Puerto de Santa María— al asomarse a una ventana. Tendría poco más de dos años (Rubio 77:33). Puede que no sea un recuerdo auténtico, sino mezclado con la elaboración posterior. Pero sigue siendo interesante que se haya fijado ese primer recuerdo con una impresión visual. Por si sirviera de algo mi testimonio personal, yo también puedo asegurar que mi primer recuerdo es una emoción estética ante un paisaje. No contaba yo los tres años, pues vivía con mi madre en la dehesa arrendada de mi abuelo Amando, cerca de Zamora. Mi padre estaba en el frente, de ahí que pueda calcular yo mi edad. Es difícil precisar ese primer sentimiento, pues naturalmente no tenía palabras ni experiencia anterior. Pero era un sentimiento de melancolía al ponerse el sol sobre un paisaje sin árboles. Yo no lo podía comparar con ningún otro, como es obvio. Pero la melancolía estaba ahí, junto al ensimismamiento que me producía aquella rara hermosura del páramo. Acaso la tristeza provenía de la ausencia del padre, que yo no entendía, o de que, al caer la noche, se encendían las velas, faroles y candiles, y eso me daba miedo. Tan firme es ese primer recuerdo que, mucho después, ahora mismo, la puesta de sol reproduce esa mezcla de arrobo estético (bastante vulgar, lo siento) y de misteriosa melancolía. Ahora ya tengo palabras y es menor la angustia. Esto me lleva a especular que el origen del lenguaje en el hombre puede que estuviera en el impulso de vencer sus miedos. El primer hombre que rompió a hablar lo hizo en medio de una gran tormenta o acaso con el arco iris o tras la puesta de sol. De ahí que nos sigan impresionando esos espectáculos de la naturaleza, quizá como memoria superpuesta de cientos de generaciones.

Siempre me ha extrañado por qué nos daba miedo a los

niños la luz de las velas. Luego se ha visto que es motivo recurrente en las películas de terror. Josep Pla aduce su recuerdo del «miedo incontenible» que tenía a la luz de las velas cuando niño (Pla 94:27).

El sacerdote Manuel Mindán nos cuenta que a los cuatro años de edad se complacía en rememorar su breve pasado de entonces. Mediante esa operación logró fijar en el recuerdo sucesos de cuando tenía poco más de dos años. Las primeras sensaciones fueron las del paso del tiempo, todo un descubrimiento para quien luego se iba a dedicar a la filosofía (Mindán 95:22). El escritor Josep Maria de Sagarra data sus primeros recuerdos a los dos años. Se refieren más a animales y a objetos inanimados que a personas (Sagarra 81, I:170).

El psiquiatra Juan Antonio Vallejo-Nágera sostiene que se pueden tener recuerdos muy tempranos, con un año de edad. Él aporta algunas de esas primeras «ráfagas» de la memoria (Vallejo-Nágera 90:38).

Los testimonios biográficos que he consultado no contienen muchos ejemplos de recuerdos antes de los tres años de edad. Pero puede que sean insignificantes y no merezcan su transcripción. Posiblemente se mezclan los primeros recuerdos auténticos con lo que ha transmitido y «regrabado», por así decirlo, la memoria de los padres o de otros adultos. De mí sé decir que recuerdo perfectamente la primera vez que me llevaron a la capital (Zamora) para hacerme una fotografía. Se me grabaron todas las impresiones: los árboles (en mi pueblo no los había), el río (que tampoco existía en mi pueblo) y naturalmente los artilugios casi ortopédicos del fotógrafo. Me compraron un abriguito crecedero para la ocasión del retrato. La postura era inevitable: con las piernas cruzadas y saludando con el brazo levantado. La fecha de la foto no puede engañar: «31 de diciembre, 1939, año de la Victoria.» No había cumplido yo los tres años. Como puede verse, esos primeros recuerdos son sobre objetos más que sobre personas.

Miguel de Unamuno aporta uno de sus primeros recuerdos: «la revelación del misterioso lenguaje» que estaba hablando su padre. Era en francés. Le produce tal impresión que de ahí deduce, irónicamente, su ulterior «vocación de filólogo» (Unamuno 75:17). Si se me permite, añadiré otro testimonio personal en la misma línea. En este caso se trata de la infancia de mi hijo Iñaki. No tendría más de dos o tres años. Vino un profesor americano a verme y, naturalmente, nos pusimos a hablar en inglés. Hasta que me di cuenta de la cara atónita, primero, y luego compungida de mi hijo, que nos miraba fijamente. Seguramente le chocó que, de repente, pasara a no entender una sola palabra. Debió de ser una impresión angustiosa. Así que no pudo contenerse y rompió a llorar desconsolado. Hasta ese punto pueden llegar los miedos de la infancia, en este caso la relación con el lenguaje. ¿No se inventarían las lenguas para que sufrieran los bárbaros al no entenderlas? Siempre he sospechado, desde luego, que una de las funciones del lenguaje es disimular nuestros verdaderos sentimientos.

Pero estamos intelectualizando demasiado. Los primeros recuerdos no son palabras, sino algo más elemental: olores y sabores. Aquí son innúmeros los testimonios de lo que podríamos llamar la «niñez olfativa». Los olores no son tan abstractos como los colores. Así que se huele siempre a algo. Ese algo queda perenne, normalmente con un sentido muy agradable.

Un industrial bilbaíno escribe unos vívidos recuerdos de su ciudad de origen. Su infancia coincide con la de Unamuno. Es el Bilbao romántico de antes de la guerra carlista: «¿Y el olorcito clásico de entre calles? Aquella mezcla simpática de especias de ultramarinos, olor de tejidos nuevos, el de cacao de las confiterías y el que despedían las cestas llenas de verduras frescas de las aldeanas, ¿quién lo olvida?» (Orueta 52:34). Aún no olía la ría bilbaína a humo y escorias. Hay que entender el olor del cacao, porque entonces no se vendía chocolate industrial sino que se hacía artesanalmente en las confiterías. Se mezclaba el cacao con vainilla y azúcar sin refinar, que era también fragante.

El novelista Alberto Insúa asocia su infancia cubana a los olores de la isla antes de la independencia: «De un viaje en carreta de bueyes que hice con mi familia... recuerdo casi exclusivamente los olores del camino: el olor de las pieles vacunas que entoldaban las carretas, el olor del vaho desprendido por los bueyes, el olor cálido y acre de la manigua, el olor de las frutas... el olor de las mujeres de la casa, todas muy bañadas, empolvadas y perfumadas» (Insúa 52:17). Como puede verse, se trata de aromas rurales.

Véase, como contraste, este otro repertorio de olores que asocia Carlos Barral con su infancia barcelonesa. Esos años de la República son para él «el olor a cuero y a acero [colección de espadas] del salón de la casa, el almidón de los delantales de las doncellas, el olor caliente de la tapicería del automóvil o el de chamusquina del proyector doméstico de cine» (Barral 78:154). Es una estupenda descripción del ambiente burgués a través de las primeras impresiones olfativas. Ya son olores urbanos. Josep Pla identifica las primeras sensaciones de su pueblo, Palafrugell, con estos dos agrios olores, realmente insólitos: el del corcho quemado y el de la pana de los trajes (Pla 94:20).

La actriz Nuria Espert, aunque nacida y criada en un ambiente tan urbano como el de Barcelona, asocia sus primeros recuerdos al «olor penetrante» del estiércol y de las vacas de los establos que tenían las lecherías de la ciudad. Lejos de desagradarle, ese olor le resulta después «el perfume más exquisito y precioso» (Massanés 78:92). Éste es otro punto que dispara automáticamente los recuerdos de quien esto escribe. También asocio yo mi infancia con el olor a estiércol, a animales en el corral. Realmente, los primeros juegos que recuerdo son con mi prima Mary, subidos los dos en un muladar. Para nosotros era el equivalente imposible de la arena de la playa con la que han jugado siempre los niños. En nuestro caso, el estiércol era también aroma, que desde entonces se asocia para mí a algo agradabilísimo; nada menos que al cuerpo femenino. Tengo perfecta conciencia de ese asombroso descubrimiento, castísimo desde luego, el del otro cuerpo, maravillosamente distinto. Y además todo ello referido al aroma del muladar. ¿No es algo extraño? De hecho, cada vez que extiendo lo que los madrileños llaman «mantillo» sobre el jardín, me vuelve ese primer recuerdo, cálido, del cuerpo femenino. Siempre creí que era ésta una especie de perversión infantil que habría de permanecer siempre oculta. Me anima a desvelarla la lectura de los recuerdos de Nuria Espert. Y todavía más la referencia que me hace llegar mi amigo Álvaro Delgado-Gal sobre la identificación de lo podrido y fermentado con el cuerpo femenino que hace el antropólogo Claude Lévi-Strauss. Por si fuera poco, un poeta tan exquisito como Jaime Gil de Biedma anota que el olor a estiércol de ganado, en todos los países que ha visitado, le recuerda siempre a «nuestra patria» (Gil de Biedma 91:119). ¿No es la patria el símbolo de lo que uno más quiere?

Ya de viejo, Severo Ochoa recuerda con nostalgia su casa de niño en Luarca con el inolvidable aroma de los magnolios. Y precisa: «aún existen y aún dan flores, pero ya no huelen como antaño» (Gómez-Santos 93:64). Es claro que el umbral de sensación olfativa del viejo es mucho menos sensible que el del niño. Pero sobre todo es el recuerdo del mundo infantil el que lo tiñe con aromas penetrantes. Al que estas líneas suscribe el mismo fenómeno le ocurre con las jaras, otro olor asociado a la infancia. La voluptuosidad de los viejos no es tal. Simplemente desean recrear las sensaciones infantiles, pero, para conseguir la misma satisfacción, necesitan más dosis. De ahí, por ejemplo, que los viejos suelan ser golosos. También es extraño que al ínclito premio Nobel se le pasara por alto la observación fisiológica que acabo de hacer. A mí me la hizo ver otro gran científico asturiano, Francisco Grande Covián.

La niñez es algo más que olores, claro está. Junto a las impresiones de los sentidos aparecen pronto los sentimientos, los otros niños, las primeras lecturas, el colegio. Naturalmente, cuanto más confortable sea la niñez, más completas serán esas primeras experiencias.

La tradición escolástica se refiere a un misterioso momento de la infancia en la que aparece el «uso de razón». Es la circunstancia en la que el niño no sólo siente, sino que razona.

Pedro Laín Entralgo registra ese momento de paso, que él lo adscribe a sus nueve años, cuando ingresa en el bachillerato. De forma estricta, ese momento lo ve enfáticamente así: «comencé a ser persona» (Laín 89:25). Es la novedosa situación en la que los otros son conscientemente los demás niños, no sólo los parientes.

Las *Memorias* de Josep Maria de Sagarra empiezan con una prodigiosa crónica de lo que significa el paulatino descubrimiento del mundo por parte del niño según va cumpliendo los años. Así aparece la religión, el trato social, la pobreza, el veraneo, el plano de la ciudad, que se va ampliando (Sagarra 81, I:258). Se confirma la teoría del uso de razón, si entendemos esa cualidad que se despereza como un abanico. A su vez, se acomoda al medio social donde se desenvuelve.

El libro de recuerdos infantiles de la condesa de Campo Alange revela la exquisita educación de una niña de la clase aristocrática sevillana de principios de siglo. Es una infancia sin escuela; la niña se educa en casa con añas y preceptoras. Es una socialización infantil exclusivamente familiar e incluso heril. No aparecen otros niños que no sean los hermanos. Incluso la relación con los padres era lejana. Los niños de esa clase prácticamente sólo se relacionaban con los criados. Tenían los medios suficientes como para fabricarse un mundo interior muy rico. A ello contribuían las lecturas. Hace un siglo, la mayor parte de los españoles eran analfabetos, pero los que tenían libros leían mucho más que ahora. Un paréntesis; el recurso al título nobiliario por parte de la condesa de Campo Alange es realmente un gesto de humildad. Su nombre civil era nada menos que María de los Reyes Lafitte Pérez del Pulgar. Un alejandrino.

El método escolar de antaño, o quizá la dedicación de algunas familias, explica que los niños aprendieran a leer antes que en los tiempos actuales. Mi memoria más lejana me dice que yo podía leer y escribir a los tres años, o acaso sea lo que me han contado mis padres y tíos. Por lo menos es cierto que a los tres años ya iba a la escuela. Algo se me quedaría. Desde luego, no llego al caso prodigioso del filósofo Julián Marías, quien asegura que aprendió a leer en sus primeros años, antes de ir a la escuela. Pero aprendió a leer por sí mismo, sin que nadie se lo enseñara (Marías 88:37).

Las primeras lecturas del médico Ortiz Picón, a principios de siglo, se vieron fomentadas por su abuelo, el novelista Jacinto Octavio Picón («el abuelo Picón»). Fueron las novelas de Julio Verne y Salgari. A los doce años leyó el *Robinson Crusoe* (Ortiz Picón 93:24). No hay nada especial en la selección. Los niños que leían empezaron siempre por las mismas lecturas, al menos durante el último siglo. De mí puedo decir que el *Robinson* fue el primer libro que leí. Lo estuve leyendo, una y otra vez, durante varios años, hasta la adolescencia. El novelista Eugenio Noel señala que ese libro fue el que más impresionó su espíritu cuando niño, a finales del siglo pasado (Noel 62, I:102).

La biografía de S. Ramón y Cajal es un caso extremo de la influencia del placer prohibido de la lectura durante los primeros años escolares. Leía vorazmente las novelas románticas y populares de su tiempo. Lo tenía que hacer a escondidas, mientras simulaba que estaba estudiando. Una de las lecturas que más le influyeron fue la del *Robinson Crusoe*; le fascina especialmente la idea de la isla desierta, que Robinson transforma de peligro en paraíso (Ramón y Cajal 46:128). La verdad es que la metáfora de la isla es el símbolo de la vida del hombre activo, innovador.

Como es natural, los niños empiezan a leer porque tienen libros en casa, porque algún adulto les inculca a ello. Hay aquí una selección social que no se aprecia mucho porque el material biográfico suele provenir de las clases medias y acomodadas. La madre suele ser un factor muy influyente en las primeras lecturas. El escritor y crítico Francisco Navarro Ledesma acusa, por ejemplo, este estímulo de una madre muy aficionada a la lectura. Era a finales del siglo XIX, cuando todavía era ínfimo el desarrollo educativo de las mujeres españolas (Zulueta 68:18).

Junto a los libros, los juegos. Son antes los juegos que los juguetes. Para jugar sólo se necesita un poco de imaginación, que los niños producen a raudales. No siempre los juegos son seráficos. Pueden ser violentos o acarrear tensiones. Los niños empiezan a envidiar a los otros que tienen juguetes. Realmente, en otros tiempos no tan lejanos, los niños jugaban tan divinamente sin juguetes. Otra vez mis recuerdos son los de haber jugado con palos, piedras y huesos (tabas), es decir, con los mismos elementos que harían soñar a los niños prehistóricos. Por encima de todo, jugábamos a situaciones. «Yo era...», dice el niño que juega. Jugábamos, por ejemplo, a «misas». Era muy divertido remedar al cura, sin asomo de irreverencia. Veo que Josep Pla también jugaba a lo mismo cuando niño (Pla 94:52). Éste era también el juego preferido del niño Vicente Enrique y Tarancón, que llegaría a cardenal (Enrique y Tarancón 84:16). En cuyo caso parece del todo consecuente, como es el personaje. Una vez más, lo que llamamos sociedad se puede reducir al repertorio de ciertos recuerdos biográficos comunes o intercambiables. A veces, incluso, eso es así con notables distancias temporales.

La institución de los Reyes Magos, cargados de juguetes, es bastante tardía, por lo menos de este siglo. Y aun así se restringe mucho a los ambientes urbanos y a las clases pudientes. A lo más que se podía aspirar —y eso en el mejor de los casos— era a un regalo por niño. Veamos el siguiente testimonio de un pueblo cercano a Barcelona a principios de siglo. Los chicos celebraban la fiesta de los Reyes Magos, pero «los regalos que los pequeños recibían no eran juguetes, sino objetos de utilidad práctica». Como «la mayoría de los niños carecían de zapatos» ponían en el balcón o en la chimenea «un plato» para los regalos (Estrada 50:53).

El escritor Corpus Barga describe con detalle su vida de niño en un inmenso caserón del centro madrileño a finales del siglo pasado. Los niños seleccionaban en la gran casa «un escondite para estar solos». Todo eran prohibiciones. «El niño más mimado se tiene que dar cuenta de que su vida no es la verdadera, de que se le engaña; a esto se debe quizá que los niños sean naturalmente tristes y tengan que estar siempre jugando» (Barga 63:125). Es una explicación paradójica de algo que surge una y otra vez: el miedo infantil.

El miedo es también inseguridad y presión social. Los niños empiezan a saber lo cruel que es la sociedad. La crueldad no es ni siquiera la de los adultos autoritarios, sino la de los otros niños. Veamos el testimonio de un industrial bilbaíno, ya citado: «La primera preocupación de aquella edad era la de ser muy corriente y tener amigos. Una prenda atrevida de indumentaria... podía hacer ridículo y desgraciado a un muchacho. ¡Qué de burlas por una gorrita rara o atrevida o un abrigo de forma no corriente! Lo convertía en *marica* o en *tirillas*, y ya *se había caído* con el vacío que se hacía en derredor» (Orueta 52:55).

No es sólo presión moral. La vida infantil de hace un siglo era bronca y airada, y eso que no había televisión. Éste es el rico testimonio de Pío Baroja. Estamos en Pamplona hacia 1882: «Entre nosotros, los chicos, se desarrollaban una brutalidad y una violencia bárbaras... La mayoría de mis compañeros eran hijos o descendientes de voluntarios de la guerra civil [carlista], que tenían como norma de la vida la barbarie y la crueldad. Constantemente estaban pegándose y, sobre todo, pensando barbaridades y crueldades. A mí, como digo, me pusieron en la alternativa, al entrar en el colegio, de pegar o de ser pegado, y pegué todo lo que pude... En aquella pequeña lucha por el prestigio había que ser bruto, jactancioso, sin compasión ni piedad» (Baroja 70, I:250). Así se entiende que el gran novelista haya sido él mismo un personaje barojiano.

Ángel Ganivet relata las cruentas peleas infantiles entre pandas de chiquillos en la Granada de comienzos de la Restauración. En una de esas batallas campales recibe una fuerte pedrada en la cabeza que le produce «la pérdida de la memoria de todos los hechos de mi corta vida pasada y, como feliz compensación, un despabilamiento notable de todos mis sentidos» (Gallego Morell 65:29). ¿La pertinaz idea del suicidio que le lleva a una muerte prematura no sería, años después, una consecuencia de aquella pedrada? Ronda una y otra vez la idea de que la vida futura está contenida en la infancia.

Sería fácil demostrar que la infancia es la semilla que prefigura lo que luego va a ser el completo árbol biográfico, con sus diferentes ramas respecto a los logros, fidelidades, vocaciones. Es el caso, por ejemplo, del cineasta Luis Buñuel. Su gran afición de niño era un teatrillo que hacía para sus amigos. Incorporaba, incluso, una especie de linterna mágica de su invención, que perfeccionaba las tradicionales sombras chinescas. A lo que se añadía el gusto por las bromas y situaciones cómicas que luego se llamarán surrealistas (Mindán 95:33).

La modesta teoría anterior se comprueba a través de los recuerdos infantiles de Ramón y Cajal. Está ya ahí prefigurado su espíritu rebelde y curioso. El autor recuerda que, de niño, lo que más le gustaba era «el curioseo y la contemplación de los fenómenos naturales», mientras que reflejaba una «cierta antipatía incomprensible por el trato social... Aún hoy... perdura en mí algo de esa arisca insociabilidad» (Ramón y Cajal 46:21). El carácter insociable o introvertido es muy común en las biografías de los científicos, los creadores. «El fuero de la infancia es la fantasía», dice un prolífico novelista (Insúa 52:75). Precisamente es ese dominio de la fantasía lo que provoca los sueños, pero también los terrores infantiles. Todo ello mucho antes de la televisión.

El poeta y señor de los negocios, José Antonio Muñoz Rojas, de «los Muñoces» de Antequera, narra uno de esos terrores infantiles. Estamos a principios de siglo. Se trata de la experiencia de una alucinación («figuraciones») infantil: ve la figura del abuelo «muerto hacía años» sentado en una silla en el oratorio de la casona familiar (Muñoz Rojas 94:27). Luego estas cosas no se olvidan.

Las frustraciones infantiles suelen fijarse mucho en la conciencia, hasta el punto de que explican luego ciertas actitudes de rebeldía. El personaje anónimo del trabajo antropológico de Juan Maestre Alfonso nos provee de algunas ilustraciones pertinentes. De chico vivía con sus padres, aragoneses, en un pueblo catalán. Su padre era un maquinista de la RENFE. Siempre tuvo una gran ilusión por estudiar, pero, por una u otra razón, esa esperanza se frustró. En este caso el recuerdo infantil es particularmente hiriente. En el colegio hacen un certamen de redacción y él entrega el mejor texto. Pero no se lo reconocen y no le dan el premio «puesto que era castellano», lo que significaba que no había ningún mérito en escribir bien. Así que se lo dan a un alumno catalanoparlante que había hecho una redacción peor (Maestre Alfonso 76:61). Se junta aquí la doble injusticia, explícita por el desprecio étnico e implícita por la discriminación de clase. El sentimiento de lo injusto es uno de los primeros que se adquieren. El niño dice muchas veces «no hay derecho».

Las tensiones y terrores de la infancia cumplen la función latente de ir introduciendo al niño en la sociedad real donde vive. Después de todo, la obligación del niño es dejar de serlo. Si sólo encontrara mimos y atenciones, retrasaría su entrada en la sociedad adulta. Primero tiene que ser adolescente y joven. Es el incesante «carrusel de las edades», según la expresión del psicólogo Erik Erikson. El método del análisis biográfico permite entender muy bien este proceso. La idea central es que las distintas edades van marcando parecidas experiencias en individuos muy alejados en el tiempo, en el territorio y en el lugar social.

El paso de las edades se registra según muy sutiles procesos, que no son exactamente el paso de los años. Anota un ilustre médico, Federico Rubio, sus finísimas impresiones de la niñez y cómo va entrando en la adolescencia. Advierte que uno de los rasgos de la primera infancia es, paradójicamente, la falta del «sentido de lo futuro», lo que negativamente sería la imprevisión. Si se atrofia ese sentido, la persona continúa alojada patológicamente en la infancia. Es más, sugiere que «el talento, en la infancia, sólo consiste en ponerse sobre el tiempo: es una facultad de previsión desarrollada» (Rubio 77:41). La falta del sentido de lo futuro se expresa con la peculiar forma de conjugar los verbos cuando los niños juegan a representar papeles de adultos. No dicen «yo *seré* (o *sería*) el médico», sino «yo *era* el médico». Extrañamente el inexistente futuro para ellos es el pasado, que tampoco tienen. Lo que imagina el niño que va a ser define ya su clase social.

La verdad es que los animales domésticos, que llegan a parecer tan «humanos» por mimetismo, no desarrollan ese sentido del tiempo futuro, ni por eso mismo tienen conciencia de pasado. Realmente no tienen conciencia como los humanos; para ellos sólo existe el presente. Los niños están más cerca de esa situación de no tener ni futuro ni pasado, sólo presente. El hecho de despegarse de la infancia, de crecer consiste en estar imaginando siempre lo que va a suceder. Aquí se mezcla siempre el futuro previsto con el deseado o el temido. Sin ese ejercicio continuo no habría propiamente vida humana, esto es, inteligencia.

16. Intelectuales

El género es el de los escritores, los hombres de letras. Se reconoce una familia de ellos, los intelectuales propiamente dichos. Son parte sustancial del meollo de la España contemporánea.

No es casualidad que la palabra *intelectual* empezara a circular en Francia hacia 1898. La importación de París llega a España por esa misma fecha, aunque ya hay algún texto de Rubén Darío en 1897 donde se emplea el nuevo sustantivo. Unamuno lo escribe en 1896. Es igual, estaba en el ambiente, tanto en París (el asunto Dreyfus) como en Madrid (el desastre colonial). Es más discutible la existencia de una «generación del 98», con conciencia inmediata de tal, constituida por media docena de escritores. Josep Pla realiza una sagaz interpretación, como compete a sus ojillos observadores. No fue un grupito, una tertulia, sino un difuso «movimiento del 98 en la medida en que descubrió el pueblo por primera vez en la historia del país» (Pla 86:75). Pues bien, cuando los escritores descubren el pueblo (y los pueblos, en el sentido de lugares) dejan de ser literatos sin más para convertirse en intelectuales. Es una verdadera revolución de las ideas. La vida española del siglo XX se apoya sobre esa transformación. Pla es un verdadero «hijo» de ese movimiento del 98. El ampurdanés nació precisamente en 1897.

Max Aub da una estupenda definición: «Un intelectual es una persona para quien los problemas políticos son problemas morales» (Aub 71:337). Él mismo ejemplifica el posible conflicto entre ambos planos. En 1939 se exilia, pero podría no haberlo hecho como tantos otros. Cuando regresa a España treinta años más tarde se da cuenta de que «el país estaba lleno de antifranquistas como él, pero que no tuvieron que tomarse la molestia de exiliarse. Era como si le hubieran estafado» (Pániker 88:279). La estafa moral fue tan intensa que seguramente aceleró su muerte. Por aquel entonces, los intelectuales más característicos (como Marías, Aranguren o Tierno) gozaban de un inmenso reconocimiento social. El franquismo no pudo con ellos, y bien que lo intentó.

Aranguren define al intelectual (que él mismo se considera) «como quien asume a modo de oficio, para toda la vida, y no, según es común, durante los años de estudiante, el aprender. Aprender de los libros, ciertamente, pero sobre todo de la vida, de la realidad, de los otros, de todos» (Aranguren 69:15). Es una buena definición, pero más bien de la parte académica de la intelectualidad. Está también la clase de tropa de esa hueste, la de los imitadores que bullen en los saraos literarios o políticos. Ni siquiera necesitan escribir para pasar por intelectuales. Basta con mostrarse ante el público en las celebraciones pertinentes. La cultura en España es, ante todo, un espectáculo. Realmente, en la vida intelectual cuenta más el ingenio que el intelecto.

Hay una gran tradición de la consideración satírica de los intelectuales como «eruditos a la violeta». En nuestros días, esos petimetres de las ideas serían los que firman documentos colectivos, es decir, redactados por otros, sin que ellos mismos pudieran componer un folio con sentido. Cuando hablan, repiten mucho lo de *referente, cambio cualitativo, utopía, desafío* o *sinergia.* No es que sean palabras importadas. Algunas son bien castizas. Lo de «sinergia» le gustaba mucho a Unamuno. Simplemente, hay palabras que se ponen de moda. Así, los que tiran de ellas no tienen que pensar. Más que escritores son conversadores. Con ello siguen un rasgo muy típico de la vida cultural española. El mismo Unamuno hubiera dado la mitad de su obra por una tarde de verdadera conversación. Y quién no.

Incluso las figuras más prestigiosas del mundo intelectual participan de la tradición de la cultura oral. Julio Caro Baroja describe muy bien ese ambiente intelectual de la anteguerra, donde descollaban los supervivientes del 98 y sus herederos. Por ejemplo, Unamuno tenía «fama de gran conversador. Es ésta una fama que a mí tampoco me ha atraído». En la tertulia de Valle-Inclán «un golpe de ingenio barroco o una expresión de facundia valían más allí que las razones claras y vulgares» (Caro Baroja 72:246). Unamuno llegaba al Ateneo madrileño desde Salamanca. «Venía con sus últimos pensamientos, o sus últimas frases, acuñadas en Salamanca, y tenía ganas de darles curso. Tanto le preocupaban, sin duda, sus creaciones de tipo verbal que en la tertulia, a medida que iban llegando nuevas personas, él repetía y repetía la paradoja, el retruécano, el pensamiento en fin, dándole algún giro más» (p. 247). Con ello descubrimos un rasgo del intelectual que no estaba previsto: la vanidad. A partir de lo cual entenderemos lo que ya se observaba con los escritores en general, que los intelectuales se llevan mal entre ellos. Para empezar se escuchan mal.

La crítica de Caro Baroja sobre la vida intelectual de la anteguerra resulta demoledora: «El ingenio se derrochaba en ensayos y artículos de periódico... un ingenio increíblemente superficial... soñar antes que pensar, pensar antes que observar. Tal parece haber sido el lema seguido por muchos ensayistas» (Caro Baroja 72:227). Nótese que ese juicio tan inmisericorde se refiere a la «edad de plata» del ensayismo.

En la época republicana, el escultor Victorio Macho coincide con Negrín en un homenaje a Unamuno. Comparte la presidencia con Negrín y su presencia le resulta detestable. Lo describe así: «aquel panzudo y ambicioso canario africano, que se creía un Pasteur y en realidad no era más que un incontenible tragador, un sensual grosero y un neroncillo trasnochado» (Macho 72:315). Conviene insistir en que Macho se movía en el bando republicano.

Victorio Macho modela el busto de Ramón y Cajal. «En esa gran cabeza que él me inspiró, al modelarla, le dejé el cabello largo como a un griego de la época de Pericles, lo que después imitó dejándose crecer el pelo al darse cuenta de la gran nobleza que yo había conseguido» (Macho 72:322). Una vez más, el modelo termina por parecerse al retrato que le hace el artista.

El prestigio intelectual se basa en el ingenio y se cultiva por el resentimiento. Los grandes intelectuales españoles de este siglo han brillado por esas dos cualidades, si se pueden llamar así. La combinación de las cuales se traduce en el estilo epigramático con ánimo de zaherir al congénere. Hay abundantes ejemplos. Ignacio Agustí nos presenta la figura de Eugenio d'Ors, maestro que fuera de los intelectuales de la Falange, hasta llegar a la influencia sobre Aranguren. Con estas pinceladas se retrata muy bien la combinación antedicha de ingenio y resentimiento: «Eugenio d'Ors no acostumbraba a tener una conversación continuada. En general no dialogaba. Se limitaba a escuchar a su interlocutor y, de vez en cuando, se *bañaba* con un apotegma» (Agustí 74:32). El autor da un ejemplo del género epigramático, tan característico de la cultura tertuliana: cuando se hablaba de José María Sert, el famoso muralista catalán, D'Ors sentenciaba: «Esta mezcla de mierda y purpurina» (p. 46). No hay que olvidar el lado republicano por el que se decantó Sert.

De todas las figuras intelectuales, la más indiscutida y cautivadora es sin duda la de Ortega y Gasset. Su figura ha sido la de un verdadero santón de las sucesivas cohortes universitarias durante al menos medio siglo. Lo cual no impide que también Ortega haya recibido numerosas pullas.

Ortega fue un maestro porque influyó en la vida de los más dispares discípulos, no estrictamente los de su cátedra. Así, el excéntrico protofascista a la española, Giménez Caballero, se refiere a Ortega como «el que norteó mi nacionalismo inicial hasta convertirlo en fascismo» (Giménez Caballero 79:36). Pero, en la hora de su muerte, en 1955, su figura de «filósofo liberal» se presenta como uno de los adelantados del antifranquismo.

Aranguren se refiere tácitamente a Ortega y Gasset para advertir que «un autor influye en múltiples sesiones por la lucha que es menester sostener para liberarse de él» (Aranguren 69:85). Claro que la frase podría ser perfectamente orteguiana.

Hay un cáustico epigrama de Antonio Machado donde se burla de la repetida imagen de José Ortega y Gasset, posando para el fotógrafo con la mano en la mejilla.

¡Tartarín de Koenigsberg!
Con el puño en la mejilla,
todo lo llegó a saber.

Tartarín es el de Tarascón, y Koenigsberg, la ciudad de Kant (más tarde Kaliningrado). No se puede decir más con menos palabras. Son muchos los profesores que se extasían con su paso por las universidades foráneas, donde emprenden tartarinescas aventuras científicas. Por un extraño mimetismo, luego resulta que se aficionan a posar con la mano en la mejilla, contemplándose en el objetivo del fotógrafo. Es el lado vanidoso del intelectual.

Manuel Azaña tuvo siempre una relación resentida respecto a José Ortega y Gasset, a pesar de que colaboraron juntos en algunas empresas, como la revista *España*. Azaña no le perdona a Ortega que éste no lo considerara nunca como escritor. Ortega era tres años más joven que Azaña, pero empieza a escribir antes y desde luego publica más y con más éxito. Esto no se perdona fácilmente. En 1912 escribe Azaña en su diario, sin citar ningún nombre: «Hace algunos años que, entre cierta casta de jóvenes, está de moda decir que *quieren pasar la vida como espectadores*. A su parecer, nada hay más elegante. El lugar común, bastante necio de por sí, les viene como anillo al dedo... ¡Espectadores! En un teatro bien organizado casi ninguno serviría para acomodador» (Azaña 90, III:796). El sarcasmo va, naturalmente, para Ortega. Poco tiempo después Ortega empieza a publicar la serie de artículos conocidos como *El espectador*. Era un papel que le iba muy bien, demasiado descomprometido para el gusto de Azaña, más político. El método de los artículos de Ortega es el del *«trial and error*: ensayo y error» (*O. c.*, 2:21; escrito en 1916). Lástima que esta vez no acertara el maestro con la traducción castiza: el método de tanteo. A un político le resulta exasperante, a un científico le parece lo suyo.

El resentimiento de Azaña se deriva de la inevitable comparación. La acidia de don Manuel le impidió dominar el alemán y acceder al mundo académico. En cambio a Ortega, «como prometió aprender en seguida el alemán, le hicieron catedrático» (p. 866; escrito en 1920). El hijo de Ortega, Miguel, recuerda que «Azaña tenía bastante manía a mi padre», si bien este último no le devuelve el desaire (Ortega 83:110). La verdad es que eran espíritus antitéticos.

El escritor, el intelectual o el artista se desviven por lograr el reconocimiento de los demás. Claro que la vanidad está mal vista, así que ese esfuerzo de reclamar la atención de los otros ha de disimularse al máximo, a veces hasta extremos patéticos o risibles. Tomemos el incidente de la publicación, por parte de Julián Marías, de una de sus obras, el ensayo *Ortega. Circunstancia y vocación.* Nos avisa su autor: «Soy bastante resistente, quizá por ser muy poco vanidoso, por no interesarme... la popularidad.» Pero esa resistencia se quiebra ante la escasa reacción que produjo su libro. «Resultaría asombrosa una pequeña lista de personas que *no dijeron nada* de este libro, simplemente como si no existiera» (Marías 89:157). La verdad es que ese libro no tiene nada de original o de creador al lado de otros de Marías, y no digamos de los de José Ortega y Gasset.

Casi por definición, el intelectual o el artista, y sobre todo si escribe sus memorias, se contempla a sí mismo con deleite. Es una figura narcisista con el ego inflado y en el fondo inseguro. Quizá sea una condición que acompañe al espíritu creador. Puestos a buscar ilustraciones de este principio, pocos casos habrá tan puros como el de Julián Marías. Hay un momento en su vida, después de la guerra civil, cuando ve que tantos amigos y maestros eligen el extrañamiento del país o se ven forzados a exiliarse. Nuestro animoso filósofo decidió quedarse, a pesar de sus escasas simpatías por el régimen imperante, si bien tampoco se puede decir que su actitud fuera combativa. La ambivalencia la resuelve sumergiéndose en el mundo de los libros. Su reflexión anuncia un ego realmente faraónico: «Tenía que esforzarme día tras día para salvar la continuidad española, por salvar los más restos del naufragio» (Marías 89:63). El propósito era tan ciclópeo que sólo así se entiende la mil veces reiterada tesis de que durante los años del primer franquismo sí hubo creación cultural en España. Gracias a él, hay que entenderlo. Hay que reconocer que Marías representa un caso ejemplar de independencia intelectual frente a las censuras del poder autoritario.

La verdad es que uno duda de que la historia que luego leemos refleje la realidad de lo que realmente ocurrió. Todo depende del lugar que ocupe cada testigo en el despliegue de cada acontecimiento. Sigamos con Marías, la persona que tanto presume de ser escrupulosamente sincera y fidedigna. Va narrando los incidentes de la vida cultural que rodean su peregrinar. Al llegar a 1956 relata el suceso de la muerte de Pío Baroja. Y añade el siguiente estupefaciente comentario: «No se enteró casi nadie; yo lo supe y fui a su entierro en el cementerio civil, al que asistieron muy pocas personas» (Marías 89:140). Mi humilde recuerdo de estudiante, entonces, es muy otro. Su muerte y su entierro fueron sucesos que conmovieron a muchísimos españoles, desde luego a la comunidad universitaria. Las hemerotecas pueden dar fe de ello, a pesar de que eran tiempos de censura. Quizá el mundo oficial no tendría que haber reconocido la figura, tan sospechosa, de Pío Baroja a la hora de su muerte. Pero la reconoció. Allí estaba el ministro de Educación presidiendo el entierro del gran escritor. Desde luego, aquel día se suspendieron las clases en la universidad. En España, la muerte de los grandes escritores e intelectuales suele ser espectacular. El entierro de un Tierno Galván pudo parecer, años más tarde, el de un emperador.

No debe entenderse que los intelectuales de los últimos decenios han constituido un cuerpo permanente, opuesto sistemáticamente al franquismo. La realidad paradójica es más bien que el franquismo crea para su defensa determinados órganos intelectuales, de los cuales surgen los que luego van a ser opositores al régimen. Tómese el ejemplo de la revista *La Hora*, del SEU (años 1948-1956). Participan en ella diversos jóvenes escritores que luego serán unos franquistas convencidos, otros falangistas disidentes; algunos se harían socialistas o terminan como «compañeros de viaje» del comunismo. En *La Hora* confluyen inicialmente intelectuales tan dispares como Alfonso Sastre, Miguel Sánchez Mazas, Carlos París o Marcelo Arroita Jáuregui (testimonio de José Bugeda en Marsal 79:56). Una de las actividades «subversivas» de los chicos de *La Hora* era la de publicar las conferencias que por entonces dictaba José Ortega y Gasset. Oficialmente eran casi clandestinas (p. 59). La revista *La Hora* es suprimida en 1956 por un artículo del falangista José Bugeda en defensa del anarquista Ferrer Guardia (p. 68). José Bugeda fue profesor mío de técnicas de investigación sociológica en el Instituto de Estudios Políticos. Todo esto es paradójico. Pero, si no se parte de esa realidad paradójica, no se entiende bien la ambivalente posición de los intelectuales bajo el franquismo.

El equivalente de *La Hora* en Barcelona fue la revista *Laye*, también orientada por el sindicato falangista oficial (SEU). Esa dependencia le concedía el privilegio de no pasar por censura. Era una ironía más del régimen autoritario. Colaboró en ella (años 1951-1953) una pléyade de jóvenes universitarios que años después iban a ser activos intelectuales antifranquistas: Josep Maria Castellet, Manuel Sacristán, Alberto Oliart, Carlos Barral, los hermanos Ferrater (Gabriel y Juan), los hermanos Goytisolo (Juan, Luis y José Agustín), Esteban Pinilla de las Heras, Jaime Gil de Biedma, Juan Francisco Marsal, Francisco Farreras. Como señala Castellet, «alrededor de 1956 todos sin excepción éramos ya intelectuales democráticos en oposición al régimen» (Marsal 79:92). Algunos de los citados fueron originariamente falangistas, pero nunca se sintieron franquistas, como explica uno de ellos (Farreras) (p. 96).

17. Jóvenes

El género biográfico no es muy propicio a dar cuenta del período juvenil. Los textos se escriben normalmente desde el final de una vida que ya se sabe exitosa o por lo menos cumplida. La etapa juvenil se considera así de modo transitorio como la antesala de la vida adulta, que es la real. Pero los años formativos marcan de modo indeleble las biografías. Son los años de recepción y a veces de rebelión.

El hecho de que la esperanza de vida se haya alargado tanto durante el siglo XX presenta diversas concomitancias. Se alarga la duración de la vida, pero se estiran, por decirlo así, los períodos etáneos. La adolescencia, la juventud, la madurez, todos esos lapsos duran más. Esto se entiende mejor si contemplamos el pasado cercano y vemos la significación de las edades en los personajes de distintas épocas. A principios de siglo, la adolescencia estaba tan comprimida —de acuerdo con la experiencia actual— que nos sorprenden los comportamientos de adultos que tenían algunos mozalbetes. De tal manera que a veces parecen algo así como «niños prodigio». Puede que lo fueran, efectivamente, siempre a salvo del método que hemos elegido para este recuento. Tómese el caso de Pedro Sainz Rodríguez, un hombre que se iba a dedicar toda su vida a conspirar y a entender a los clásicos de la literatura mística. Pues bien, a los trece años ya frecuentaba la Biblioteca Nacional y la Academia de la Historia, donde acumulaba muchas fichas sobre su afición literaria. Precisamente, como niño investigador, conoció a Eduardo de Hinojosa, que iba a ser su maestro en las pesquisas literarias (Sainz Rodríguez 88:78).

En diversas biografías de la época anterior a la guerra civil se narra con naturalidad que los personajes acababan la carrera universitaria antes de los veinte años. Por ejemplo, Antonio Maura o José Canalejas. Hoy ni siquiera es legal esa posibilidad. Como no lo es que se pueda empezar a trabajar antes de los dieciséis años, un límite que, hace un siglo, significaba la plena actividad laboral para muchas personas.

Una cosa es la mayoría de edad *legal* y otra la *real*. Durante el último siglo se observa una tendencia descendente respecto a la mayoría de edad legal. Hasta los años cuarenta el límite era el de veintitrés años para los varones. Para las mujeres realmente no había mayoría de edad; normalmente dependían del padre o del esposo. Durante todo lo que queda del período franquista la mayoría de edad se sitúa en los veintiún años, que desciende a los dieciocho a partir de 1978. Lo curioso es que ese movimiento descendente se ha visto acompañado de la tendencia opuesta respecto a la mayoría de edad real. A principios de siglo, los mozos no accedían legalmente a la adultez hasta pasados los veintitrés años, pero durante esas fechas, como queda dicho, era corriente que los universitarios concluyeran sus carreras a los dieciocho o diecinueve años, e incluso antes. El matrimonio de los varones —y no digamos de las mujeres— se celebraba muchas veces antes de los veintitrés años. Es decir, la sociedad concedía el símbolo de adultos a individuos que legalmente eran menores de edad. Hoy ocurre lo contrario. A los dieciocho años se es mayor de edad, pero a esa edad hay muchos jóvenes que están empezando una larga carrera universitaria. Es más, a esa edad son poquísimos los que piensan en casarse o los que gozan de un empleo fijo. No es raro que los «jóvenes» treintañeros se resistan al matrimonio o a dejar el hogar paterno. Llevan dos lustros con mayoría de edad legal, pero su situación familiar y personal los acerca a la adolescencia.

El recuerdo de un emigrante montañés especifica el momento en el que el niño «entra por mozo» al llegar a los catorce años. Realmente era pasar de niño a adulto. El rito de paso consistía en hacerle un traje de pantalón largo al muchacho, normalmente un arreglo de algún traje del padre o de un hermano mayor. El momento es a principios del siglo actual y el lugar una aldea de la montaña. Pero la institución se puede ampliar bastante en el tiempo y en el espacio (Vejo 76:25). Si se me permite el testimonio cercano, mi padre recuerda el momento exacto en que su vida pasó de niño a mozo. Era el día en que cumplió catorce años. Esa misma mañana dejaba la escuela de un pueblo zamorano y estrenaba obligación: agarrar la mancera del arado y trazar, derecho, la besana o primer surco. Era un símbolo de la vida adulta, que de momento escamoteaba la adolescencia.

El pesimismo de Pío Baroja echa un jarro de agua fría sobre el mito de la alegre y dorada adolescencia: «La pubertad no es edad alegre; es edad de turbulencia y de melancolía. Se siente la sensualidad en el ambiente, atrae el vicio, o lo que se llama vicio» (Baroja 70, I:271).

El recuerdo que tiene Carlos Barral de su vida de adolescente, durante la larga posguerra, resulta particularmente resentido. «Santurrones, onanistas de letrina, con un tiempo estrictamente repartido entre las cavernosas familias y una vida de campo de concentración, informados al pie de la letra de unos textos escolares preparados por especialistas de la represión intelectual, éramos el producto de aquellos años de vergonzosa penitencia» (Barral 75:164). Las últimas palabras dan pie al título del libro. Eran *años de penitencia* por las culpas de los padres, de los mayores. He aquí otra de las raíces profundas del singular pesimismo español de los últimos tiempos. Y eso que los testimonios suelen ser de personas creadoras, exitosas. Claro que su dedicación intelectual los lleva a sentir por los demás. Piénsese que la «atonía de la vida colectiva» a la que se refiere Barral (p. 165) se apoya sobre la experiencia de buenos colegios, de la minoría de familias que no conocieron directamente la penuria de aquellos años.

Francisco Jurdao revela con toda crudeza la ausencia de la edad adolescente en su biografía. El día que cumplía los catorce años estaba todavía jugando con los compañeros de la escuela. A la mañana siguiente entraba ya a trabajar en la fábrica de plomo. «Yo era un jovencito que de la noche a la mañana pasaba de niño a adulto, entre obreros rudos, mal hablados y desenfadados» (Jurdao 96:78). A los pocos días de entrar en la fábrica, nuestro hombre tiene que pasar por el rito del prostíbulo. Lo lleva su jefe. Como es natural, la experiencia resulta bastante ridícula (p. 84).

La guerra civil supone un estímulo extraordinario para que los jóvenes se hagan plenamente adultos. Son muchos los que, sin haber cumplido los veintiún años, se disponen a combatir, esto es, a matar. El periodista Manuel Tarín-Iglesias narra las vicisitudes de la llamada Quinta Columna en Barcelona. El grupo al que él pertenece está formado por chicos de la clase modesta, todos ellos menores de diecisiete años (Tarín-Iglesias 85:60).

En la sociedad tradicional sí estaba más definida la juventud propiamente dicha y el paso siguiente hacia la adultez. El matrimonio o el servicio militar eran los ritos de paso que servían para la ocasión. Pedro Laín Entralgo acusa muy bien ese momento de paso que significa el tránsito a la edad adulta. Él lo identifica con el momento en que su «pequeña persona [es un decir] empezaría a vivir por sí misma». La edad corresponde a sus veintidós años, cuando concluye la carrera y el servicio militar (Laín 89:25).

Cuando Max Aub regresa a España en 1969, después de treinta años desde su exilio, una de las primeras observaciones es que los jóvenes eran más altos. «La raza ha ganado en altura: la mayoría de los jóvenes son jayanes» (Aub 71:29). Es una observación simple que no suelen hacer las personas que siguen viviendo en el país. Resulta imperceptible el aumento sostenido de la estatura. Sin embargo es una tendencia firme que explica otros muchos fenómenos del intenso cambio social al que se somete la sociedad española de la segunda mitad del siglo XX. Es un rasgo físico que contribuye a realzar el peso social creciente que van teniendo los jóvenes en la sociedad urbana o desarrollada. No sólo los jóvenes constituyen ahora una «cultura» propia, sino que ésta se rebela contra los mayores. Lo que llamamos «transición» del franquismo a la democracia en gran medida fue una cuestión generacional. Simplemente, los jóvenes de los años sesenta y siguientes no podían continuar el régimen autoritario, aunque no fueran radicales. No eran revolucionarios, pero sí rebeldes.

Enrique Tierno, como profesor, como preparador de opositores y como político, tuvo que tratar con muchos jóvenes a lo largo del período franquista. Se dio cuenta del drama personal que supuso en muchos casos la rebelión de los hijos de la burguesía establecida. Iban a ser los «cuadros» de la oposición política. Su rebelión iba a ser, ante todo, generacional, esto es, familiar (Tierno 81:114).

Juan Antonio Vallejo-Nágera es uno de los pocos memorialistas que desenmascara el mito de la «juventud, divino tesoro». Confiesa que sus años de estudiante fueron muy duros, forzados por la norma espartana de su padre y condenado a ser «hijo de». En cambio, reconoce que «yo he sido mucho más feliz en los años de madurez, cuando he podido dedicarme a mis aficiones» (Vallejo-Nágera 90:73). Da la impresión de que el hombre se hizo psiquiatra por imposición paterna, esa obsesión de los padres profesionales por que sus hijos continúen la misma dedicación. Yo no tuve ese condicionamiento, pero el juicio es el mismo sobre la significación de las edades. El balance de felicidad ha sido para mí mucho más positivo según avanzaban los años. La mocedad fue más bien insegura y un tanto angustiosa. Aunque luego hayan seguido menudeando los sobresaltos.

La escritora Elena Soriano reconoce la paradoja de que la mayoría de edad legal se adelante cada vez más, pero con «el infantilismo prolongado de las últimas generaciones». Su experiencia le hace ver que «cada ser humano tiene su propia mayoría de edad, distinta a la de los demás». El contraste va por generaciones. «Dieciocho años tenían miles de combatientes de nuestra guerra civil... Pero dieciocho años suelen ser, en esta paidocrática sociedad occidental, la culminación de una niñez mimada, superprotegida, tiránica y profundamente débil e insegura, como son todas las tiranías» (Soriano 85:135). No sólo se da ese contraste. Los jóvenes actuales arrastran su infantilismo en algunos aspectos, pero en otros son mucho más autónomos y maduros que lo eran sus abuelos a la misma edad. Ésa es la contraposición más llamativa.

18. Madre

Ya sabemos que la familia de origen es la gran institución de la vida española. Dentro de la familia, la madre suele ser una figura silente, pero su influencia es considerable. No hace falta recurrir a las especulaciones psicoanalíticas. El hecho es que los niños en España suelen estar muy mimados. Detrás de esa condescendencia está naturalmente el halda materna.

Como es natural, la madre resulta la figura más enaltecida de las biografías, o de modo más general, los padres y el resto de los parientes. Por eso mismo llama la atención el abrupto testimonio de un periodista que se refiere a su madre en un tono distanciador y hasta despreciativo. Era simplemente su «madre física», quien concibió a la criatura antes del matrimonio. La verdad es que se casó por el embarazo. La relación con su padre, digamos, natural fue «puramente genética». Nuestro hombre confirma que «el calor y el apoyo que hacen verdadera la paternidad yo sólo los recibí» de una hermana del progenitor y de un hermano de la madre física (Pardo 96:61). Realmente vivió mucho más tiempo con sus tíos (sus padres afectivos) que con sus progenitores. Ya de adulto llega incluso a maltratar a su «madre física», como él siempre la llama (p. 235). Si bien se mira, estamos ante una circunstancia y reacción atípicas. Más bien lo contrario es cierto. Me precisa Antonio Jiménez Blanco que la experiencia vital de una madre afectiva y dominante (o de un padre menos afectivo o ausente) es un rasgo notable en las biografías de muchos políticos. Señala mi interlocutor las de Francisco Franco, Adolfo Suárez, Fernando de los Ríos, Melquíades Álvarez, Julián Besteiro,

Francisco Largo Caballero. Se podrían añadir más nombres, y no sólo políticos, sino personas eminentes de todos los campos (véanse caps. 11 y 25). El hecho de una madre dominante es compatible con una intensa afectividad. En realidad, esa figura equivale muchas veces a la ausencia del padre. El autor citado aplica su teoría a su misma biografía. Su madre aparece poco en sus recuerdos, pero se confirma su papel decisivo. Es la que decide que estudien sus hijos, la que cultiva la atmósfera hogareña de disciplina y espíritu de superación: «Mi madre tuvo la intuición y la decisión de que una generación de una casa venida a menos... puede crear una reacción ascendente por la vía del trabajo y del esfuerzo intelectual» (Jiménez Blanco 94:30). Tengo que reconocer que, en mi modesto caso particular, ese impulso de superación ha funcionado del mismo modo. Mi madre ha cumplido certeramente ese papel de impulsora de la disciplina y del estímulo que ha propiciado el estudio de los hijos. Por lo menos certifico que ha sido así para mí mismo. Mi madre ha sido siempre una formidable figura puritana. A veces he llegado a pensar que literalmente era calvinista. Este tipo humano, sufrido y ascético, se da mucho en el campo castellano.

La influencia extrema de la madre no es sólo porque el padre muera tempranamente. En el caso de Francisco Franco, al que antes se alude, la situación es más doliente, si cabe. Su padre abandonó el hogar cuando los hijos eran pequeños, dedicándose a una vida licenciosa. A partir de entonces, su mujer ya no dejó el luto, como si su marido hubiera muerto. No sólo eso, logró transmitir a su hijo Francisco (aunque no a sus hermanos) una religiosidad tortuosa, una sexualidad reprimida y un odio por el liberalismo y la masonería. Ese desprecio se dirigía a lo que representaba el padre (Preston 93:4). Más tarde, el hecho de que Franco abominara durante toda su vida del alcohol, del juego y de la vida alegre con las mujeres iba a ser el testimonio constante que representaba la antítesis de la figura paterna (p. 5). Estamos ante un caso clínico que podría haber ilustrado muy bien las especulaciones de Freud.

La escritora Concha Espina revela la sutil influencia de su

madre, determinante de su vocación literaria. Admiraba a su padre, «un gran caballero... pero que hacía la vida fuera de casa» (Lavergne 86:24). En esa línea se resume uno de los rasgos más imborrables de la estructura social. Las mujeres influyen sobre los hijos. Así, sutilmente, dan sentido a la sucesión de las generaciones.

Un caso ejemplar de madre dominante es la de Galdós. No salió nunca de su isla (Gran Canaria), pero su influencia moldeó continuamente la vida de su afamado hijo. Se sabe que «mamá Dolores» inspiró la figura de *Doña Perfecta*, la genial novela galdosiana. La contumaz soltería de don Benito tuvo mucho que ver con esa figura de la madre dominante (Ortiz-Armengol 95:103). Concretamente, se inició con un radical veto que la madre impuso a los amores del joven Benito con una exótica prima lejana (p. 106). La madre influyó además para truncar la vocación de arquitecto que tenía su hijo y para obligarle a ser abogado (p. 116). Es patente que a Galdós no le interesó nunca la carrera jurídica, sino la que entonces era periodismo y hoy literatura. Es muy posible que su incesante grafomanía tuviera mucho que ver con el latente deseo de impresionar a su madre. No lo consiguió del todo.

Francisco Giner representa igualmente el caso de una persona muy creadora intensamente unida a su madre. Ésta fallece en 1865 cuando su hijo contaba con veintiséis años. Su padre vuelve a casarse. Este hecho quizá precipita todavía más en el hijo el recuerdo amoroso de la madre. A los sesenta años rememora: «Mi madre se sienta a la mesa conmigo todos los días, después de treinta y un años, y la siento a mi lado en todas mis alegrías y mis penas» (Cacho Viu 62:232).

Puede que esa figura de la madre dominante lo sea de modo eminente en la cultura vasca. Tenemos el ejemplo de la madre de Pío Baroja, de ascendencia vasca e italiana. Debió de ser una impresionante figura: «Mi madre... tenía un fondo de renunciación y de fatalismo... Para ella, evidentemente, la vida era algo serio, lleno de deberes y de poca alegría. Tenía una idea muy severa del deber y yo sospeché siempre que no tenía esperanza alguna... Trabajó toda su vida, sin salir apenas de casa, sin ir a paseos ni a teatros» (Baroja 70, I:216).

El escritor catalán Sebastián Juan Arbó se lamenta de que su modesto pasar le impidiera retirar a su mujer de la «terrible servidumbre» que era su trabajo como funcionaria. Por la misma razón se duele de que no pudiera «traer a mi madre conmigo» a su hogar de Barcelona. Su madre murió de tristeza, sola, en su pueblo del Bajo Ebro (Arbó 82:1268). La doble frustración hace de nuestro hombre un tipo realmente amargado. No pudo recomponer el hogar tradicional en el que el hijo adulto «mantiene» a su madre y a su esposa. Tanta fue su amargura que ni siquiera asistió al entierro de su madre. Piensa que «si no la había acompañado en vida, ¿por qué habría de hacerlo ya muerta?» (p. 270). Es la dramática consecuencia de la idea de familia tradicional que tanto puede llegar a imponer.

La influencia decisiva de la madre aparece muy clara en la biografía de Manuel Fraga Iribarne. La madre contaba con un nivel cultural más alto que el padre, quien aprendió a leer ya mayor en Cuba. Las decisiones fundamentales de la familia las tomó siempre la madre, María Iribarne, de ascendencia vasco-francesa (Vence 95:39).

A veces el influjo de la madre se hace notar de manera negativa al no estar presente. Goytisolo interpreta la temprana ausencia de la madre como decisiva para su evolución sentimental y mental: «extrañamiento de la figura paterna, tibieza religiosa, indiferencia patriótica, rechazo instintivo de cualquier forma de autoridad» (Goytisolo 95:66).

No hay que ver sólo el lado dramático. Hay también figuras cómicas. Por ejemplo, la madre aparece como una institución que acompaña indefectiblemente a las cupletistas para vigilar su virtud. En realidad, la función real de una escolta materna era muchas veces «la del celestinaje, como en el caso de doña Antonia, la mamá de la famosísima *Chelito* [Consuelo Portella, de quien se dice que fue amante de Alfonso XIII], una calificada alcahueta que con sus mediaciones impedía el acceso a los encantos de la hija a caballeros de bolsillo poco abultado» (Barreiro 92:48).

19. Madrid

La capitalidad de Madrid no se debe sólo al hecho político o administrativo de su definición legal. Madrid es el centro de la España contemporánea porque es el lugar al que con preferencia se dirigen las minorías dirigentes. Desde luego, eso es así para los científicos, escritores, intelectuales y artistas. De ahí que, a través del método biográfico, resalte en muchos casos ese carácter excepcional de Madrid. También es curioso que fonéticamente parezca emparentada a las palabras «madre» o «matriz».

La capitalidad madrileña, su tamaño metropolitano, ha sido compatible con el carácter resueltamente de lo que Cela llamó «poblachón manchego». Es decir, Madrid ha sido hasta hace poco una ciudad con extrañas resonancias campesinas. Recuérdese tan sólo que el patrono de Madrid es el mismo de los agricultores, san Isidro.

Veamos esta bucólica descripción del ambiente madrileño de finales del siglo pasado: «[A las ocho de la mañana, al entrar en el colegio] coincidíamos con el paso de las burras de leche que volvían de repartir su jarabe natural, la esperanza de la aurora entre las casas donde había ancianos achacosos, niños débiles, enfermos... Las burras de leche con el burrero traían de rebaño, de campo, que se metía en aquel Madrid sin horizontes... Al anochecer se respiraba otro momento de aire campestre en Madrid con la vuelta de las cabras que también subían por las costanillas; en las horas del día daban la nota campesina de la ciudad las carretas de bueyes... El ambiente aldeano [lo dan además] los vendedores ambulantes» (Barga

64:62). El médico y escritor costumbrista Antonio Espina razona que la leche de burra tenía un gran poder taumatúrgico. Se reservaba sobre todo para «los enfermos convalecientes de pecho» (que debían de ser legión hace un siglo). Por lo visto, esta sobrealimentación daba «grandísimos resultados» (Espina 26, I:81). Era quizá una forma de compensar la falta de muchos nutrientes. Parece increíble que la institución de las burras de leche pudiera acomodarse a una ciudad que a finales del siglo XIX contaba con tranvías eléctricos, cientos de cafés y teatros. Había otros muchos símbolos urbanos, por ejemplo: «Madrid estaba lleno de casas de juego. Sólo en la Puerta del Sol, contando los entresuelos de los cafés y los pisos altos, había catorce o quince... Se jugaba en los billares» (Baroja 70, I:290). Téngase en cuenta que Madrid tuvo siempre una considerable proporción de forasteros y de transeúntes.

Por encima de todo, Madrid era entonces «villa y corte», una ciudad de aristócratas, funcionarios y criados: «Madrid, entonces, era un pueblo raro, distinto a los demás, uno de los pocos pueblos románticos de Europa, un pueblo en donde un hombre, sólo por ser gracioso, podía vivir. Con una quintilla bien hecha se conseguía un empleo para no ir a la oficina... Todo el mundo se acostaba tarde; de noche, las calles, las tabernas y colmados estaban llenos» (Baroja 70, I:298).

Aunque fuera «corte», Madrid no dejaba de ser «villa» por su carácter ruralizante. Se puede aducir otra vez el testimonio de Antonio Espina sobre el Madrid isabelino. Describe el palacio de la condesa de Montijo en Carabanchel, que entonces era una zona residencial donde veraneaba la aristocracia. El palacio de la Montijo era «más bien la casa de un labrador rico que lo que hoy se considera preciso en una casa de este linaje» (Espina 26, I:73).

La biografía de muchos de los personajes analizados se teje con la de la ciudad donde residen. Por eso mismo disponemos de tantas referencias sobre Madrid. Son pocos los que nacen en Madrid, pero casi todos recalan en la capital durante largas temporadas, que a veces concluyen con la residencia permanente. Confiesa Eugenio Noel: «No hay en Madrid calle que yo no haya recorrido, que no tenga un recuerdo de mi vida» (Noel 62, I:63). Sin embargo, su vida es un continuo salir de Madrid a cualquier parte, en una febril actividad de misionero laico, de apóstol antitaurino y antimonárquico. Hace un siglo, Madrid era ya una ciudad de gente móvil, que salía y entraba.

Las páginas sobre el Madrid de 1918, escritas por Josep Pla, rezuman conocimiento, ironía, cariño. No hay nada sobre Barcelona que haya escrito un castellano con tanta penetración. Dice el ampurdanés que «no hay en el mundo ciudadano más satisfecho que el madrileño después de beber un café con leche» (Pla 86:125). Porque ésta es la bebida característica de ese pueblo siempre en la calle y nunca ahíto de calorías que es el madrileño. Lo cual, sigue Pla, no le lleva a la melancolía, sino, todo lo contrario, a la simpatía. «Siempre que paseo por Madrid me sorprende ese aire que tiene la gente de estar encantada de la vida» (p. 132). La mezcla de simpatía y contento lleva a los madrileños, según Pla, a tener «una memoria visual prodigiosa». Tienen que intercambiar favores y por eso se ven impelidos a desarrollar ese tipo de memoria (p. 206). Después de todo, ésa es la verdadera capacidad por la que se distinguen los políticos.

El ambiente rural de Madrid de la época de la Gran Guerra lo relata magistralmente Josep Maria de Sagarra en comparación con el ambiente más urbano de Barcelona. Por aquellos años, «Barcelona liquidaba el siglo XIX con una ola de brillantez crepitante, de explosiva vitalidad nocturna, de industrialismo desenfadado, de un maremágnum internacional de negocios, piraterías, espionajes, aventuras arriesgadas y sobre todo con un esfuerzo muscular exagerado». La ocasión bélica la aprovecharon muy bien los exportadores catalanes. En cambio, «Madrid seguía con las noches medio a oscuras... continuaba viviendo dentro del más orgulloso, el más gandul y el más irreductible siglo XIX» (De Sagarra 81, II:290). Es atrevida esa interpretación de que el mismo tiempo objetivo llegaba desfasado a cada una de las dos ciudades. Un ejemplo que visualiza nuestro autor. En 1916 en Madrid sólo se veían carros de bueyes para el transporte pesado, cuando Barcelona había asimilado ya las camionetas (p. 301).

El poeta Jaime Gil de Biedma imprime unos antológicos párrafos con la asociación que en su recuerdo tienen los olores con los paisajes de su biografía. Anota una muestra: «El olor de los barrios humildes del litoral de España: pescado frito... [En Manila olor a] arroz hervido, que huele a almidón y sabe levemente a saco. Aroma denso y poroso de los cocos... [En Madrid] el olor a cuerpo y a prendas miserables. Los vagones del metro: carne recalentada y ropa de difunto y un deje de grasa de chorizo... [Londres:] lana húmeda, chocolatinas baratas, cocina de manteca rancia, *fish and chips*, verduras tristes... [Salamanca:] cocido y cuero recién curtido...» (Gil de Biedma 91:119).

Hay catalanes que han entendido muy bien la especificidad de Madrid y lo encuentran atractivo. Singularmente Luis Carandell, que para el caso es madrileño, puesto que, para serlo, no hace falta haber nacido en Madrid. Ésta es una rara cualidad que pocas ciudades poseen. Salvador Pániker capta muy bien el sentido de la facilidad de relaciones sociales que se establece con los madrileños. «[A diferencia de lo que ocurre en Barcelona, en Madrid] cualquiera puede ser fácilmente *amigo*, y eso está bien» (Pániker 85:135). Mi experiencia personal corrobora esa impresión. Sólo que en Barcelona esos amigos te llevan pronto a su casa, invitación que les cuesta más a los madrileños. Quizá por esa propensión del habitante de Madrid a ocupar la calle y los lugares públicos. Es como si la humanidad fuera un fluido y hubiera que cumplir la ley de los vasos comunicantes.

La capitalidad de Madrid ha tardado mucho en cuajar como una realidad natural y estable. Durante la guerra civil la capital real de una y otra parte se movió alternativamente a otras ciudades, de Valencia o Barcelona a Burgos o Salamanca. Madrid quedaba realmente como tierra de nadie, como frente de combate. Este hecho hizo que, en 1939, Ramón Serrano

Suñer planteara la posibilidad de trasladar la capital a Barcelona o a Sevilla (Martínez de Bedoya 96:126). Algunos castellanistas sugerían que al menos la Jefatura del Estado debería continuar en Burgos (p. 135). El asunto podría reverdecer hoy con el confuso Estado de las Autonomías.

Objetivamente, Madrid y Barcelona han sido las dos capitales reales (de cosa, no de rey) de la España contemporánea. Pero cada una lo ha sido a su estilo. Desde el punto de vista del elenco aquí reseñado como biografiable, Madrid es el lugar ideal de término para un sinfín de trayectorias vitales, no sólo las políticas. Son muchos los personajes ilustres o simplemente exitosos que hacen su vida profesional en Madrid, y que han nacido o se han criado en otras regiones. En cambio, los barceloneses que han destacado son casi todos de estirpe catalana. No es una leyenda, pues, la tradicional hospitalidad madrileña o la cerrazón cultural de Barcelona. Yo he vivido largos espacios de mi vida en ambas capitales y sé lo que me digo. Anotemos el dato objetivo de la procedencia de algunos de los personajes aquí reseñados que han hecho su vida en Madrid; para el caso son madrileños. Excluimos a los políticos. Andaluces son algunos escritores o profesionales de renombre: Rafael Alberti, Francisco Ayala, José María Caballero Bonald, condesa de Campo Alange, Rafael Cansinos Assens, Antonio Muñoz Molina, José Antonio Muñoz Rojas. Castellanos (de Castilla la Vieja) son José L. Aranguren, Ramón Carande, Rosa Chacel, Victorio Macho, Dionisio Ridruejo o Claudio Sánchez Albornoz. Carlos Luis Álvarez (Cándido), Severo Ochoa o César Rodríguez proceden de Asturias. De Aragón son oriundos dos médicos eminentes: Pedro Laín Entralgo y Ramón y Cajal. De San Sebastián (y euskaldunes) son Orbegozo, Pío Baroja y Xavier Zubiri. Así podríamos seguir con las demás regiones. Todas esas personalidades realizan su vida profesional en Madrid. No se podría establecer un elenco parecido con los barceloneses. Y eso que Barcelona ha sido tradicionalmente una ciudad de fortísima inmigración, como Madrid. Se justifica el epigrama: «De Madrid al cielo.»

Entre Madrid y Barcelona —las dos capitales de España— no hay una relación simétrica. Normalmente, los que no son catalanes se encandilan con Barcelona; razones hay para ello. Pero, de los personajes aquí citados a declarar, cuando viven en Barcelona les cuesta «subir» a Madrid. Hasta bien entrado en la mocedad, Carlos Barral no realiza esa penosa «ascensión» a Madrid. La impresión que le queda de las sucesivas visitas resulta decepcionante: «Es una de las ciudades más desgraciadas, desde el punto de vista de la satisfacción estética de sentirse en ellas, de Europa» (Barral 75:202). La sintaxis es un poco retorcida, pero transmite muy bien el sentimiento de muchos barceloneses. Una impresión más general de nuestro autor conduce al siguiente exabrupto: «Me siento mucho más arropado, menos extraño, en cualquier lugar de Italia que en la Iberia alejada de mis fijaciones mediterráneas» (Barral 78:58). Obsérvese, de pasada, el curioso circunloquio para no tener que decir «España, fuera de Cataluña».

Tendría algún interés dibujar en un mapa la residencia de los personajes madrileños cuyas biografías han sido cotejadas. Sería un empeño desmesurado. Baste una sola ilustración para que se vea lo que puede dar de sí el azar. Hay una casa racionalista en Madrid, la «casa de las flores», situada en el barrio de Argüelles. Hay que verla en el mes de mayo. El arquitecto fue Secundino Zuazo y la casa es realmente un símbolo de una época, pero no sólo por sus elementos arquitectónicos, sino biográficos. Nada menos que en esa casa han vivido los siguientes personajes aquí reseñados: Pablo Neruda, Severo Ochoa, Francisco Grande Covián, J. M. Ortiz Picón y J. M. Caballero Bonald. Más aún, en la casa aledaña vivió Pedro Laín Entralgo. No lejos de ese lugar tuvo su domicilio Galdós. No se puede pedir más concentración de inteligencia. Eso es también Madrid.

20. Médicos

Este libro tiene unas dimensiones dadas que no permiten abarcar el abanico de profesiones que integran las personalidades «biografiables». Pero al menos algo hay que decir sobre los médicos, por su papel tan decisivo en la constitución de la sociedad española contemporánea. No ha sido sólo una profesión, sino más bien una verdadera *clase*, como ellos mismos gustan decir para referirse a su gremio.

El prestigio social del médico se hace patente en las obras y en la vida de Galdós. Un amigo íntimo del escritor fue médico, Manuel Tolosa Latour, que quizá inspiró el entrañable personaje de sus novelas, Augusto Miquis. En casa de Galdós hubo siempre «un médico que tenía mágica autoridad», según cuenta Gregorio Marañón, que fue uno de esos galenos taumaturgos para la vida diaria de don Benito (Ortiz-Armengol 95:490). El médico y el ingeniero eran, en las obras de Galdós, los símbolos de la racionalidad positivista que venían a sustituir a las autoridades tradicionales, los curas sobre todo. De hecho, la clase médica en la España contemporánea ha sido más bien progresista y liberal. El contacto diario con el sufrimiento por fuerza tiene que despertar la sensibilidad por los problemas humanos.

Uno de nuestros memorialistas más ilustres es Pío Baroja. Estudió medicina y llegó a ejercerla, pero por poco tiempo. Fue el suficiente para darse cuenta de la gran estima social que correspondía a esa clase: «El prestigio verdaderamente enorme de la vida moderna es el del médico... De ahí las rivalidades terribles que se producen entre facultativos... No hay otro éxito comparable a él... El diagnóstico exacto, el tratamiento a tiempo, producen un entusiasmo auténtico, sin reserva alguna y sin ninguna ficción» (Baroja 70, I:671). El público quizá no sabía apreciar la competencia técnica de los médicos. Pero sí se veían los resultados. A finales del siglo pasado se registra el inicio de la trayectoria descendente en las tasas de mortalidad, sobre todo infantil. Era algo que no había sucedido antes de ese momento.

El prestigio de la clase médica se ve muy bien a través de la institución de la «junta de médicos» que funcionaba antes de generalizarse el seguro de enfermedad. Recurrían a ese rito enfermos terminales de las familias acomodadas. No se buscaba un remedio improbable, sino dar la impresión de que «nada hubiera quedado por hacer». De esta forma «ayudaban a bien morir al moribundo» (Hermosilla 92:27). En realidad se trataba de un ritual civil del sacramento de la extremaunción. Más que un auxilio para el enfermo, lo era para la familia.

El arquitecto Oriol Bohigas resalta el caso particular de Cataluña, donde «siempre ha habido un respeto desmesurado por los médicos». Los apoyan reverencialmente los intelectuales y artistas como si temieran «represalias clínicas o abusivas minutas de honorarios». Como consecuencia de ese endiosamiento, a los médicos los acomete el *mal de piedra.* «Hacer casas que parezcan antiguas es su dolencia habitual.» Y luego está su tendencia a dedicarse a las letras o a la política, como el mismo Jordi Pujol (Oriol Bohigas 91:107).

Hay un tipo de médico famoso que llena toda una época. Podríamos representar la serie por Carlos Cortezo (la época de la Restauración), Gregorio Marañón (la transición a la República) y Carlos Jiménez Díaz (el primer franquismo). Los tres son generalistas, intuitivos, maestros en el arte de diagnosticar y pronosticar. Se relacionaron muy estrechamente con la clase dirigente madrileña de su tiempo, la cual se constituyó como su clientela natural. Se decía que ese círculo de poder tenía que pedir permiso al médico eminente de cada época para poder morirse. Los tres dejaron una estela de taumaturgos. Contribuyeron mucho al prestigio de la Medicina como institución, que es algo más que un campo científico.

El insigne galeno Gregorio Marañón representa el arquetipo del médico generalista, humanista, que tanto predicamento ha tenido siempre en España. Tenía el inmenso privilegio de poder entrar en la alcoba de muchas personas eminentes cuando enfermaban. Es un poco como el derecho que podían tener los confesores de las grandes personalidades. Este papel de «confesor laico» lo representó Marañón con esmero. Su figura está presente en muchos acontecimientos públicos de la primera mitad del siglo. Ya de niño se trataba con Marcelino Menéndez y Pelayo o con Benito Pérez Galdós como si fueran de la familia. Luego, su cigarral de Toledo fue como una especie de embajada interior. Y encima tenía un gran ojo clínico para diagnosticar, además de las cualidades de articulista, ensayista e historiador. Realmente parece una figura del Renacimiento.

Hay un competente grupo de médicos que en el primer tercio del siglo se trasladan a Alemania para especializarse. Ahí están, entre otros muchos, Severo Ochoa, Francisco Grande Covián y Francisco Giménez Reyna. El testimonio de este último nos sirve para comprender el carácter dinamizador y modernizador de ese escogido núcleo de estudiantes. Reconoce que esa emigración ya no es necesaria medio siglo después, cuando «hoy en España se puede aprender buena medicina sin tener que salir al extranjero» (Giménez Reyna 89:61). Es posible, aunque el equivalente al viaje a Alemania es ahora el que se dirige a Estados Unidos. Severo Ochoa y Grande Covián hicieron esa doble singladura con mucho provecho. Lo que no se ha producido todavía es que las facultades de Medicina de España atraigan a estudiantes extranjeros, una proporción notable, se entiende.

El paso de la medicina privada a la Seguridad Social, que comienza con el franquismo, ha supuesto un curioso efecto. «Los profesores y maestros no se ven comprometidos a guardar sus secretos y pueden enseñar con más libertad» (Giménez Reyna 89:61). Es una interesante ilustración de cómo el secreto va siendo cada vez más incompatible con una sociedad compleja.

Giménez Reyna hace otra sagaz observación. Frente a lo que sucede con otros profesionales, «el médico es el propio obrero de su obra. Por eso se compenetra tan bien con obreros y desheredados» (Giménez Reyna 89:397). Dentro de la medicina, la cirugía es la dedicación más manual, como atestigua nuestro autor. La verdad es que en la historia de los partidos de izquierda ha sido siempre muy llamativa la presencia de los médicos. La figura de Juan Negrín es la más destacada por ese lado. Por cierto, está a punto de cumplirse el plazo que él mismo dio para que se puedan publicar sus memorias. Será un sonoro momento, visto el carácter polémico e influyente del personaje.

21. «Mili»

Se emplea aquí la popular apócope para aludir a la institución del «servicio militar» o «servir al rey», que se decía antes. Es un rito de paso, reservado a los varones, que suele marcar el tránsito de la juventud o la adultez. Como tal rito, resulta a veces duro, o por lo menos esforzado. Después de todo se trata de una contribución personal a las cargas del Estado.

No es automático el hecho de que el servicio militar haya sido visto siempre como un obstáculo, un paréntesis de sufrimiento. En una sociedad tradicional, para algunos grupos más desasistidos, podía representar el sentido opuesto. Tómese el testimonio de un escritor de humilde origen: Juan Sebastián Arbó. La comarca que en su pueblo de origen, Tortosa, no podía procurarle más opción vital que un puesto subalterno en la actividad agrícola. En cambio, la «mili» representaba para él la oportunidad de salir, de emprender la carrera literaria para la que se sentía dotado. Y así fue, en efecto. El azar de la «mili» le permitió cumplir esta obligación en Barcelona, donde pudo acceder al mundo editorial (libros y periódicos) (Arbó 82:82). Incluso en el cuartel la comida le parecía buena, comparada naturalmente con la de su pueblo. Aunque tenía que hacer la limpieza, «ya estaba acostumbrado a la sujeción y a la servidumbre». Así que el resultado fue que engordó algunos kilos y mejoró su salud (p. 90). Corría el año 1921. Por suerte no le tocó ir a África, donde la circunstancia habría sido otra. Pero la experiencia de la «mili» urbana, en condiciones normales, tuvo que ser positiva para muchos mozos rurales. La licencia era garantía de responsabilidad.

La «mili» presenta un aspecto positivo cuando se dibuja sobre el telón de fondo de una infancia desgraciada, fatigosa. Éste es el caso del anónimo emigrante que cuenta su historia al sociólogo J. F. Marsal. A pesar de las inclemencias del servicio militar en África, queda la reflexión positiva de que se trata de una experiencia estimulante. «Se llegan a conocer muchos sitios y a muchos muchachos... La ida a la conscripción les hace bien: los despeja» (Marsal 72:80).

La guerra de Marruecos ha dado lugar a muchas narraciones biográficas y novelísticas. Anotemos el testimonio de Eugenio Noel. Se desprende de un reportaje en 1909 sobre la dura campaña de entonces. Su descripción es crítica y sarcástica. «A la debilidad y poca cabeza de los aventureros se unieron las escenas más increíbles de bailoteo, chunga, estrépito y sinvergüencería» (Noel 62, I:214). El sarcasmo se vierte contra los señoritos que se alistan románticamente en la campaña, para los que «la guerra resulta una aventura soberbia de cetrería» (p. 218). Él mismo se incorpora con un inicial espíritu romántico. «Había peligro y poesía. Pertenecía a un ejército pobre, que corría aventuras impulsado por ignoro qué secretas maquinaciones industriales o inciertos ideales de raza» (p. 234). Pero al final sufre un gran desencanto, muy típico del intelectual de uniforme. «No he visto en toda la campaña un libro en manos de nadie. ¡Y cuánto tiempo ha sobrado!» (p. 242). El juicio definitivo es que la guerra colonial fue «estéril e ineficaz para España» (p. 256). A partir de esa experiencia, nuestro hombre se convierte en un amargado.

La campaña de los años veinte merece un detallado recuento de la experiencia de Arturo Barea. El autor (sargento) observa que «casi todos los oficiales que vienen aquí, vienen a hacerse ricos. La verdad es que, cuando están aquí, se gastan los cuartos y nunca llegan a ricos. Pero con los sargentos y los suboficiales es diferente. No vienen aquí a hacerse ricos, vienen como soldados a la fuerza; y vienen la mayoría de ellos de sus pueblos, hartos de pasar hambre. Un buen día se encuentran con una paga en la que no podían ni soñar como jornaleros y con un uniforme y una categoría que les permite [no tener las] manos sucias» (Barea 59:295). El autor (desde su modesta posición de sargento) contempla, desilusionado, la visión de las campañas militares en Marruecos. «Marruecos es la mayor desgracia de España, un negocio desvergonzado y una estupidez inconmensurable al mismo tiempo... La clase de soldados que se manda a Marruecos son la gente más miserable e inculta de España, tan incivilizados como los moros. O más... Marruecos es bueno sólo para los oficiales y los contratistas» (Barea 59:341).

Al lado de la dureza del servicio militar en Marruecos estaba la cómoda instalación de los «soldados de cuota», definidos así por el azar y los posibles de la familia. Anotemos el testimonio de un mozo catalán que iba para comerciante. Ingresa el autor en la «mili» como «cuota». «Éramos una especie de privilegiados, algo así como una casta especial. Pagando mil pesetas hacíamos nueve meses de servicio, y con dos mil mucho menos... Los meses de milicia fueron unas vacaciones para mí» (Estrada 56:140). La «mili» concluye porque se le presenta una hernia. «De los cinco hermanos que yo conocí, o sea, con los que me crié, ninguno terminó de hacer el servicio.» Uno desertó y los otros alegaron diversas enfermedades (p. 144).

Los recuerdos de un joven sacerdote nos llevan a los desesperados intentos que hace al final del la guerra civil, en Madrid, para no ser movilizado. Seguramente eran prácticas aplicadas desde antaño y transmitidas por tradición oral. Logra pasar todas las pruebas radiológicas y analíticas y demuestra que tenía una grave úlcera de estómago. Para ello ingiere ácido clorhídrico, entre otras sustancias químicas, lo que permite engañar a los médicos (Mindán 95:406).

Luis G. Berlanga (nacido en 1921) representa una «generación machacada» por las circunstancias bélicas que le tocó vivir. No «hizo» la guerra por razones de edad, pero se enroló en la División Azul. Lo cual no le eximió de tener que realizar, a la vuelta, un largo servicio militar de varios años. Después de licenciarse le volvieron a llamar para incorporarse al servicio militar por dos años más como consecuencia de las guerrillas de los *maquis* (Gómez Rufo 90:122).

La experiencia de la «mili» de la época democrática es muy distinta. El trato es muy benigno (comparado con el pasado), pero las exigencias sociales son mayores. Así ve esta experiencia el novelista Muñoz Molina en 1979: «Había que aprenderlo todo y que olvidarlo todo: había que aprender otra geografía, otra Historia, casi un nuevo idioma en el que las palabras habituales significaban cosas desconocidas hasta entonces y en el que a veces se perdía el uso de la misma articulación inteligible» (Muñoz Molina 95:63). Como puede verse, se asimila la experiencia militar con la institución del internado colegial. En ambos casos se dan las características de «sociedad total»: «Al clero español [colegio salesiano] y al ejército español les debo las dos temporadas más sombrías de mi vida, los dos aprendizajes más dolorosos y más tristes, unidos por la disciplina, por el desamparo, por los uniformes, por la arquitectura penitenciaria, por los domingos, sobre todo por los domingos» (Muñoz Molina 95:114). También les debe algunos estímulos o incitaciones que han propiciado una brillante carrera literaria.

22. Movilidad

Se entiende por movilidad cualquier cambio notable de posición, bien a lo largo de la vida de un individuo, bien en comparación con la familia de procedencia. Normalmente interesan más los casos en los que ese movimiento es ascendente, hacia posiciones de mayor prestancia social. El método biográfico, al seleccionar personas que han tenido cierta notoriedad, proporciona muchos ejemplos de ascenso social. A veces la movilidad no es tanto vertical (ascendente o descendente) como geográfica (emigración o traslado de residencia). Puede aceptarse también como movilidad el hecho de casarse con una persona de distinto ambiente. Todos esos supuestos tienen un factor común, el hecho de que las personas móviles suelen estar particularmente dotadas para el trabajo, la emulación.

Ahora nos damos cuenta de que, casi por definición, la muestra de españoles aquí convocados, por mor de las biografías, son más bien los que han tenido éxito. Uno de ellos define así esa cualidad, que tan mal se reconoce en España: «Es una especie de calentura que nos llega de fuera de nosotros y que nos satisface plenamente el deseo, arduo y decidido a la vez, de nuestro corazón» (Sagarra 81, I:314). Es una definición sentimental del éxito, como cabe a un artista y a un catalán.

La sociedad tolera, y aun aplaude, el éxito de algunas personas, pero impone algunos peajes. Por ejemplo, se permite una vía muy característica como es el arte, que hace del artista exitoso un ser marginado. Tanto es así que se produce la extraña propensión al emparejamiento de personas que pertenecen a diferentes dominios artísticos. El caso más característico es el de la cupletista o folclórica con el torero. Son muchas las parejas que reproducen ese esquema, un tópico hasta la caricatura: Pastora Imperio-el Gallo, Dora (la Cordobesita)-Chicuelo, Encarnación López (la Argentinita)-Ignacio Sánchez Mejías, Laura Pinillos-Cagancho, Adelita Lulú-Joselito, Concha Piquer-Antonio Márquez, Conchita Márquez Piquer-Curro Romero, Rocío Jurado-José Ortega Cano (Barreiro 92:59). Obsérvese, de paso, que muchos de esos nombres de folclóricas o de toreros son remoquetes. Es otro estigma o correctivo que se coloca sobre el que asciende demasiado. Después de todo, el alias se asocia más bien con la delincuencia. En el caso de las folclóricas o los toreros, el apodo es una forma de acentuar que se alejan de la humilde familia de origen, no pocas veces de ascendencia gitana. Hay que reconocer también que el nombre artístico es simplemente una forma de asignarle una estirpe, pero casi siempre desde orígenes modestos. El alias muchas veces procede de fuera, de la sociedad presuntamente ordenada e integrada. Así se marcan las distancias respecto a los que suben los peldaños de la pirámide social de dos en dos. Eleuterio Sánchez nos cuenta que su famoso apodo *el Lute* no proviene de él mismo, sino que se lo pusieron los «eminentes sociólogos del cuerpo de policía» (Sánchez 77:17). Éste sí que es un caso insólito de movilidad social. Es un verdadero marginado que se regenera en la cárcel después de una larguísima ordalía de torturas, persecuciones y tribulaciones sin cuento. En pocos años pasa de analfabeto a escritor de éxito.

La política suele ser una avenida de movilidad. Tenemos el caso de Melquíades Álvarez, el caudillo reformista, que procedía de una familia campesina asturiana. Era un «pobrín» que además se quedó huérfano a los catorce años. Además de político notable y honrado, llegó a ser un gran abogado (García Venero 74:27).

Un caso aún más elocuente de ascenso social a través de la política es el de Francisco Largo Caballero. Procede de un hogar obrero en el que el padre abandona el hogar. A los siete años se tiene que poner a trabajar de ayudante de albañil. Llega al oficio de estuquista, que era entonces la aristocracia de los obreros de la construcción. Pero sobre todo asciende por los peldaños de la burocracia sindical (UGT) y política (PSOE), hasta llegar a presidente del Gobierno en 1936. Nunca fue una persona instruida, pero adquirió maneras de cierta distinción (Caballero 76). Lo de considerarlo «el Lenin español» fue una maldad de sus adversarios.

Es una imprecisión creer que la movilidad se debe exclusivamente a la estructura de una sociedad industrial. La España de fines del siglo pasado no lo era, pero, dentro de las capas medias, se daba una apreciable dosis de movilidad geográfica y social, principalmente a través de los estudios. Tenemos el caso de Francisco Giner, el original creador de la Institución Libre de Enseñanza. Es seguramente la empresa cultural de más altos vuelos del siglo XIX. Giner es hijo de un funcionario de Hacienda. Esta calidad hace que se traslade con frecuencia de ciudad. Giner realiza estudios en tres universidades, lo que le permite entablar fructíferas relaciones profesionales en Barcelona, Granada y Madrid (Cacho Viu 62:227). Otro prohombre de la Institución Libre de Enseñanza, José Castillejo, era hijo de abogado. Estudió en tres universidades españolas y amplió estudios en otras de Francia y Alemania.

En el ambiente de la Institución Libre de Enseñanza resalta la pauta de la relación personal con la cultura inglesa. Gumersindo de Azcárate se casa con Emilia Innerarity. Este increíble apellido revela una ascendencia escocesa (Cacho Viu 62:233). Segismundo Moret, íntimo amigo de Francisco Giner, era nieto de un general inglés. Otro amigo muy cercano a Giner, Juan Facundo Riaño, se casa con un inglesa (p. 235).

La movilidad biográfica supone muchas veces un cierto choque cultural, que puede resultar estimulante. El biógrafo de Antonio Maura relata la impresión del joven estudiante de Derecho que llega a Madrid desde Palma de Mallorca. Era la primera vez que salía de su casa. Su lengua usual era el mallorquín. Al tener que responder en castellano al profesor se siente avergonzado de su falta de expresión en esa lengua. El sentimiento de ridículo fue grande, pero le sirvió de estímulo para llegar pronto a expresarse con elegancia en castellano. Llegaría pronto a ser un brillante abogado y un formidable tribuno (Rovira 53:31). Desde luego, era la época en que se apreciaban las cualidades retóricas, más aún si se trataba de hombres públicos.

Normalmente, en las sociedades complejas o que van camino de ello, la gente desea más igualdad y más movilidad. Por desgracia, ambos objetivos tienden a ser incompatibles. Los momentos históricos que ocasionan fuertes tirones de la movilidad social generan tensiones y conflictos porque las desigualdades se hacen más patentes. Uno de esos momentos es el que coincide con la guerra de 1914-1918. En España se vive un hecho inusitado, una inflación como nunca se había visto. Un escritor nos cuenta la impresión desde su comarca. Es la de Tortosa, donde el arroz llegó a triplicar su precio en una semana y a veces en un día (Arbó 82:68). Puede que sea un recuerdo exagerado, pero revela bien el momento. El cual coincide con una fuerte agitación social. Era la respuesta a que las inmensas fortunas que entonces se hicieron coincidían con el general desabastecimiento de las clases humildes.

La movilidad social no es un resorte que por sí mismo establezca lazos solidarios entre los que ascienden. Es más, pueden llegar a repelerse. Ramón Garriga cuenta el caso ejemplar del odio mutuo irreconciliable que se tuvieron dos coetáneos, Juan March e Indalecio Prieto. Ambos procedían de extracción humilde; realmente se definieron a sí mismos como «hijos del pueblo». Los dos lograron ascender hasta el vértice de la pirámide social, uno más por la cara económica y el otro por la política. Pero ese mismo éxito fulgurante los hizo enemistarse para siempre (Garriga 76:107).

Un caso extraordinario de movilidad social es el de César Rodríguez. Fue un gran empresario innovador a través de las dos creaciones que contribuyó a modernizar: los almacenes El Encanto, de Cuba, y El Corte Inglés, de España. Fue el auténtico empresario innovador y austero del «espíritu del capitalismo» calvinista. ¿Cómo pudo florecer una personalidad así en la España católica y rural? Cuenta el estímulo de la emigración a América, desde luego. Pero antes de eso está el singular ejemplo familiar. Sus padres eran aldeanos, pero habían montado un próspero negocio de pan que vendían por todo el valle asturiano. Es decir, nuestro hombre mama, por así decirlo, el espíritu comercial (Castaños 69:23). No es el único caso en el que la fuerte movilidad ascendente se hace desde una base familiar de tipo comercial. La mentalidad del pequeño comerciante impone una especial disciplina de horario, de gastos. Se desarrolla la capacidad de previsión. Es una excelente ocasión para conocer a las personas, para calibrar el crédito que puedan tener. Todo eso puede servir muy bien para triunfar después en los negocios o en el mundo profesional.

El eminente médico Carlos Jiménez Díaz procedía de una familia modesta, que luego fue ascendiendo dentro del ramo del comercio de ultramarinos. Su padre emigró a Madrid desde un pequeño pueblo de Guadalajara. Empezó como mozo de una tienda y, a fuerza de trabajo, llegó a ser propietario de dos establecimientos. Dio carrera a los hijos con muchos sacrificios y con una disciplina realmente calvinista (Jiménez Casado 93).

Alfonso Escámez es otro caso sobresaliente de intensa movilidad dentro del mundo empresarial. No tiene antecedentes familiares financieros y sólo cuenta con un humilde origen comercial. Nuestro hombre entra de «botones» a los doce años. Pasa por todos los puestos de dirección y llega a presidente del Banco Central. Su carrera se debe no tanto a los estudios como a la acumulación de trabajo, la habilidad negociadora y la fidelidad a la misma empresa. Despliega un raro instinto para lograr la fusión de empresas (Zavala 90). Alfonso Escámez se hace muy amigo de Ramón Areces (el patrón de El Corte Inglés) y de José Manuel Lara (el fundador de la Editorial Planeta). Los tres coetáneos representan muy bien el tipo de gran empresario fundador, dedicado toda su vida a hacer crecer un grupo empresarial. Los tres emigran en la juventud y se caracterizan por un extraordinario olfato comercial (p. 283).

Los tres levantan a su alrededor una especie de círculo meritocrático por el que seleccionan a directivos igualmente móviles. En el caso de Areces es el de su sobrino y sucesor, Isidoro Álvarez. En el de Escámez esa proyección se logra con Felipe Navalpotro o Luis Blázquez, entre otros (p. 315).

Juan Antonio Vallejo-Nágera rememora la historia de los Botas, una numerosa estirpe del pueblo de su madre, el hermosísimo Castrillo de los Polvazares. (Se haría famoso al situar allí la acción de *Esfinge Maragata*, de Concha Espina.) Los Botas forman una dinastía de maragatos que recogen la tradición de arrieros de sus antepasados. Se dedican ahora al comercio, desparramados por diversas ciudades. «Todos se hicieron ricos, y sus hijos han vuelto aquí [a Castrillo] y han arreglado las casas» (Vallejo-Nágera 90:51). La historia es ejemplar en todos los sentidos. Es el epítome de la emigración interior, que paradójicamente ha servido para que se remozaran los pueblos. La historia recuerda la de otra estirpe, la de los Botejara, que sirvió para una difundida serie de la televisión que narró Alfredo Amestoy. Ambos casos representan el equivalente castellano o leonés de la diáspora judía. Se puede sospechar que tanto los Botas como los Botejara (que no son apodos sino apellidos) sean de ascendencia judía. Se confirma la relación entre la actividad comercial, la movilidad geográfica y el ascenso social. Recuérdese que el dios del comercio, Mercurio, tenía alas en los pies.

Un caso sorprendente de movilidad ascendente es el de Francisco Jurdao, que pasa de obrero de una fundición de plomo a empleado, funcionario, profesor y escritor. Se da cuenta de la desintegración familiar que supone ese proceso. «La familia se rompe porque la cultura del hijo que traspasa la barrera del analfabeto a letrado se aleja de la cultura de los padres analfabetos. La comunicación entre miembros de la familia se rompe. Y los padres ven con asombro cómo han perdido al hijo» (Jurdao 96:102). El autor se resiente por su parte. Al romperse la comunicación familiar, se da cuenta de que no tiene a nadie que le ayude a resolver sus deberes de estudiante.

«Difícilmente, un joven de familia no letrada con vocación de estudio comprende lo que duele esta soledad» (p. 105). Sinceramente, la comprendo. Yo también comprobé en mi carne de estudiante que, a partir de los diez años, mis padres no me podían ayudar en las tareas escolares, como hasta entonces habían hecho. No había cerca otros parientes que pudieran suplirlos. Era una prematura mutilación familiar. Produce, efectivamente, una sensación de infantil soledad. El nudo hecho es que el joven estudiante en esas condiciones no puede hablar con sus padres de sus progresos intelectuales. Es uno de los mayores costes de la movilidad educativa.

La movilidad social puede basarse en los títulos educativos. Es una vía muy típica que han seguido algunos políticos. Vicente Mortes, eminente ingeniero de Caminos y luego ministro de la Vivienda, era hijo de albañil, «referencia profesional de todos los antepasados de su padre desde comienzos del siglo pasado» (Álvarez Morales 95:13). Su padre monta una empresa constructora. Un amigo de su padre, ingeniero de Caminos, es quien le induce a la carrera (p. 57).

Cuenta Manuel Fraga su vivencia de la movilidad social a través de la educación. «Nuestros padres entendieron que debíamos ir a la universidad, y que ello era lo más que nos podían dar. Mi padre siempre dijo que él tenía unos ahorros suficientes para educar a sus hijos, pero no más, no para dejarles algún capital. Y en eso fue sumamente liberal y generoso, de modo que la familia nos fue siguiendo a nosotros [los hijos]: se establecieron en Santiago, se establecieron en Madrid, allí donde se fueron sus hijos.» Los doce hijos hicieron carrera universitaria (Millán Mestre 75:24). Otro biógrafo de Fraga comenta esa «marca» de movilidad educativa como realmente excepcional para la España de mediados de siglo. Resalta el procedimiento: «Padres con estudios medios o elementales, que renunciaban a las pocas comodidades que podían permitirse, con tal de asegurar la promoción social y material de sus hijos mediante unos estudios lo más completos posibles» (Platón 92:21).

Como es lógico, la literatura testimonial relata con más cuidado los casos de movilidad ascendente. Francisco Ayala atestigua el suceso complementario, el de la movilidad descendente. «Mi niñez y toda mi adolescencia discurrió sobre ese fondo de penuria en medio de una parentela opulenta que nos miraba con sentimientos de repudiación y lástima diversamente mezclados» (Ayala 82:35). El descenso económico se debe a que una familia de rentistas simplemente no sabe administrar sus propiedades. Este caso de prodigalidad ha sido muy típico de las clases acomodadas andaluzas.

En contra de lo que podría suponerse, las historias de fuerte movilidad ascendente provocan más bien personalidades integradas, conservadoras. En cambio, los individuos que proceden de clases acomodadas, si no se mantienen, pueden dar origen a caracteres rebeldes e incluso desclasados. Un ejemplo de este último supuesto es el del novelista Juan Goytisolo. Tanto se desclasa y se rebela que acaba expatriándose y convirtiéndose en un extravagante converso cultural al islam. Juan Goytisolo se considera a sí mismo como proveniente del mismo ambiente «de la pérgola y el tenis» que describe su camarada Jaime Gil de Biedma. Así recuerda el paisaje de su infancia dorada: «Estampas borrosas de la terraza de Torrentbó, sus eucaliptos, balaustrada, estanque con surtidores por boca de rana, banco de piedra, estrafalario cenador rústico» (Goytisolo 85:44).

La movilidad la puedo estudiar como sociólogo, pero la puedo entender mejor porque yo mismo he sido una persona que ha ascendido socialmente. A lo cual se añade una considerable variedad de lugares de residencia. Sostengo, además, que esa profusión de paisajes que me ha sido dado contemplar ha sido un formidable estímulo para la capacidad de observación sociológica. Pero el ascenso social o la traslación geográfica no son procesos gratuitos. Hay que pagar una especie de peaje cada vez que se traspasa una barrera. En la atmósfera social, el móvil encuentra todo tipo de roces y resistencias.

23. Muerte

Si fuésemos inmortales, no habría biografías ni lugar para las ciencias humanas o sociales. No lo puede haber en el mundo angélico. Luego la muerte es la gran institución humanizadora. No es un suceso estrictamente biológico. Está atravesado de símbolos culturales, de formas de ver la vida.

La sociedad tradicional no lo era simplemente porque mostraba una mayor mortalidad. Lo característico era que los vivos se sentían agobiados por la presencia continua de la muerte. El poeta y pintor Moreno Villa, a través de una preciosa autobiografía, relata muy bien esa angustia familiar respecto a la muerte. Todo empieza por un severo «ataque al cerebro» que tuvo su padre cuando el autor tenía cuatro años. El padre sobrevive al incidente y vivirá muchos años más, pero siempre con el agobio de la inminencia de un nuevo ataque. A partir de ese hecho se instala en la familia la sensación de que «las cosas y las personas despiden muerte». La respuesta a ese vago sentimiento es doble: «cohibición y voluptuosidad» (Moreno Villa 76:30). No está mal como resumen del tono vital de los españoles de entonces y de ahora.

Una sociedad que se moderniza muestra una sensible alteración de ciertos rasgos que podríamos creer indelebles. Por ejemplo, la reacción ante la muerte, sobre todo la de los niños. Era tan alta la mortalidad infantil en la sociedad agraria del siglo XIX que por fuerza tenía que acompañarse de una actitud de resignación, de pasividad fatalista. El siglo XX se distingue por un cambio sutil, pero de grandes consecuencias: el descenso sistemático, hasta hoy, de la mortalidad infantil. Quiere esto decir que la muerte de los niños es ahora especialmente sentida. Sebastián Juan Arbó cuenta un caso desgarrador. Se trata de un hermanillo suyo, que muere a los once años tras una larga agonía. Su madre se desvive por el enfermo. En la noche que muere su hijo, los cabellos de la pobre mujer se vuelven blancos. Se viste de riguroso luto, que ya no se quitaría nunca. «Era muy aficionada a cantar; desde aquel día no la oí cantar nunca más y apenas sonreír» (Arbó 82:89).

Un suceso parecido se contiene en las memorias de Eugenio Noel. Su madre se vuelve medio loca del dolor que le produce la muerte prematura de un hijo. «Se hace un cuadro macabro, con dientes, uñas, pelo y recuerdos de su hijo [la llave del ataúd, las zapatillas diminutas], y lo cuelga de la pared.» Así lo tiene toda su vida (Noel 62, I:24). Se trata seguramente de casos extremos, patológicos incluso, pero revelan muy bien el nuevo talante hacia la muerte. El hecho es paradójico. Justamente cuando se empieza a poder retrasar la muerte, cuando muchas muertes se consideran evitables, entonces es cuando bajan las defensas respecto al fallecimiento. Ni que decir tiene que la muerte es más que nada la de los demás, la de los seres queridos, como suele decirse con frase hecha para la ocasión.

En el siglo XIX era tal la frecuencia de los óbitos, la azarosidad con que se producían, que necesariamente tenía que surgir el mecanismo defensivo de la resignación. La viudedad temprana era un suceso relativamente usual, así como la muerte de los niños. Cuenta el historiador Ramón Carande que su padre, a los treinta y ocho años, ve cómo, «en menos de treinta meses, había enviudado, perdiendo una mujer de veinticinco años a los seis años escasos de casarse, y tres hijos de los cuatro que le quedaban» (Carande 27:29). Sabemos que hasta que comienza el siglo actual no empiezan a descender las altísimas tasas de mortalidad infantil. Los materiales biográficos dan cumplida razón de ese hecho. Josep Maria de Sagarra narra la historia familiar. Su madre dio a luz catorce veces, pero sólo le sobrevivieron seis criaturas (Sagarra 81, I:163).

Muchos textos biográficos de este siglo recogen traumáticas experiencias de la muerte de parientes o amigos. Las personas más aparentemente frívolas o mundanas se encuentran desarmadas ante esos sucesos, que parecen siempre imprevistos. Reflexiona así César González Ruano: «La muerte y los muertos me han producido siempre espanto y una sensación de fallo personal, como si yo estuviera en ridículo porque se me hubiera muerto un ser de mi sangre, como si yo fuera ante los ojos de los demás un ser tan débil y tan pobre que no pudo evitar que el otro se muriera» (González Ruano 50:204). Se recordará que, como el mismo articulista comentaba muchas veces, a él «los obituarios se le daban con facilidad».

José Antonio Muñoz Rojas narra la primera experiencia directa de la muerte: a los veintitrés años. Coincide con el fracaso en las oposiciones a diplomático. «Allí estaba la muerte en persona, tal y como era, nunca más real que la de nuestro padre, ante mis asombrados ojos de veintitrés años, yertos entre el pasmo y el dolor. Morir era sencillo, formaba paradójicamente parte de la vida, cosa en la que nunca habíamos pensado» (Muñoz Rojas 94:118).

Hay personas más hiponcondríacas que anticipan la muerte propia y viven obsesionadas con ese presagio. El hecho mismo de ponerse a escribir las memorias significa esa consciencia del próximo final. Pío Baroja empieza a escribir sus memorias en 1941. Las titula, con tono pesimista, *Desde la última vuelta del camino.* No era realmente tal despedida de la vida. Don Pío muere en 1956. Es decir, esa última vuelta fue mucho más larga de lo que pensaba. Lo curioso es que ese mismo sentimiento pesimista invade a su sobrino, Julio Caro Baroja, cuando se dispone a escribir sus memorias, que son más bien las de la familia entera: «Comencé a escribir estas cuartillas en un estado de ánimo un poco extraño, hace ya tiempo, en 1957: viendo el mundo desde la sepultura, considerándome yo mismo como un muerto» (Caro Baroja 72). El autor fallece en 1994, treinta y siete años después de ese sentimiento de estar próximo a la muerte. También en esto Julio Caro Baroja es una reproducción exagerada del carácter de su tío.

Se me permitirá ahora un pequeño recuerdo personal, para mí entrañable. Cuando yo tenía catorce años me sumé a la iniciativa de unos amigos (recuerdo a Alfonso Manso de las Moras) para visitar a don Pío. Fuimos en peregrinación literaria al caserío de Vera de Bidasoa, donde tuvimos una tarde muy agradable con Julio Caro Baroja y con Pío Baroja. Fue admirable el tiempo que dedicó don Pío, en la cúspide de su fama y con muchos achaques, a aquellos mozalbetes. Por cierto, que nos habló por extenso sobre la muerte, las brujas, el misterio cósmico. Hay que imaginar el decorado un tanto lúgubre del caserío de Iztea. Creo que aquel día decidí secretamente que tendría que ser escritor o algo parecido. Por aquellas fechas nos encargaron escribir en el colegio una redacción sobre lo que sería nuestra vida hacia 1980. Yo imaginé que en esa fecha «era» catedrático de Historia del Arte de la Universidad Central de Madrid, y «estaba» dando unas conferencias en el Museo Británico. No me equivoqué mucho. En 1981 era catedrático de Sociología de la Universidad Complutense. Aquel curso estuve de profesor visitante en la Universidad de Yale. Aun los sueños más disparatados a veces se cumplen. En este caso no es que me hubiera propuesto la realización de mi sueño adolescente. Realmente se me olvidó haber escrito la redacción sobre mi autobiografía de futuro. Si la recuerdo ahora es porque el profesor de literatura que entonces tenía me acaba de devolver un cartapacio con los ejercicios de redacción que yo hice de adolescente. Para mi sorpresa, me he encontrado con la prefiguración que yo había hecho de mi carrera. Se mezcla así en el recuerdo la última vuelta del camino de don Pío con las primeras vueltas que yo daba en la vida. Ése es, simbólicamente, el relevo de las generaciones.

Lo característico de la sociedad actual no es que nos aproximemos a la inmortalidad, claro está, sino que la muerte se ve lo menos posible. Ya no es un asunto doméstico, sino hospitalario, y por lo tanto oculto (por la puerta de atrás). Los tanatorios están hechos para enfriar todo lo posible el duelo. El luto ya no existe. Durante su viaje en 1969, Max Aub anota la desaparición de la España enlutada que él había visto hasta la guerra civil. No sólo el luto se ha atenuado, sino el gusto por la ropa negra (Aub 71:315). Todo conduce a la misma idea de alejar la presencia de la muerte de nuestra realidad inmediata.

Hay una historia, entre emocionante y patética, la de José Antonio Vallejo-Nágera, a quien diagnostican un cáncer y le dan unos pocos meses de vida. Lo emocionante es la serenidad con que se va despidiendo de sus amigos. Lo patético es la iluminada obsesión que le entra por convertir a sus amigos agnósticos. Es el natural misticismo de la enfermedad terminal. Uno de sus amigos, Luis Miguel *Dominguín*, el famoso torero, se resiste a la obligación de rezar que le impone el médico moribundo. Y le contesta, con auténtica elegancia torera: «Juan Antonio, dile a tu Dios que yo le ofrezco mi vida por la tuya, y que ése es el primer favor que le pido» (Vallejo-Nágera 90:105). Ésa es la más auténtica profesión de amistad y una estupenda declaración de fe. Nadie mejor que un torero puede saber que la vida es continuo juego de escondite con la muerte.

24. Nacionalismo

Hay algunos españoles que lo son de manera exclusiva o excluyente: todas las otras identificaciones están por debajo de esa adscripción al ser nacional. Pero ese fervor nacionalista se proyecta algunas veces sobre los habitantes de una región en particular, hasta el punto de que dudosamente se consideran a sí mismos como españoles. Nada más español que esa autoexclusión. Si el resentimiento es uno de los vicios del carácter español, el nacionalismo no es más que una forma de resentimiento. Es lo que se puede llamar recelo, esto es, desconfiar de los demás y echarles la culpa de los males de uno.

Hay que distinguir los dos nacionalismos que realmente cuentan —el vasco y el catalán— de todos los demás. La razón es que sólo esos dos se basan en la presunción de que son superiores. Curiosamente, más que la independencia de sus respectivas naciones, buscan el dominio sobre el conjunto español. En cambio, los otros nacionalismos se apoyan sobre la actitud contraria, el sentimiento de inferioridad respecto al resto de España. Por ejemplo, «lo que no gusta al gallego es su baja consideración» (Montero 90:42). Se entiende, por parte de los otros españoles.

La nación española es una hermosa abstracción, pero realmente el sentimiento de pertenencia destaca más bien lo que se llama «patria chica». Veamos un ejemplo: «El Sardinero es mi única patria, hasta el punto de que no me siento español, ni menos cántabro, santanderino o montañés, sino sardinerino o pejino, porque la sardina peje es [de esa forma me siento] ciudadano del mundo sin pasar por España, o por Europa siquiera» (Pardo 96:101). Desde luego, las encuestas demuestran que el sentimiento de pertenencia a una localidad es más intenso que el regional o el nacional. En todo caso, uno no anula al otro. Es impensable, por ejemplo, que haya españoles que se sientan ante todo castellanoleoneses o castellanomanchegos. En cambio es real el sentimiento de ser zamorano (como es mi caso), alicantino o malagueño. Otra cosa es que esos gentilicios locales sean más o menos compatibles con la conciencia de ser españoles. Allí donde esa conciencia se hace más laxa surge propiamente el nacionalismo. Se trata, repito, de un sentimiento que afecta con mayor propiedad a vascos y catalanes. No a todos, ése es el problema. Por eso, la hipotética independencia de Cataluña o el País Vasco no zanjaría la cuestión, sino que la enconaría. Sobre todo porque, después de la independencia, vendría el irredentismo, la anexión de los territorios limítrofes (Rosellón, Navarra).

El nacionalismo no es más que la exageración, hasta la caricatura, de los intereses territoriales sobre todos los demás. La creencia básica es que «todo lo que viene de fuera es malo; todo lo de dentro es bueno». El desarrollo de este principio puede llevar a extremos risibles. Por ejemplo, durante los primeros años de la transición democrática surgió en el País Vasco un «Komando Irrintxi» (por el grito tradicional de las fiestas populares; literalmente el «relincho»). Su propósito era el de «quemar todos los pinos insignis, es decir, las tres cuartas partes de los árboles del país, porque no son originarios vascos» (Guimón 96:34). El argumento de lo originario no tiene fin, a no ser que el paraíso terrenal estuviera realmente en el Goierri. Que quiere decir algo así como «país de las alturas».

La circunstancia de que Santiago Ramón y Cajal naciera en un pueblo de Navarra, pero enclavado en Aragón (donde sólo vive los primeros años de su infancia), y de familia netamente aragonesa, le lleva a reconocer: «Carezco de patria chica bien precisada. Contrariedad desagradable de haberme dado el naipe por la política. Pero ventaja para mis sentimientos patrióticos, que han podido correr más libremente por el ancho y generoso cauce de la España plena» (Ramón y Cajal 46:11). Realmente, el ilustre científico se aposentó en Madrid, donde siempre se sintió español sin más. Como a tantos otros españoles se le atragantó el fenómeno de los nacionalismos que podríamos llamar periféricos. Porque hay también un nacionalismo netamente español o, si se quiere, españolista, pero ésa es otra historia. El verdadero nacionalismo es el que reivindica una nación que todavía no tiene Estado.

El nacionalismo, visto desde Madrid, parece asaz provinciano, por muy «pueblo» que haya sido también la corte madrileña. El epigrama de Azaña es definitivo: «Esto del nacionalismo [se refiere al vasco] es como el dominó en Valladolid, un fruto del aburrimiento provincial» (Azaña 90, III:851; escrito en 1918).

El caso de Juan Goytisolo es muy singular. Su padre era de ascendencia vasca y de mentalidad hiperespañolista. Su madre, de raigambre catalana, fallece cuando nuestro autor era un niño. Este hecho hace que oscile hacia la identificación con la lengua española, hasta el punto de renegar de su filiación catalana de nación. Llega a decir que «en Madrid se nos suele considerar [a él mismo y a sus hermanos] erróneamente catalanes... Catalanes en Madrid y castellanos en Barcelona, nuestra ubicación es ambigua y contradictoria, amenazada de ostracismo por ambos lados y enriquecida no obstante, por el mutuo rechazo, con los dones preciosos del desarraigo y movilidad» (Goytisolo 85:37). Esta ambivalente relación va a ser definitiva para la identificación de nuestro autor. Ya en París descubre que el castellano «era mi patria auténtica y objeto simultáneo de odio y amor... No elegí la lengua, sino que fui elegido por ella» (p. 37). Las metáforas se vengan. O por lo menos persiguen a sus autores hasta el final. Goytisolo compara su ambivalencia lingüística con su indefinición sexual cuando adolescente. Y así, «el impulso ciego a una forma corporal masculina» lo ve en su caso como equivalente del enamoramiento tardío por el idioma castellano (p. 38). Otra cosa es que, con los años, se convierta en una especie de renegado cultural y se instale en Marruecos.

Una interesante función positiva de los nacionalismos —sobre todo del vasco— es que contribuyen a reafirmar el sentimiento solidario del resto de los españoles. No hay más que escuchar con atención y curiosidad las conversaciones amicales o las cenas de matrimonios en la España, digamos, no nacionalista. Los excesos nacionalistas son un objeto de conversación educada que une, por la simplicísima razón de que casi todo el mundo está de acuerdo.

25. Padre

Hemos hablado de la familia y de la madre, como cumple por el orden alfabético. Cabe hacerlo también del padre, que representa más el aspecto de la disciplina según la consideración tradicional de la familia. Es una paradoja, pero muchas veces el éxito de un profesional se apoya sobre una difícil relación con el padre.

La relación de jerarquía y respeto entre padres e hijos ha sido la norma hasta la última generación. El actor Paco Rabal cuenta que no se atrevió a fumar delante de su padre hasta el mismo día en que se casó. Era ya entonces un actor reconocido (Rabal 94:148). Entiéndase que el acto de fumar era el signo de la independencia, de la emancipación de los jóvenes.

Seguimos con la familia tradicional. La madre podía ser afectiva, el padre menos: «Nuestro padre no se mostraba expansivo, besaba alguna vez la frente a sus hijas, a los hijos unas palmadas en el hombro constituían la caricia mayor... Su severa reserva de castellano, doblado de cordobés, dejó escapar señales que permitieran sospechar su predilección paterna solamente los últimos años de su vida; su predilecto fui yo» (Barga 64:73).

La figura del padre es decisiva en la formación de Santiago Ramón y Cajal. Su padre fue un médico autodidacta. Empezó como mancebo de barbería, enfermero y luego cirujano. Ya de adulto se hizo médico. Su vida fue muy dificultosa. A toda costa quiso que sus hijos estudiaran medicina. Santiago se resistió todo lo que pudo a esa presión, pues su vocación era la de pintor. Pero la contumacia del padre hizo que se dedicara a la medicina (Ramón y Cajal 46:8). «Mi verdadero maestro fue mi padre, que tomó sobre sí la tarea de enseñarme a leer y escribir y de inculcarme nociones elementales [de diversas ciencias]. [Gracias a ello] a los seis años escribía corrientemente y con pasadera ortografía, y poseía algunas nociones de geografía, francés y aritmética» (p. 21). No sólo eso. Su padre le dedicó muchas horas a enseñarle anatomía.

La intensa relación con el padre es la clave profesional de muchas biografías. Detrás de la carrera del hijo está la figura del padre que se empeña en realizar su vocación frustrada a través de la intensa aplicación de su retoño. El hecho aparece una y otra vez, aunque a veces hay que rastrearlo entre líneas, porque no se hace del todo explícito. Éste es el caso de José Antonio Giménez-Arnau, falangista de primera hora, diplomático de carrera y escritor de cierto renombre oficial. Durante sus estudios, va informando día por día a su padre de sus progresos y le consulta sus decisiones. Su padre era notario, muy conservador, con aficiones periodísticas. Es claro que proyectó lo que hubiera querido ser en la carrera de sus hijos, sobre todo la de José Antonio. Nada más legítimo, pero, si no se entiende bien este mecanismo proyectivo, quizá no se pueda explicar el espíritu de emulación de muchos personajes (Giménez-Arnau 78:65).

Un caso similar de la intensa relación entre el padre y el hijo lo tenemos en el caso del ingeniero José de Orbegozo, natural de San Sebastián. A los quince años sus padres le envían a Madrid con el fin de seguir la carrera de ingeniero de Caminos. Todos los días de esos años estudiantiles escribió a sus padres y recibió una carta de ellos. Esta costumbre la implanta años después con sus respectivos hijos (Machimbarrena 41:54).

La influencia del padre puede ser tan decisiva como en el caso de Eduardo Ortiz de Landázuri, quien iba a ser el fundador de la famosa clínica de la Universidad de Navarra. Recién licenciado en medicina y orientado hacia la ideología socialista, ve cómo fusilan a su padre (militar) en la cárcel Modelo de

Madrid. Curiosamente, las notas del doctor Ortiz de Landázuri se refieren siempre al «fallecimiento» de su padre, no al fusilamiento. Era una turbulencia emotiva más de la guerra civil. Pero fue tan intensa que hizo dar un giro radical en su orientación ideológica. Se acerca cada vez más al Opus Dei, donde termina siendo una especie de santo laico. Éste es un caso donde la biografía aparece literalmente, con todos los merecimientos, como hagiografía (López Escobar 94). Algún día lo veremos en los altares, aunque ya son altares sin santos. Ganaron al fin los iconoclastas; triste es.

La influencia paterna decide a veces la biografía. Este principio se aplica muy bien a José Antonio Primo de Rivera. El que había de ser un apasionado líder «visionario» tardó en interesarse por la política. Se decide a ser diputado en 1931, en contra de sus deseos más personales, con el fin de defender la memoria de su padre, el que había sido Dictador, Miguel Primo de Rivera. Hay que anotar el hecho de que José Antonio Primo de Rivera fuera huérfano de madre desde su infancia. Este suceso provocó una redoblada identificación con su padre. Se dirige a sus electores con estos sorprendentes argumentos: «Bien sabe Dios que mi vocación está en los libros, y que el apartarme de ellos para lanzarme momentáneamente al vértigo de la política me cuesta verdadero dolor.» Su único programa fue entonces reivindicar la memoria de su padre (Gil Pecharromán 96:139). Este suceso explica el escepticismo con que el nuevo político iba a contemplar el juego democrático. Una vez más, la biografía determina la ideología.

El caso del crítico literario Francisco Navarro Ledesma es muy típico para comprender la decisiva influencia de la madre y el conflicto permanente con el padre. Nuestro hombre ve a su progenitor como un tipo vulgar e inútil para los asuntos prácticos. Estamos ante una ilustración freudiana del «único hijo varón, adorado por su madre». Esa relación es suficiente para encelar al padre (De Zulueta 68:22).

El hecho de quedarse huérfano de madre a una temprana edad (seis años) lleva paradójicamente a Juan Goytisolo a rechazar la figura paterna. El hijo recuerda la imagen pestilente de enfermo crónico que acompaña a su padre. Siente el «desafecto» que le crea la figura paterna hasta el punto de desear ser prohijado por algún otro pariente. Todo antes que «vivir con aquel hombre triste y amargado, cuyo dolor y frustración no compartía». No sólo siente «desengaño» respecto a la figura de un padre «senil y desvalido», sino «rencor» (p. 72). La verdad es que este sentimiento penetra la obra entera de nuestro hombre, resentida, amargada hasta un extremo patológico. Es el novelista de la triste figura.

La patética autobiografía de un emigrante ultramarino, un indiano fracasado, recogida magistralmente por J. F. Marsal, se apoya sobre la primera experiencia con el padre. «De mi padre, que en paz descanse, no tengo el recuerdo ni de una caricia» (Marsal 72:25).

Rafael Alberti recuerda la niñez en la que apenas vio a su padre. Era representante de una casa de vinos de Jerez, lo que le hace estar «años enteros» sin volver a casa (Alberti 75:55). Se trata, seguramente, de una piadosa reinterpretación de una historia de separación conyugal de hecho, que por aquel tiempo —principios del siglo XX— no se podría presentar de otro modo.

El periodista Manuel Tarín-Iglesias, a los catorce años, experimenta el asesinato de su padre en 1933 a manos de los pistoleros anarquistas. El hecho trágico lo interpreta como «la hora del relevo», lo que le hace ser prematuramente adulto. No obstante, reconoce que «desde entonces hasta ahora, medio siglo después, ha tenido siempre hambre de padre» (Tarín-Iglesias 85:35).

Pilar Miró ejemplifica el caso de la gran tensión que puede suponer la relación con el padre. El suyo era un antiguo militar republicano represaliado. Nunca comunicó a su hija esa íntima tragedia que es también la tragedia de la guerra civil a escala familiar. Era parte de una terrible incomunicación que sin duda iba a marcar la personalidad y la creatividad de la famosa cineasta: «Mi padre era un ser absolutamente tosco, amargado, que no nos hablaba nunca... [Era] un señor que te regañaba por cosas absurdas... Todo muy sórdido... Yo le tenía mucho miedo a mi padre. Ahora le comprendo, pero no le puedo perdonar, me queda demasiado rencor de mi infancia» (Massanés 78:127). Ahora se comprende una reciente autodefinición de su carácter, cuando Pilar Miró se considera «vengativa», pero «más rencorosa que vengativa». Y precisa: «ni olvido ni perdono» (entrevista con José María Amilibia, *ABC*, 23 de abril de 1996). Es la perfecta definición del resentimiento, tan español. El cual puede ser compatible —como revela el caso de Pilar Miró— con un extraordinario espíritu creador. Por más vueltas que se le dé, todo avala la misma conclusión: no hay éxito sin sufrimiento.

26. Pareja

Digo «pareja» al no decidirme por la expresión desiderativa, «amor», o la jurídica, «matrimonio». No todos los matrimonios son por amor ni todas las relaciones amorosas acaban en el matrimonio. Hay muchas más combinaciones. La verdad es que cada vez es más fuerte la exigencia de que haya amor en el matrimonio. Precisamente, ésa es una de las causas de un gran malestar social. Es un hecho que los adultos se relacionan íntimamente de dos en dos. La generalidad es que esa relación más intensa sea entre personas de parecida edad (por lo menos según el grado de madurez) y de distinto sexo. Las combinaciones contrarias (mismo sexo o muy distinta edad, sobre todo si es la mujer la que tiene más años) no suelen estar tan bien vistas. Asombra que se pongan tantas restricciones a lo que tendría que ser espontáneo.

La separación de las ideas de amor y de matrimonio se revela a través del siguiente texto: «Pienso en el día que le dijeron [a mi madre] que yo había dejado a mi mujer porque me había enamorado de una joven. "¿Enamorado?" Preguntó y remató la pregunta: "¿Y eso de enamorado qué es?" En esta pregunta está encerrada la vida amorosa de mis padres» (Jurdao 96:30). El matrimonio tradicional se entendía para «hacer hijos». El amor era otra cosa, más cercana a lo que ocurre en las novelas. Todavía más novelesca era la situación de los casamientos por amor. Solían responder a la pauta de matrimonio temprano, que todavía era corriente a principios del siglo actual. La precocidad nupcial se daba más bien para las mujeres. Era la única forma que tenían de «salir de casa» de los padres.

Un testimonio de principios de siglo, en Barcelona, aprecia como normal que una chica se prometiera a los catorce años para casarse antes de los dieciséis. «A los veinte las muchachas empezaban a ser solteronas» (Francés 62:38). El problema de estos usos es que esas mujeres, casadas tan pronto, maduraban afectivamente bastantes años después. No era fácil que ese mismo proceso fuera paralelo en el caso de los maridos, normalmente añosos y sobre todo con muchas preocupaciones alejadas del afecto. El conflicto era inevitable, pero se lo tenían que tragar. Cuántos descoyuntamientos de la vida pública española no habrán tenido su base en esos trastornos de las relaciones íntimas.

Antes era más frecuente una gran disparidad de años entre la edad del novio y de la novia al casarse. Azaña se casa en 1925, con cuarenta y cinco años; su mujer tenía veintiuno (Rivas Cherif 81:151). La pauta de una gran diferencia de años entre los cónyuges se sigue, a veces, como un rasgo familiar. El poeta y pintor José Moreno Villa se casa a los cincuenta y dos años; su mujer tenía veintinueve. Pero su abuelo materno se casó a los cuarenta y dos con una mujer de dieciocho (Moreno Villa 76:27).

El matrimonio tardío para los varones implica a veces que su vida afectiva se establece, de modo vicario, con prostitutas. Tanto Ganivet como Navarro Ledesma, amigos ellos, centran sus relaciones con el otro sexo a través de las mujeres de mala vida. Es un rasgo típico de la bohemia literaria, que en ese caso condujo indirectamente a la muerte prematura de ambos personajes (Zulueta 68:35).

Los ejemplos anteriores, bastante disolutos, no reflejan todas las posibles combinaciones. Hay lugar también para el decente celibato. Manuel de Falla vivió toda su vida con su hermana Carmen. Formaban una extraña pareja de célibes, los dos muy religiosos, al modo del eclesiástico y su sobrina. Nada menos que don Quijote vivió también en ese régimen, ya sólo por eso tan español. Por lo menos nos dice que lo del matrimonio por amor no es un suceso tan frecuente como pretenden las novelas románticas. Otro distinguido solterón que vivió siempre con su hermana fue Emilio Castelar, monstruo de la grandilocuencia.

Hay un extraordinario suceso en la vida de Sagasta que explica muchas cosas, no sólo de la figura del caudillo liberal, sino también de la España contemporánea. Nuestro hombre se encontraba en Zamora al frente de la jefatura de Obras Públicas como ingeniero de ferrocarriles. Se enamora de una jovencita de diecisiete años; él tenía treinta y tres. El padre de la chica, coronel, se opone al noviazgo con el que pasaba por ser revolucionario liberal, librepensador y masón. Estamos en 1858, en pleno romanticismo (era la época de Bécquer y de Zorrilla). El coronel obliga a su hija a casarse con un capitán del Ejército. Realizada la boda, la novia se retira un momento a cambiarse de vestido. Es el momento acordado para que intervenga el ingeniero y rapte a la desposada. Ambos vivirán juntos hasta 1885, fecha en la que, por el fallecimiento del antiguo capitán burlado, la pareja puede regularizar su situación matrimonial (Cepeda 95:14). Por las mismas fechas, Sagasta gestiona con el Vaticano la legalización del matrimonio civil en el ordenamiento jurídico español. Antes tuvo que oponerse enfáticamente a la libertad de cultos que propugnaban, como es natural, los liberales. Era la forma de lograr el necesario *modus vivendi* con la Iglesia, que distingue a su obra de gobierno. Es así como el romántico incidente del rapto de la esposa del capitán explica toda una cadena de actos políticos.

A principios de siglo, en Barcelona, y en un ambiente de clase media, el hecho de un matrimonio civil se interpreta socialmente como un amancebamiento. Más aún cuando el matrimonio estrena piso, lo cual «confirmaba la especie, ya que eso solían hacerlo las entretenidas» (Francés 62:136).

La mujer de José Canalejas escribe un librito de memorias titulado *La vida íntima de Canalejas*, pero del que se evitan todos los aspectos íntimos. Sólo leyendo entre líneas llegamos a imaginar que el famoso político demócrata convivió, «sin papeles», durante bastantes años con la que iba a ser su segunda esposa. Como fruto de esa relación de hecho tuvieron cuatro hijos que hubieron de ser legitimados. Pero nada de esto nos dice su viuda. Simplemente cuenta que recibió una pulsera de pedida y que el matrimonio tardó en llegar «por causas ajenas a la voluntad de ambos» (duquesa 53:69). Aquí la imaginación del lector se despliega. Es muy posible que José Canalejas no se atreviera con un nuevo matrimonio, puesto que estuvo muy enamorado de su primera mujer, que falleció prematuramente. Hay que imaginar el sufrimiento de su segunda esposa, en el círculo de alta burguesía donde tuvo que moverse. Puede que este episodio de la pareja de hecho (entonces era «torpe concubinato») generara la enemiga de los obispos contra Canalejas. Oficialmente protestaban contra las restricciones a la expansión de los colegios religiosos (la famosa «ley del candado»). Realmente le hicieron la vida imposible a Canalejas. Son unos años, en torno a 1910, de feroces luchas entre católicos y anticlericales. La novela *A.M.D.G.*, de Pérez de Ayala, es de ese momento. Por eso, el pobre Canalejas no hacía más que emitir mensajes sobre la necesidad de la enseñanza religiosa y moral. Su trágica muerte —asesinado por un anarquista— añade una tristeza infinita a una vida que es el epítome de las dos Españas encontradas.

Ignacio Agustí reflexiona sobre su destino (palabra que a él le debía de resultar emotiva). Entiende que «en la vida no sólo son importantes las cosas que a uno le ocurren, sino su oportunidad». Quiere decir que lo decisivo es que los acontecimientos se produzcan en una fecha y no en otra (Agustí 74:225). Quizá está pensando en el inesperado éxito de su novela *Mariona Rebull*, un melodrama retrospectivo de amores y desamores. Es el reconocimiento del factor de azar que acompaña a los acontecimientos humanos, no sólo a los individuales, sino a los colectivos. La oportunidad puede ser positiva o negativa. Es un elemento que aparece continuamente en las biografías. El suceso típico es el del enamoramiento, que suele presentarse sin demasiada lógica, de forma inesperada. El estereotipo de la caprichosa flecha de Cupido no es mala imagen. Igual de antojadizo suele ser el acto por el que esa flecha vuelve al carcaj del diosecillo. Es más, no pocas historias de enamoramientos se acompañan de la conclusión de que «uno se enamora de quien no debe». Ésta es la clave del argumento de la mitad de las obras de ficción literaria. Y de la cuarta parte de los dramas afectivos de la vida real. Diríase que el amor aparece como un correctivo aleatorio de las excesivas rigideces sociales.

El ambiente burgués no recalca tanto el matrimonio por amor como por interés. Lo que premia es el casamiento entre iguales para que las empresas y las fortunas se mantengan y en todo caso se expandan. En un minucioso trabajo sobre la clase industrial catalana del último siglo, su autor concluye que, «sobre un total de ochocientos matrimonios documentados, encontré sólo cuatro casos de desigualdad social radical entre los cónyuges. Los cuatro eran matrimonios de un hombre de la clase alta con mujeres de servicio o tenderas» (McDonogh 89:211). Es un caso límite de que importaba más el patrimonio que el matrimonio. Era mucho pedir que los cónyuges se llevaran bien y no digamos que se amaran.

La historia del emigrante fracasado recogida por J. F. Marsal revela muy bien el primer recuerdo de unas relaciones hoscas entre las parejas de antaño. El padre era un jugador embrutecido y la madre una mujer sufrida. El momento de la agonía de la madre es el único que conmueve un poco la fría relación con el marido. «Fue la primera vez que vi a mi padre besar a mi madre» (Marsal 72:32). Era la primera vez y la última. La biografía de ese emigrante anónimo revela, entre líneas, la estupenda historia de amor del protagonista con la mujer que fue su amante subrepticia. No podía ser de otra forma, dado el fondo religioso de nuestro hombre y la vigencia de las convenciones sociales. Tenía que plegarse a esa norma por su obsesión de medrar socialmente. De ahí que el relato expreso que transmite refleje una extraña relación fraterna con la mujer que le cuidó durante los últimos lustros de su vida, la de ella. El relator y los lectores adivinan que en esa extraña pareja hubo un grande amor, el único que conoció el pobre emigrante. Lo fue sobre todo porque se sintió siempre abandonado de los otros afectos familiares (Marsal 72: pássim). Después de leer esta impresionante historia del emigrante anónimo, uno llega a la conclusión de que muchos padecimientos humanos se evitarían con una buena ley de divorcio. No tanto un texto legal como su aceptación por la sociedad. En el caso a que me refiero, la emigración a «la América» fue más bien una huida vergonzante de una insufrible relación conyugal. La cual se encona, hasta la crueldad más despiadada, a la vuelta del emigrante ya mayor y fracasado. Para nuestro hombre, su doble familia (de origen o de fundación) fue siempre un calvario (Marsal 72:302).

La mayor parte de los conflictos amorosos se derivan del hecho de que la vida es larga y da tiempo para enamorarse varias veces. Siempre se interpreta que la última es la mejor. Sobre todo en el mundo literario y artístico, el uso social es lo que podríamos llamar «poligamia sucesiva», cuando no se practica la abierta promiscuidad. A los efectos de la doctrina tradicional, se trata de libertinaje. No se crea que, con todas las historias aportadas, nos referimos a una época lejana. Todavía en 1996 el matrimonio civil del vicepresidente del Gobierno, Francisco Álvarez Cascos, ha merecido la enemiga de ciertos obispos. Alguno llegó a asegurar que la tal ceremonia significaba un «adulterio continuado». Qué barbaridad. Algún periodista, agnóstico él, ha llegado a suscribir la peregrina teoría de que el vicepresidente tenía que haber apostatado antes de dar el paso del matrimonio civil. Por una vez me resisto a dar el nombre del estrambótico autor de tamaño dislate.

Tomemos el testimonio de un honrado libertino, el de César González Ruano, y eso que suele ser muy recatado a la hora de dar cuenta de su azarosa vida afectiva: «Todas [las mujeres con las que ha estado unido] me han visto temblar como a un san Sebastián lacerado de deseos. Todas me sintieron desfallecer, luchar, levantarme, ganarme la vida a brazo partido. Todas me han visto llorar. A ninguna dejé y oficialmente las tres primeras me dejaron» (González Ruano 56:268). Confiesa con honradez: «Yo soy de la última generación en que los hombres no tratamos de igual a igual a las mujeres... Eso de tú das, pero yo también, no fue nunca para mí un argumento. Siempre creí que las que daban eran ellas y el agradecido yo» (p. 269).

La contraposición entre estricta monogamia y promiscuidad o poligamia sucesiva no es tan mecánica como parece. Por lo menos no lo es a la escala de las biografías individuales. Tomemos el caso expresivo de Salvador Pániker. Sus memorias son un continuo alarde de promiscuidad, casi como el del famoso monólogo de don Juan Tenorio en la hostería. Pero, al tiempo, hay en su vida una Dulcinea definitiva que lo acerca al otro mito español de don Quijote. Confiesa al final: «Nunca nadie me habrá querido como Nuria, y nunca a nadie habré querido como a Nuria» (Pániker 88:21). Nuria es la madre de sus hijos, con la que ha mantenido siempre una ambivalente relación. «Nuria y yo nos deseábamos demasiado para estar casados... Fundar el matrimonio en el amor no parece muy sensato» (p. 24). De lo que se deduce un irónico atractivo por el matrimonio de conveniencia, que es lo que cumple a la clase burguesa, la de nuestro hombre. La salida ante este haz de sentimientos encontrados es la generosa promiscuidad. «Siempre he deseado tener relaciones interpersonales profundas, pero también superficiales, lúdicas, diversas. Y, con demasiado retraso, he comprendido mi escasa predisposición a la fidelidad monógama» (p. 33). Lo de la promiscuidad no es ninguna exageración interpretativa. Nuestro personaje llega al extremo de escribir la misma carta, con copias, a seis mujeres diferentes (p. 127). Aunque este gesto más bien parece narcisismo o vaya usted a saber.

27. Pesimismo

Una de las constantes de la manera de presentarse del español eminente ante su correspondiente público es el talante pesimista. No importa que nos refiramos a una sociedad dinámica, con un formidable impulso transformador. El pesimismo es una forma de ser en gran medida insensible al contraste con la realidad. La mejor prueba es que se toma como punto de partida del pesimismo nacional la fecha de 1898. Cierto es que se pierde una guerra, pero peor hubiera sido sostenerla por más tiempo. Lo curioso es que esa misma fecha marca el inicio de una extraordinaria bonanza económica.

La noción de que 1898 fue un Desastre, así, con mayúscula, pertenece al gremio intelectual, que es el que despliega el talante pesimista. Las gentes del común consideraron entonces que el fin de la guerra era el de una pesadilla. Hay un testimonio interesante, el del novelista Alberto Insúa, que se repatría en Cuba en 1899. A su llegada al puerto de La Coruña, el autor observa un hecho que le produce «un sentimiento muy raro, de soledad espiritual», que a los chicos de La Coruña «no les importaba» la guerra de Cuba que acababa de concluir de forma desastrosa. Esta indiferencia la observa también «en la mayoría de las personas mayores» y dice que «le causaba estupor» (Insúa 52:288). Otro testimonio parecido es el del escritor Eugenio Noel por las mismas fechas. «En la vida cotidiana [de Madrid] no se nota la menor preocupación por la derrota de la Escuadra» (Noel 62, I:137).

Antonio Espina, el ameno cronista de la vida cotidiana durante la Restauración, señala que lo del pesimismo, como rasgo del carácter nacional, tiene mucho de «labia y aspaviento». Es decir, hay que entenderlo como un gesto retórico. Aplica precisamente esta interpretación al acontecimiento de la guerra de Cuba. Mucha «efervescencia patriótica» mientras duró el conflicto, pero «cuando sobrevino el Desastre la gente de pronto quedó tan tranquila» (Espina 95:164). En efecto, muchos testimonios de la época dan cuenta de ese contraste. Lo del «Desastre» fue parte de la retórica de los publicistas de la época. El pesimismo quedó como un rasgo característico de los intelectuales.

El pesimismo es una de las divisas de la «generación del 98». Aunque así se llame, la guerra de Cuba no fue el estímulo que más los marcó. El pesimismo lo traían de sus biografías un tanto tristonas. Para empezar, es un grupo de personas que viven para la literatura, pero no pueden vivir de la literatura. Aceptan con cierta resignación algo que se considera como una tacha del alma española. Azorín lo registra con singular expresividad. Se refiere a la adolescencia en Yecla, hacia 1885: «Si yo tuviera que hacer el resumen de mis sensaciones de niño en estos pueblos opacos y sórdidos, no me vería muy apretado. Escribiría sencillamente los siguientes corolarios: *¡Es ya tarde! ¡Qué le vamos a hacer! ¡Ahora se tenía que morir!* Estas tres sentencias... resumen brevemente la psicología de la raza española» (Azorín 20:156). Estamos ante la versión meridional del pesimismo: el fatalismo.

Todos los del 98 son pesimistas, pero ninguno lo reconoce tan expresamente como Pío Baroja. Son abundantes los testimonios. Salvemos algunos: «Yo no he podido nunca pensar en el presente ni en el porvenir de una manera segura y tranquila. Siempre he vivido preocupado por alguna cuestión de salud o de dinero, de mi familia o mía; así, naturalmente, no soy optimista. No hay en lo que he escrito serenidad ni confianza; tampoco he conocido gente cuya amistad me haya inspirado esos sentimientos o me haya animado a hacer algo... He vivido en tono menor» (Baroja 70, I:19). Obsérvese que no se trata del pesimismo respecto de la marcha de la sociedad, sino de algo estrictamente personal. Digamos, una vez más, que el asunto se presenta como un rasgo del carácter. Es el resultado de una personalidad desconfiada y una vida material difícil, de penuria. El problema está en determinar por qué las personas como don Pío fueron eminentes hace un siglo y por qué han ido ganando aprecio por parte del público lector. El pesimismo barojiano se traduce resueltamente en una malísima impresión del prójimo: «Por instinto y por experiencia, creo que el hombre es un animal dañino, envidioso, cruel, pérfido, lleno de malas pasiones, sobre todo de egoísmos y vanidades» (p. 45). Como consecuencia de esa imagen tan negativa que tiene Baroja de sus semejantes se destapa un gran recelo respecto de las instituciones: «Con relación a la moral, más bien soy pesimista. Respecto a las leyes, creo que son, en general, malas. Ya de viejo, considero las revoluciones generalmente perjudiciales» (Baroja 70, I:43).

No hace falta que Baroja se declare pesimista. En efecto, así lo ven sus contemporáneos. Por ejemplo, Josep Pla, aunque lo admire, emite este juicio: «De la visión que Baroja ha dado de la vida española se desprende un sentimiento que deprime, una actitud ácida, un pesimismo y una insatisfacción permanente, a menudo justificada, de una trascendencia ascética» (Pla 94:259). Éste era el joven Pla. Él mismo va a ser después un arraigado pesimista. La verdad es que los dos escritores se parecen muchísimo, aun con orígenes y ambientes tan distintos.

La actitud pesimista nada tiene que ver con los estímulos exteriores. En el año 1968, una fecha llena de vitalidad en el mundo y en España, el viejo Pla escribe en su diario: «No me atrevo ni a leer la prensa. Todo eso de España me da un asco terrible. Siempre igual. La anarquía en las universidades es incomprensible. País espantoso, horrible» (Buqueras 85:180).

Manuel Azaña, como «hijo» que es del 98, se manifiesta asimismo como un gran pesimista. No hace falta llegar al desengaño de la República, al desastre final de la guerra civil. Siendo joven, de viaje por Francia, se pregunta amargamente «por qué un español se encuentra bien en el extranjero». La respuesta es que un español como él mismo encuentra en el otro país «el espectáculo de una vida más dulce y, en general, más fácil» (Azaña 90, III:793; escrito en 1912).

El pesimismo de Azaña no es sólo intelectual o político, sino vital. Antes de llegar a ser un hombre público, su vida cotidiana era gris y desangelada. Sus mañanas como funcionario en el Ministerio de Justicia las siente así: «Papeles, conversación, fastidio. Este desierto no se acabará jamás.» Para salir de esa acidia está la literatura, que tampoco le estimula mucho. «Siempre me faltará constancia en la vida. Pero esta charca de Madrid, donde ninguna emoción da valor a las horas, el cultivo de este hilito literario es el último recurso... Siento que algo se me escapa. Cada vez me siento más solo» (p. 811; escrito en 1915). Estamos otra vez ante el pesimismo de carácter. De nuevo la pregunta: ¿por qué estos hombres tan desconfiados, con una percepción tan negra de sí mismos, son los que se encumbran? Será porque la sociedad aprecia esa cualidad del pesimismo, por extraño que pueda parecer.

Enrique Tierno describe a Manuel Azaña como el epítome del pesimismo, con su «tristeza permanente», claro, que la imagen es de los años de la guerra civil. «Azaña parecía a punto de caer abrumado en cuanto uno le dejara solo. No estaba satisfecho de sí mismo» (Tierno 81:39). Tampoco es que don Enrique fuera la alegría de la huerta con su constante frustración. Siempre se supo llamado a más altos destinos. Esta insatisfacción respecto de uno mismo quizá sea la divisa del artista, del escritor. El creador nunca considera que la obra que está haciendo sea definitiva. De ahí que siga trabajando con un permanente descontento. Puede que sea el necesario peaje de la vía creadora.

Hay un testimonio de una persona corriente sobre su madre que es el epítome del pesimismo. Precisamente se manifiesta en torno a la guerra de Cuba, cuando vemos que ese sentimiento adquiere caracteres de plaga. Se trata de un personaje, el de la madre, constitutivamente pesimista. «Puede resumirse en pocas palabras: es inútil luchar ni esperar. Todo está perdido, siempre. Tal vez por eso aceptó por esposo a un hombre al que no podía amar» (Francés 62:40).

Aunque el pesimismo es un sentimiento que prevalece en las huestes de hombres de letras, encontramos ocasionalmente su opuesto, incluso exagerado. Por eso mismo choca tanto. Tomemos el caso ejemplar del filósofo Julián Marías. A través de sus detalladas memorias se nos muestra como el prototipo de persona constantemente satisfecha consigo misma hasta el extremo de la candidez. Todo (al final) le sale bien. Está rodeado de familiares atentísimos (incluida su suegra), de amigos fidelísimos, de discípulos competentísimos. Se siente admirado por docenas de mujeres hermosas a la par que adora a su mujer. Mantiene una extraordinaria opinión de sí mismo y se cita constantemente porque está seguro de tener razón. Es más, su ritornelo es que él ya avisó con tiempo de lo que nos iba a pasar y nadie le hizo caso. No importa, él sigue advirtiéndonos de los peligros que nos acechan. Es una persona, como suele decirse con peligroso significado, envidiable. Personalmente sólo conozco otra que le iguale en esas admirables cualidades de satisfacción de sí mismo: Juan Díez Nicolás. Son la excepción a la regla de los españoles profesionales que despliegan los rasgos opuestos de inseguridad personal, insatisfacción, desconfianza, en definitiva, pesimismo.

El optimista recalcitrante está siempre hablando de sí mismo o de los suyos, su familia o sus amigos. El pesimista impenitente da muy poca información sobre su persona o su círculo próximo. La distinción es fundamental para la suerte del método elegido en este libro. Resulta que me he propuesto obtener información de algunos españoles eminentes, pero, como predominan los pesimistas, esos datos son casi siempre parcos y cautelosos. Claro que el otro extremo, cuando se exagera, casi es peor. El optimista habla constantemente de sí mismo, pero mucho de lo que cuenta es vanidad, hojarasca, fuego de cañas, que dicen los gallegos.

Por si cupiera alguna duda, el que suscribe este libro pertenece a la camada de los pesimistas caracterológicos. Esta confesión no inhibe la curiosidad por ese fenómeno tan español del pesimismo, sino que la fomenta. Ahí es donde veo que mi pesimismo no es nada comparado con el que me rodea por todas partes, menos la de Juan Díez Nicolás. El ánimo pesimista de algunos de los amigos que más aprecio (Álvaro Delgado-Gal, Federico Jiménez Losantos, José Jiménez Blanco, José María Tortosa, entre otros) veo que tiene mucho que ver con la vocación intelectual. Esto me reconforta y me justifica. Un moderado estado ciclotímico es un buen cultivo para que se pueda ejercitar el intelecto. Nótese que el modo científico de razonar procede mejor si descarta, primero, las hipótesis nulas, esto es las desaconsejables. Luego, este hábito de percibir lo desfavorable se proyecta sobre el juicio de la realidad toda, la cotidiana también. Esto es lo que, de modo excelso, llamamos después capacidad crítica.

Una forma de desaliento, muy común en el gremio intelectual, es lo que podríamos llamar recelo de la técnica. Se supone que la técnica trae una sociedad más compleja en la que dejan de apreciarse las virtudes del profesional libre. No hay que ir a testimonios desde el polo tradicional. Se pueden aducir también los que provienen de la izquierda: «Las revoluciones tecnológicas han supuesto impulsos de irracionalidad grandes, que han ido en aumento, llevándonos a la situación de desbarajuste en que ahora estamos» (Tierno 81:274). Es difícil demostrar que el supuesto desbarajuste (que para cada uno es cosa distinta) proceda necesariamente de los avances técnicos. Los hombres más crueles y nefastos de nuestro mundo no han sido precisamente ingenieros o científicos.

Una versión intelectualizada del pesimismo es el escepticismo. Enrique Tierno, que se sabía muy bien la asignatura, aplica ese talante a los numerosos jóvenes de buenas familias que radicalizaron sus posturas contra el franquismo. Pero luego, «curados del arranque juvenil», acabaron integrándose «en la sociedad que sus padres contribuyeron a forjar». Y añade el epigrama: «Donde hay un escéptico suele haber un joven que nada noble alcanzó» (Tierno 81:129). El epigrama es sobremanera fantástico, puesto que pocas personas más escépticas que don Enrique Tierno. Sus adversarios añadirían que también fue un redomado cínico. Don Enrique habría reconocido serlo, pero en el sentido de la escuela de Diógenes, esto es, el culto a la vida simple y ascética.

28. Pobreza

El método del análisis biográfico no es el mejor para calibrar el estado de penuria endémica que ha caracterizado a muchos españoles del último siglo y medio. Por no hablar del pasado más remoto, que aquí no compete, donde la mendicidad era una forma de vida, parte del paisaje. La pobreza de la era contemporánea es otra cosa. Es más visible porque —es paradoja— los ricos empiezan a vivir realmente bien. La riqueza se hace visible y próxima. Ante ese contraste resalta la dureza de la vida que caracteriza a una gran masa de españoles. Habría que hablar, por tanto, de desigualdad. Más que eso, lo que destaca es la conciencia de la desigualdad. Estamos ante el combustible que mueve la sociedad por el camino del progreso. Pero, siguiendo la metáfora, es un combustible que contamina. No ya en el siglo XIX, ahora mismo la sociedad española es particularmente tensa, agria, más allá de lo que haría esperar su capacidad de desarrollo. A lo largo de este libro se contienen numerosos testimonios sobre el particular. La explicación está en que las expectativas de mejora han avanzado muy por delante del progreso objetivo.

Josep Maria de Sagarra traza una insuperable descripción de la presencia de los pobres en la vida cotidiana barcelonesa de principios de siglo. Los mendigos, por docenas, eran parte de la escena urbana. Mostraban «todas las mutilaciones, todas las incurables purulencias, todos los temblores desesperantes, todas las cegueras más cruelmente combinadas, todos los raquitismos y las deformidades. Aquello era, realmente, la feria de los horrores vivientes» (Sagarra 81, I:214). Existía incluso, para las clases burguesas, la institución de la Cena de los Pobres. Era una representación viva de la Sagrada Familia, con mendigos, a la que se le daba ritualmente una comida extraordinaria delante de toda la familia (p. 215). Luego estaba el número de «los lisiados», que lo eran realmente y de todas las formas, y componían una parte del espectáculo de carnaval (p. 218). Cuando hoy decimos «pobres» estamos ante una imagen muy alejada de lo que podía ser aquel espectáculo de la indigencia urbana de hace menos de un siglo. Muchas personas bien intencionadas creían entonces que los pobres los había puesto la providencia para que los buenos católicos pudieran ejercer la caridad. Se empieza a comprender algunos estallidos de violencia colectiva de aquella época, como la Semana Trágica de Barcelona de 1909. La gran sorpresa de los honrados burgueses es que las turbas quemaban las instituciones dirigidas a remediar la indigencia.

Corpus Barga describe muy bien las relaciones de proximidad entre pobres y ricos en las mismas casas de Madrid: «En aquel Madrid de viceversa, los pobres vivían encima de los ricos... [la casa burguesa del piso principal tiene su] pobre de la buhardilla. [Los pobres de los pisos altos bajan al principal a recoger la ritual limosna.] La caridad española era católica y romana, carecía del sentido de beneficencia y de la técnica que tienen los protestantes y los judíos; era más misericordiosa que la de éstos» (Barga 63:199). Esa caridad que ejercen los ricos que están próximos por fuerza tenía que generar resentimiento y odio. Se vio en el Madrid sitiado de la guerra civil. Los pobres de los pisos altos o interiores denunciaban a los ricos de los pisos bajos o exteriores. Era el producto de un diseño de ciudad, aparentemente igualitaria, donde pobres y ricos parecían convivir en paz. Al término de la guerra civil los urbanistas aprenden la lección. La ciudad empieza a segregar barrios enteros respectivamente para ricos y para pobres. Lo cual plantea nuevos problemas, como la degradación del medio urbano en ciertos barrios más desasistidos.

Francisco Jurdao describe muy bien la estructura de solidaridad que corresponde a una barriada obrera muy humilde del extrarradio malagueño después de la guerra civil. Los vecinos se vuelcan en ayudas mutuas a la hora de enfermedades y entierros. No había conciencia de clase, según nuestro relator, pero sí cohesión del grupo, un poco como si hubiera sido una aldea rural (Jurdao 96:176). Esa imagen un tanto idealizada iba a durar poco. Francisco Jurdao, un obrero que asciende por sí mismo a los puestos de alto funcionario y de profesor, relata la estampa de su padre, un obrero analfabeto de una fábrica de plomo. «No obstante, cuando un extraño hablaba con él, no se percataba de que aquel hombre de conversación chispeante fuese analfabeto» (p. 31). Es otra forma de proximidad entre las clases sociales: no se distinguen demasiado por el lenguaje.

Con el paso de los años, el desarrollo industrial hace posible que suba el nivel de vida objetivo. Se atenúa mucho la pobreza extrema, pero la paradoja es que los contrastes son ahora más odiosos. Digamos que, cada vez más, la pobreza lo es por comparación.

Lo que llamamos ahora Estado de bienestar no es más que el empeño de convertir a la clase proletaria en clase media. Para eso no hay que reducir el tamaño de la prole y hay que aumentar las rentas seguritas, sean sueldos, pensiones o subvenciones. Luego se promueve la propiedad de la vivienda y del coche. Es un viejo sueño del franquismo que paradójicamente lo lleva a cabo la democracia actual. Lo ilustra así el testimonio de un alcalde socialista de Cáceres: «En mi pueblo todo el mundo cobra un subsidio. Gracias a eso se vive mucho mejor que antes. Y no lo digo porque los bares estén llenos, sino porque el que más o el que menos tiene cuatro o cinco millones de pesetas en la cartilla, por lo que pudiera pasar. Y todos siembran sus tierritas y llenan la casa para el invierno» (Elordi 96:85). Lo malo es que esa nueva clase rentista de antiguos jornaleros ha olvidado el estímulo del trabajo. «A mí, por ejemplo, me es cada vez más difícil encontrar gente que me ayude en mi trabajo. Si les pido que vayan a cortar pinos, me dicen que les da alergia. Y lo que pasa es que no quieren hacer trabajos duros, y se conforman con las 1 700 pesetas que, sin mover un dedo, reciben cada día del [seguro de] desempleo. Esto está haciendo mucho daño al campo. Antes aquí había muy buenos obreros y ahora hay parásitos... Eso sí, todos tienen su cochecito y hasta el chaval tiene una motito» (p. 85). Recuérdese que el testimonio es el de un alcalde socialista de la época actual. Él mismo es ya clase media.

Un jornalero de Medina Sidonia, militante del PSOE, aduce estas impresiones sobre el «apaño», la picaresca para vivir del subsidio. «Ahora se gana más con el subsidio del paro que trabajando... ¿Qué sentido tiene levantarse a las seis de la mañana para cobrar 140 000 pesetas si con el [subsidio de] paro se apaña y además se puede buscar la vida poniendo perchas [trampas para cazar pájaros]?» (Elordi 96:226). La vieja clase mendicante se ha institucionalizado a través de la limosna del Estado. En uno y otro caso, esa gran masa indigente manifiesta un escaso aprecio por el esfuerzo personal. Que es también lo que caracterizaba al mendigo tradicional, al pobre que se decía de solemnidad. La España tradicional y la de hoy mismo se dan la mano a través de esa sorprendente evolución.

Claro que la pobreza actual, subsidiada como está, no deja de ser relativa, por lo menos si excluimos a los verdaderamente míseros, que son algunos inmigrantes. Para pobreza autóctona y verdadera, la de la posguerra. Requiere un capítulo aparte, que el azar nos lo coloca a continuación.

29. Posguerra

Para los españoles de la segunda mitad de este siglo la guerra civil es, por antonomasia, la de 1936. Por la misma razón, la posguerra es el largo período que sigue a aquel fatal exabrupto histórico. No se puede comprender lo que es la España actual, un país industrial, sin recordar por un momento lo que fueron los terribles años de la posguerra. Realmente duran hasta 1952, fecha en la que concluye el racionamiento. Por aquel entonces la sociedad española empieza a respirar. Lo que continúa, por desgracia, es el largo exilio de tantos miles de españoles. Para ellos, la guerra no terminó nunca. La patria se convierte en el símbolo de lo añorado, lo más afectivo. El exilio o destierro es la dura realidad con la que hay que coexistir. Esta dicotomía patria-exilio podría trasladarse, metafóricamente, a otras muchas situaciones anímicas. Su persistencia indica la de tantos conflictos personales irresolutos.

El exilio se explica por la feroz represión durante la guerra, que continuó todavía unos cuantos años más. Pasados los primeros meses de la contienda, en los que menudeaban los «paseos», los fusilamientos se seguían después del correspondiente proceso judicial. Pero esta formalidad no aseguraba la justicia. Se condenaba a la última pena sin ni siquiera hablar con el defensor de oficio. En el bando nacional se dictaba esa atroz sentencia por «delitos» tan nimios como pertenecer a un sindicato, «poner la radio a todo volumen cuando había un mitin de izquierdas» o dirigir un hospital durante la guerra. El delito en que se subsumían esas conductas era el de «rebelión militar» (Guimón 96:18). Estas tropelías, repetidas miles de veces, envenenaron la sociedad española por lo menos durante un par de generaciones. Es algo que difícilmente se puede olvidar. Lo cual hace doblemente meritoria la operación de la «transición democrática» cuarenta años después del inicio de la guerra civil. Pero hasta llegar a esa salida hay un largo túnel. Los túneles de antes carecían de iluminación.

Se dice de todas las generaciones que resultan marcadas por los acontecimientos que viven en la infancia. Pero ese rasgo se predica especialmente de los españoles que padecieron la guerra civil y los años posteriores como niños o adolescentes. Uno de ellos titula precisamente así sus memorias: *La vida de un niño de la guerra*. No hace falta decir de qué guerra se trata. Es un buen ejemplo de cómo esa generación de niños listos tuvo que posponer los estudios y simultanearlos con mil dedicaciones de la picaresca laboral. Ello produjo un tipo humano de adolescentes prematuramente adultos, con derroche de inventiva y una increíble acumulación de trabajo. Un dato, nada más, sobre la picaresca de aquellos tiempos como arte de sobrevivir. La respuesta de la población al duro sistema de racionamiento fue la posesión de más cartillas que número de familiares presentes (Sánchez Pérez 93:49). Mi testimonio particular confirma esa misma práctica. De otra forma no habría podido contarlo. Más tarde, este humilde suceso familiar me iba a ayudar, como sociólogo, a entender la falsificación de las cifras demográficas de los años cuarenta. Simplemente, se inflaba el censo de población residente para así disponer de más cartillas. Que también eran de tabaco, no se olvide. Mi abuelo Amando disponía de las cartillas de tabaco de sus hijos, que no fumaban.

Al referirse a la vida cotidiana de los años de la posguerra, señala Julián Marías que el hambre no fue tanta como durante la guerra y que, «cuando terminó, se comían cosas poco apetitosas» (Marías 88:304). Se trata de una interpretación demasiado edulcorada. La impresión de otros muchos textos (y también la mía personal) es que después de la guerra la hambruna fue bastante general. Alcanzó incluso a amplios estratos de las clases medias urbanas. La comida no era simplemente poco apetitosa, sino insuficiente y mala. Durante la guerra hubo hambre en algunas zonas urbanas, pero la comida no faltó en la zona nacional, al coincidir con la España agraria. Durante los años cuarenta la penuria se generalizó, acentuada por el sacrificio de una forzada industrialización. Por si fuera poco, esos años coincidieron con los de una época de «pertinaz sequía». El adjetivo es de la época, de los discursos de Franco, pero en este caso el Caudillo tenía razón.

El testimonio de una persona innominada de un pueblo de Cataluña confirma lo que se sabe sobre la terrible escasez de alimentos durante los años cuarenta. El plato fundamental eran las *farinetas* o gachas de maíz. Se añadían los altramuces, una leguminosa particularmente indigesta que sólo los niños podían con ella. En San Sebastián, donde transcurrió mi infancia, comíamos un pan infecto de maíz que llamaban *talúa.* Hay un dato de interés en el testimonio anterior: «El único que comía un poco mejor era mi padre, que mi madre lo cuidaba a él más que a los demás» (Maestre Alfonso 76:58). Puede que ésta fuera una resolución lógica en tiempos de hambruna: proveer mejor al que trae el salario. Mi experiencia personal es la contraria. Mis padres pasaron más hambre que los hijos. Hora es de reconocerlo, más que nada porque ésa fue la decisión de muchas familias. Fue una estupenda manifestación de solidaridad intergeneracional que quizá hasta entonces no se había producido. Es un rasgo de familia moderna que hoy nos parece ya natural.

Las memorias de un médico sevillano nos retratan muy bien las escaseces de los años del hambre, incluso para las clases que vivían con cierta holgura. Las madres, sobre todo, se privaban de su escasa ración de pan negro para que los niños tocaran a más. La gracia sevillana inventó el cartel de «se va a tostar» en los bares. De esta forma, el inexistente café se pronunciaba correctamente en andaluz como «cebá tostá». «El chocolate, también racionado, tenía aspecto terroso, granujiento, y cuando se deshacía en la boca y entre los dientes daba la sensación de masticar cristales» (Hermosilla 92:68). Mis recuerdos personales confirman algunas de esas impresiones anecdóticas, pero certeras y, a lo que se ve, bastante generales. Quien no pasó por esa necesidad en esos años no puede decir que se asignara a las clases populares o incluso a la clase media modesta. Los niños hacían ver la clase social a la que pertenecían a través del bollo de pan de la merienda. Si era «negro» (con salvado), los niños eran pobres. El pan «blanco» (de trigo) era, en las ciudades, el símbolo elemental de buena posición. También disponían de pan blanco los parientes de agricultores, supongo que a través de un considerable papeleo. Mis padres lograron acceder a ese privilegio después de muchas solicitudes y recomendaciones. Era otra forma de solidaridad familiar, en este caso de la parentela extensa.

Admítaseme una sola vivencia de mi niñez para calibrar lo que pudo significar la última hambruna de la historia española. Tendría yo nueve años, es decir, estamos en 1946, en el pico de los años del hambre. Mi madre me envió a comprar una botella de aceite que repartía un tendero bajo cuerda. Recuerdo que en el mismo sitio se vendían artículos tan incompatibles como aceite y sosa cáustica (para hacer jabón). El aceite de esta historia era de oliva. No podía olvidárseme el precio exacto: ochenta pesetas el litro. Para que se tenga una idea de lo que podía representar, el sueldo de mi padre no debía de subir entonces de las quinientas pesetas mensuales por todos los conceptos. Haga el lector sus cálculos y me evitará mucha literatura.

Añadamos un dato externo sobre la significación de los ingresos al final de los años cuarenta, los años del hambre. Nuria Espert recuerda lo que por entonces ganaba su padre como carpintero: doscientas pesetas al mes. Como contraste, la que había de ser famosa actriz registra los honorarios que empezaba a cobrar: veinte pesetas por función teatral representada (Massanés 78:108).

La miseria de los años del hambre queda retratada en una sola imagen, la que recuerda el periodista Carlos Luis Álvarez

(Cándido) de su infancia ovetense después de la guerra civil. La imagen doméstica es la de la «abuela medio ciega a la que le caían las cucarachas en la cazuela y después nos decía a mis hermanas y a mí que eran ajos» (Cándido 95:16). El autor me asegura que esa historia es muy cierta.

Las adversidades de la posguerra se sienten de forma lacerante por las clases venidas a menos. Éste es el caso de la familia de Juan Goytisolo después de la guerra. Disfrutaban de chófer, pero lo utilizaban para ir a los pueblos a recoger boniatos y patatas. Los alimentos más elementales (leche, pan, chocolate) se hacen incomestibles por adulterados. En casa crían cobayas que pueden pasar por conejos guisados con harina de maíz. El autor comenta su impresión del ambiente que los rodeaba, oficialmente la clase media acomodada de Barcelona: «la pobrez [*sic*] inhumana que agobiaba al país afectaba incluso a sus clases altas» (Goytisolo 85:87). Bueno, quedémonos en las clases medias.

Una de las creencias más crueles de los años del hambre es que los helados, y no digamos los polos, eran malísimos para la salud. Se recoge, por ejemplo, en las memorias de un médico sevillano (Hermosilla 92:91). Atestiguo que la creencia debía de ser general, pues yo la viví en San Sebastián por las mismas fechas. Quizá de ella se derive la singular apetencia por los helados que acusan las personas de mis años. Es clara la explicación que puede darse a esa superstición dietética. Simplemente, los helados eran entonces carísimos. Lo más seguro es que también fueran de deficiente calidad, pero los chiquillos de entonces no podían establecer comparaciones. Recuerdo la agradable sorpresa que me produjo mi primera emigración, como estudiante, a Estados Unidos en 1961. Los helados eran muy baratos y muy palatables. Ésa es otra, asocio los helados de los años cuarenta con un inconfundible olor a amoníaco. Ignoro por qué.

Juan Benet hace una fina observación sobre la miseria de los años del hambre que corrobora otras muchas impresiones. No fueron tanto los años del hambre como «los años del frío», un suceso negativo que extrañamente no se pudo combatir (Benet 87:31). El autor aduce el recuerdo de que «durante cinco meses dábamos la clase con abrigo», se entiende, alumnos y profesores (p. 32). Ese recuerdo lo puedo testificar yo, y eso que mis años infantiles se alojan sobre todo en San Sebastián, de clima suave. Pero todavía en la Universidad de Madrid (el caserón de San Bernardo) algunas clases invernales se daban con abrigo durante los años cincuenta. El combustible debía de ser caro. La leña y el carbón se compraban al menudeo. Todo tipo de maderas, cartón y papel se utilizaban para el fuego doméstico, incluso muebles y libros. Sigue siendo un misterio por qué hacía tanto frío durante los años de la posguerra.

Los años del hambre lo fueron porque lo primero era comer, necesidad perentoria que generalmente no se satisfacía. Pero significaban también otras muchas costumbres. Por ejemplo, el pelado al cero de algunos niños como una defensa frente al tifus (el *piojo verde*). Los cortes de luz eran tan frecuentes que interrumpían los trabajos y los estudios (Hermosilla 92:69). Mis recuerdos infantiles son, sobre esto, ambiguos. Por un lado era evidente la incomodidad de los cortes de luz. Pero al tiempo significaban que en invierno se adelantaba la hora de salida del colegio; así había más tiempo para jugar en la calle. Asocio esos regalados asuetos con el momento invernal de la poda de los tamarindos de la Concha en San Sebastián. Proveían de una estupenda materia prima para jugar a espadas, que más bien debería de ser a palos. Suponía un gran gozo para la muchachada.

Los años de la posguerra no son sólo los del hambre, sino los de las pésimas condiciones de las viviendas. El hacinamiento alcanzaba a las clases medias. Un periodista recuerda la distribución de la vivienda de cincuenta metros cuadrados. El padre, tuberculoso, dormía en una habitación. En la otra dormían la madre y dos hijos adolescentes, chico y chica. Estos últimos lo hacían en la misma cama, «ella, la cabeza en la cabecera; yo, la mía en los pies, tocándonos ambos los [respectivos] hombros con los tobillos» (Pardo 96:78). Estas escenas, traducidas al cine, dieron lugar a la escuela del neorrealismo. Desde luego, las películas se quedaban cortas al reflejar la dura realidad social.

Tanto o más que el hambre y la sed físicas (racionamiento y cortes de agua y de electricidad), los años cuarenta acumulan el hambre y la sed de justicia. La frase hecha da pie para registrar el gigantesco episodio de desmoralización colectiva que supuso la represión de aquella miserable época. Sólo un modesto ejemplo, que naturalmente se puede multiplicar por cientos de miles. Se trata de un humilde empleado de la Telefónica en Madrid, donde le *sorprende* (ése fue el verbo) el Alzamiento. Durante la guerra se consigue que no movilicen a los empleados de la Telefónica por la importancia estratégica de esta compañía. Al ser multinacional (todavía no se decía así), siguió operando durante toda la contienda sin mayores limitaciones territoriales. El hecho es que a nuestro hombre, el humilde cobrador de la Telefónica sin afinidades políticas, le abren un proceso de «depuración de responsabilidades» recién terminada la guerra. El fiscal del consejo de guerra le pide «doce años y un día por auxilio a la rebelión», pena que le rebajan a la mitad. Al final, después de unos meses de cárcel, lo indultan. Pero, naturalmente, pierde el empleo. Su hijo, que narra este suceso, señala con amargura que «me hizo perder la fe en la justicia» (Sánchez Pérez 93:46). La historia es una minúscula porción de la inmensa tragedia de la posguerra. Acentuó, hasta graves extremos, la desconfianza que ya tenía el pueblo respecto de los jueces y los militares. Fue un mal que todavía dura, mucho después de que se saciara el hambre física.

Lo característico de la vida de relación durante los años de la posguerra no fue tanto la miseria material como la moral. Lo recuerda Carlos Barral respecto de sus años adolescentes, y eso que se refiere a un ambiente de clases acomodadas. «La desconfianza, el rencor o el miedo produjeron en las distintas capas de la sociedad urbana de aquel tiempo un efecto disgregador que las hacía como grumosas. La gente muy próxima, socialmente colindante, no se conocía o se trataba apenas» (Barral 75:142). El recuerdo es amargo, pero creo que refleja bien un rasgo de la vida española de aquellos tristes años. En realidad, era la guerra civil todavía latente. Su influencia ha sido un inmenso lastre para la vida colectiva posterior.

La miseria moral se correspondía con la política de costumbres. Son chuscas las historias de represión y censura de las costumbres de los años cuarenta. Algunas son inverosímiles, pero así se cuentan. «En Ávila hubo un gobernador franquista que prohibió a los hombres salir en el descanso del cine porque rozaban, al pasar, las piernas de las mujeres. Y un alcalde que tenía un comercio de ropa para señoras hubo de retirar [del marbete] la pierna de seda que anunciaba medias finas. Conocí a cierto beato que trató de convencer a la mujer de un moribundo para que sustituyera a la enfermera por una monja, pues el desdichado enfermo podía tener un mal pensamiento» (Montero 90:88). Hay otros muchos datos que nos llevan a creer que esas historias *podían* haber sido ciertas, si es que no lo fueron.

Un testigo relata un minúsculo hecho que da idea de lo que fue la represión que siguió a la «paz» de 1939. En una cervecería próxima a la Dirección General de Seguridad había todas las noches un nutrido grupo de individuos a la espera de que los llamaran para «apalear a los detenidos». Así, como suena. Y añade lo que otros muchos han narrado, que «las detenciones no se producían por delitos comprobados, sino por alguna denuncia, por supuestas acusaciones que el desdichado acusado tendría que desmentir presentando las correspondientes pruebas de sus alegaciones o valiosos avales» (Montero 90:67). Es decir, se volvía al procedimiento inquisitorial en el que el reo tenía que demostrar su inocencia. Esta monstruosidad jurídica es la causa de que haya cundido en la vida española el falso testimonio, el documento amañado. Era la defensa contra la delación. Al final, todo se basa en el sistema de favores recíprocos que compone la red de amistades. La cual destaca, a su vez, la distinción radical amigo-enemigo (véase cap. 1).

Por un lado, la extrema penuria material de los años cuarenta fortificó la raza, podríamos decir con expresión arcaica. De la necesidad se hizo virtud y durante los años cincuenta el país logró un formidable impulso de crecimiento en todos los órdenes. Por otro lado, la miseria moral de los años cuarenta significó una gran quiebra de la convivencia. Lo expresa muy bien Julio Caro Baroja: «[Hay momentos históricos en los que] los hombres de una misma nacionalidad han debido [de] sentir una repugnancia extraordinaria al sentirse juntos, han debido [de] pensar que era una maldición tener que convivir. [Esto ocurrió en la "ominosa década" de Fernando VII.] Después de la última guerra civil esta repugnancia mutua la hemos vuelto a sentir, creo que con mayor fuerza que nunca, vencedores, vencidos, azules, colorados o neutrales» (Caro Baroja 72:349). Hay que reconocer, una vez más, que don Julio Caro Baroja es la viva personificación del pesimismo congénito de su tío. Lo cual no quita para que su diagnóstico sea certero.

30. Religión

La influencia de la Iglesia católica, la experiencia de las prácticas litúrgicas, la vivencia religiosa, todo eso forma un mundo de ideas y símbolos inseparable de la vida española. Seguiré aquí un orden aproximadamente cronológico para dar cuenta de cómo han sentido la religión los personajes españoles del último siglo un poco ampliado. Hay una evidente evolución secularizadora (la religión pierde peso en la vida cotidiana), pero también permanecen ciertas constancias. La primera es que la religión es un suceso morrocotudo en la vida más personal de los españoles, aunque sea en la forma de anticlericalismo.

La actitud religiosa de Galdós prefigura mucho el proceso de secularización que va a experimentar la sociedad española en el siglo XX. Se puede resumir en esta sincera frase de una carta que escribe a su querido y catolicísimo amigo Pereda: «Ninguna religión positiva, ni aun el catolicismo, satisface el pensamiento ni el corazón del hombre en nuestros días» (Ortiz-Armengol 95:312). La crisis religiosa de muchas personas se apoya sobre esa realidad psicológica. De otra forma no podría ser que coincidieran tantos ejemplos de ese trance. El cual no es sólo la simple pérdida de la fe, sino la incapacidad de la fe para resolver numerosos problemas familiares, afectivos, profesionales, de relación, que se presentan a tantas personas.

La biografía familiar de Canalejas nos lo puede disfrazar de respetuoso católico, pero la verdad es otra. La prueba es esa imagen de Canalejas entusiasmado en una de las primeras filas del estreno de *Electra*, la famosa obra anticlerical de Galdós (1901) (Ortiz-Armengol 95:570). El hecho fue un verdadero acontecimiento, comparable hoy a la final de una Liga de fútbol. Entonces, la contienda era entre los católicos y los liberales, verdaderamente las «dos Españas». El anticlericalismo de *Electra* hoy nos parecería una bagatela, pero en su día supuso un fermento revolucionario. Recuérdese el suceso que tuvo lugar poco tiempo después, la Semana Trágica de Barcelona (1909). El auténtico Galdós, próximo ya al republicanismo, se revela en este comentario que hace en una carta a su amante: «Ya se ha visto la verdad de lo de Barcelona. Total, varios tumultos y cuarenta conventos quemados. En buena hora sea. Ya les reedificarán las casas a las monjitas y frailecitos y todo volverá a lo que fue. Pero ha sido una lección, un primer aviso» (Ortiz-Armengol 95:686). El comentario no puede ser más duro, violento y sarcástico. Anunciaba lo que iba a ser la España de la rabia. La tragedia española no era sólo la confrontación de clases, como en todas partes. Lo terrible es que la religión aparecía como un elemento de identificación en esa lucha. De ahí que las famosas «dos Españas» enfrentadas lo hayan sido también en el orden religioso. No cabe mayor tragedia.

El hecho de que se pueda prescindir a veces de la religión no soluciona el problema. El peso religioso es tal en la vida española que está presente casi siempre, de forma simbólica o negativa, en las biografías de los personajes más eminentes. En la hagiografía que escribe Julián Zugazagoitia sobre Pablo Iglesias narra el momento de la fundación de lo que había de ser el PSOE. Consistió en una frugal cena en una fonda del barrio madrileño de Tetuán. El autor emplea todas las alegorías posibles para recordar la Santa Cena de Jesucristo. «Pan y vino» se repartieron aquellos apóstoles laicos (Zugazagoitia 65:53).

Son muchas las ilustraciones de personalidades que podríamos calificar como agnósticas, pero que pasan por una intensa experiencia religiosa adolescente. El caso es muy típico de las clases profesionales, educadas en colegios católicos por razones de posición social. El oficio intelectual les hace luego ser descreídos o, mejor, los lleva a ampliar y alterar el abanico de las creencias.

Es muy característica la experiencia de la primera confesión que describe Corpus Barga (¡con ese nombre propio que se atribuyó! En realidad se llamaba Andrés García de la Barga y Gómez de la Serna). El niño se siente angustiado porque no encuentra ningún pecado del que confesarse. Ante la congoja del momento, se inventa el pecado de que ha robado en casa (Barga 64:39). Yo también he de reconocer algo parecido más de medio siglo después. Ante la vergüenza de tener que confesar los infantiles pecados «contra el sexto» —ni siquiera veniales me parecerían hoy—, la salida era inventarme algunos otros pecadillos de hurto o de desobediencia. El asunto no era baladí; luego venía el remordimiento de haber hecho una confesión sacrílega. El asunto se embrollaba cada vez más. Espero que el buen Dios me haya perdonado del todo, aunque sólo sea por el mucho sufrimiento infantil, que es el más injusto.

Eugenio Noel cuenta otra experiencia que también se podría generalizar. Es la de su paso por el seminario de los padres paúles, donde ingresa con doce años sin ninguna vocación. Acepta el trance porque la condición modesta de su familia le obliga a ello. «La única puerta abierta que tiene la miseria es la Iglesia» (Noel 62, I:105). Naturalmente, su experiencia de noviciado fue breve. En realidad supuso una especie de vacuna, puesto que su actitud posterior fue agnóstica. Aunque de todas formas esa indoctrinación le dejó dentro un extraño ímpetu de lo que podríamos llamar «apostolado laico» para defender con ardor causas terrenas: pacifismo, contra las corridas de toros o el cante flamenco. De nuevo es curioso que el seudónimo que eligió (Noel; realmente se apellidaba Muñoz) tenga una indudable resonancia religiosa.

Corpus Barga contempla después con cierto despego las costumbres religiosas de la época, teñidas tantas veces de superstición. Por ejemplo, describe el culto a la Virgen de la Antigua en Belalcázar (Córdoba) en estos términos: «Como buena Virgen española, estaba vestida de verdad, tenía ropa interior, dos mudas... Su manto de gala solamente lo lucía en la capilla de la iglesia. En la ermita vestía un sayal, y en sus traslados llevaba un vestido de viaje, una especie de guardapolvo, como los turistas de la época, con sombrero a la moda de entonces» (Barga 63:52). Todavía hoy la simpática Virgen cordobesa dispone del mismo ropero. Se recordará que el especial culto a la Virgen María de los españoles no es tanto a esa única figura como a la particular advocación de cada lugar. Se realiza con tanto verismo que al final queda la noción de que no es una, sino muchas las Vírgenes a las que se rinde culto. La hiperdulía acaba siendo la versión nacional del politeísmo. Y que me perdonen mis compatriotas.

Uno de los acontecimientos más tristes y con peores consecuencias de la historia española de este siglo fue la quema de los conventos de mayo de 1931. Lo relatan muchos testigos. Uno de ellos es el joven Pedro Laín Entralgo, que observa atónito y pasivo el acontecimiento. Nadie movió un dedo para detener tan vandálico acto. Por lo menos es admirable el sentido autocrítico de Laín, muchos años después. Comenta retrospectivamente: «No podía esperarse gran cosa de una Iglesia cuyos fieles, yo entre ellos, no eran capaces de defender con pública firmeza... los lugares de culto» (Laín 89:105). De todas formas, el lamentable suceso de la quema de las iglesias y conventos de 1931 es algo que resulta hoy inexplicable. Una de dos, o estaba ya entonces fuera de su tiempo, o bien lo prepóstero es que hoy nos pudiéramos plantear un anticlericalismo de esa guisa. Sea como sea, la consideración que queda es que a los españoles de hoy nos separan siglos enteros de la fecha de 1931. Hasta tal punto se despareja el tiempo histórico del astronómico.

Los *Recuerdos de juventud* del cardenal Tarancón son un testimonio auténtico para calibrar el interesante papel político que ha jugado la Iglesia en España desde los años treinta. Confiesa paladinamente que en los tiempos de la República «todos —obispos, sacerdotes y religiosos— éramos políticos» (Enrique y Tarancón 84:146). Con el mismo plural que abarca toda la clerecía, afirma el cardenal que «la sublevación militar [de 1936] nos parecía a todos providencial. Defendíamos que se trataba no sólo de una guerra justa, sino de una guerra santa» (p. 196). Lo malo es cuando el cándido cura descubre que en los «paseos» dados por los nacionales participaban algunos sacerdotes. Bien es verdad que su misión era la de confesar a las pobres víctimas que iban a ser asesinadas (p. 197). La historia sigue siendo espeluznante, más todavía por la solvencia del testigo. De todas formas, la declaración del que luego sería cardenal Tarancón no es ajena a la notoria ambigüedad con que se plantea desde la Iglesia la colaboración con el franquismo. Por ejemplo, cuando nuestro memorialista dice que los franquistas «exigieron a los obispos la publicación de una pastoral colectiva que justificase el movimiento [nacional] desde el punto de vista cristiano». La ambigüedad está en que «los obispos dieron el refrendo que les pedían no sólo por coacción sino también por convencimiento» (p. 200). La cláusula adversativa anula la primera declaración. Otra cosa es que luego el clero católico encontrara en las organizaciones del Movimiento Nacional un claro competidor. Esto queda muy claro a lo largo de la exposición del cardenal Tarancón, que se especializó en la animación de los grupos de Acción Católica. De ahí que colabore con el régimen, pero desconfíe de la Falange. «Los falangistas, muy exaltados, no nos ofrecían ninguna garantía. La filosofía que subyacía en su postura era completamente pagana» (p. 2021). Lo que le preocupa realmente es que la Sección Femenina de Falange «pretendía tener la exclusiva en la formación de las juventudes» (p. 322). Que, por cierto, bien católica era. Pero ahí estaba la competencia con la Acción Católica. La intromisión era recíproca. El entonces organizador de la Acción Católica reconoce que, en los años cuarenta, «nos parecía obligado imponer por la ley y por la presión social la práctica religiosa» (p. 348). Nótese que quien así pensaba luego iba a ser el adalid de la separación de la Iglesia y el Estado como fundamento de la llamada transición democrática. Esta evolución personal no es una excepción. Es intensa y es auténtica. Forma parte de la evolución ideológica de toda una generación.

El cardenal Enrique y Tarancón empieza su carrera pontifical en 1946 como obispo de Solsona, una diócesis más bien rural y menor. Reside en ella nada menos que dieciocho años. Primero dice que «he dado después muchas gracias a Dios por aquellos años de retiro en la diócesis de Solsona», estadía que ensalza por la tranquilidad que le proporcionó (Enrique y Tarancón 96:103). Pero no puede menos que preguntarse por la causa de una residencia tan prolongada. Él la atribuye a una especie de castigo. «Algunos ministros y ciertos grupos de personas pudientes estaban furiosos conmigo.» La razón que da es la publicación de una carta pastoral en 1950, titulada «El pan nuestro de cada día, dánosle hoy», como se decía bellamente en el antiguo padrenuestro. Su tesis es que el racionamiento de alimentos provocaba desigualdades dolientes. Y especula: «Lo cierto es que en el primer Consejo de Ministros que se celebró después de la publicación de la pastoral se acordó suprimir, y definitivamente, el racionamiento del pan» (p. 114). Hay aquí un curioso error de percepción. La carta pastoral es de 1950 y el racionamiento se suprime en 1952. Luego no fue tan inmediato el efecto del documento del obispo. Intervino la providencia de otra manera menos individualizada. Simplemente, el año 1951 significa la mejor cosecha de toda la posguerra hasta entonces. La del año siguiente también fue ubérrima. Ésta fue la causa verdadera del fin del racionamiento.

El método del «análisis biográfico» nos ayuda a contrastar los datos de las biografías que podríamos considerar como oficiales o hagiográficas. Este procedimiento es sobremanera útil para interpretar la vida de las personas muy religiosas. Después de todo es el que emplea el «abogado del diablo» en los procesos de canonización. Simplemente se trata de acopiar impresiones de los testigos que conocieron al hipotético santo de modo auténtico. Un ejemplo minúsculo puede ser el testimonio del sacerdote Manuel Mindán, que fue condiscípulo de Josemaría Escrivá de Balaguer, cuando se llamaba José María Escrivá y Albas. Su recuerdo malicioso de estudiante es cuando sus compañeros de seminario le apodaban «Rosa Mística» por su piedad un tanto afectada y feminoide. También le conocían como «pijaíto», que en vernáculo vale tanto como señoritingo u hortera (Mindán 95:118). Puede que estemos ante un recuerdo filtrado por el resentimiento, pero el contraste puede ser útil para comprender que los santos han sido también hombres. Esto los enaltece todavía más.

Uno de los testimonios más sinceros, excepcionalmente íntimo, que he podido recoger es el de la conversión religiosa del filósofo Manuel García Morente. El estímulo precipitante fue el asesinato de su joven yerno por los republicanos en la guerra civil (De Iriarte 51:34). En seguida se produce el arrebato místico, que el filósofo narra con singular delectación. Estaba escuchando música de Berlioz cuando siente, dice, «un efecto fulminante en mi alma», nada menos que la llamada literal de Dios. Cae de rodillas y se pone a rezar el padrenuestro. Aquí viene el lado cómico en medio de tanta grandiosidad: «¡Se le había olvidado el padrenuestro!» (De Iriarte 51:78). Literalmente se le aparece Jesucristo, sin que le quepa duda de que pudiera ser una alucinación (p. 81). Lo curioso es que transcurre un año después de esa sobresaltada experiencia y nuestro filósofo sigue sin volver a la práctica religiosa regular. El biógrafo no sabe cómo interpretar ese «agudo problema psicológico» (p. 91). El problema es que su conversión no era un simple cambio de prácticas. El intelectual honrado que era Morente le hace convertirse también a la concepción filosófica escolástica. He aquí el verdadero punto de peripecia, que diría Ortega y Gasset. Nada menos que, después de Kant, tiene que volver al de Aquino. El regreso a la «filosofía perenne» lo hace con todas sus consecuencias, puesto que se ordena sacerdote. A saber si su prematura muerte, a los cincuenta y seis años, poco después de su ordenación, no tuvo algo que ver con tan drástico cambio de vida.

Pedro Laín Entralgo ejemplifica muy bien una evolución religiosa que han seguido muchos profesionales. Se educa de acuerdo con la doctrina cristiana estricta por influencia de la escuela y de la madre. Durante la adolescencia experimenta una fuerte crisis religiosa. Se percata de que en el catolicismo oficial «dominaba la rutina, el mal gusto, el fariseísmo y la tácita o expresa alianza entre el cura, el rico y el cabo de la Guardia Civil» (Laín 89:38). Más que hacerse arreligioso o ateo, esa crisis le conduce a una natural indiferencia en materia religiosa (p. 39). Años más tarde, en plena juventud, se identifica con los «estudiantes católicos», aunque mantuvo siempre una cierta ojeriza contra la derecha católica de Ángel Herrera. Es lo que le lleva a inclinarse por la Falange, aparte de otras circunstancias amicales. El falangismo se enfría con los años, mientras se acentúa su antagonismo respecto al Opus Dei.

Pedro Laín se instala como adulto en una interpretación extraeclesiástica de la religión cristiana a través de la idea del amor. «Es la más honda, original y eficaz de cuantas novedades trajo al mundo el Evangelio.» Es, además, un impulso para el «progreso histórico» (p. 58). Estamos ante una especie de reforma protestante individualizada, que por eso mismo tiene que chocar contra la formidable competencia que representa el Opus Dei. Las peleas entre parientes son siempre las más enconadas.

Carlos Barral se refiere, como otros muchos, a la singular experiencia de la formación religiosa obligatoria, tridentina, integrista de los años cuarenta. El régimen escolar se acercaba al de un noviciado. Su interpretación personal de esa «espesa estructuración conventual de la vida escolar» es así de paradójica: era una «vacuna contra el [verdadero] sentimiento religioso», tanto de los que habían de ser «futuros ateos» como de los «irreprochables católicos» (Barral 75:22). Diversos estudios empíricos han demostrado después que la experiencia de la formación en colegios de curas o monjas no influyó después para mantener no ya la práctica religiosa, ni siquiera las creencias. Es una monumental ilustración de cómo puede fracasar el más formidable esfuerzo de adoctrinamiento de toda la historia española.

La experiencia de otro escritor, Caballero Bonald, discurre de modo parecido. Pasa por una intensa experiencia mística a los once años, coincidente con la guerra civil (Caballero Bonald 95:39). Luego, la forzada educación, tanto religiosa como deportiva, en el colegio de los marianistas de Jerez de la Frontera le lleva a «una incorregible aversión a las prácticas religiosas colectivas y a los deportes en general» (p. 125). Es la paradoja de que lo obligatorio se convierte en estragante. Ahora que lo pienso, mi particular aversión al fútbol procede de la norma colegial que hacía obligatorio dar patadas al balón durante los recreos. O puede ser simplemente mi inveterado desmaño para todo lo que sea coordinación de movimientos. Si voy más lejos, encuentro un minúsculo suceso que me marcó. En la escuela nacional a la que yo fui cuando tenía seis años coincidíamos en la misma clase los chicos de todas las edades. Yo era de los más pequeños. Alguien regaló a la escuela un balón de fútbol, de los que se decían de reglamento. Pero el juego no tenía reglamento alguno. Simplemente consistía en que todos los chicos corrían tras el balón. Yo no logré ni siquiera tocarlo. La frustración no la supo nunca nadie, pero me marcó para siempre. Pero con ello me alejo bastante del camino real por donde discurríamos, el lector y yo. Estábamos en que la religión obligatoria en la escuela produjo el efecto contrario al deseado. Qué difícil es eso de la pedagogía.

La paradoja anterior se puede ver por el otro lado. Julián Marías, que pasa por ser a veces un intelectual católico (aunque nada clerical), reconoce que quizá haya «conservado mi fe intacta y viva» gracias a que, cuando estudiante de bachillerato, «la Religión era *voluntaria*» (Marías 88:61). Tuvo esa suerte, una vez más, el hombre afortunado.

Como queda dicho y es sabido, la experiencia religiosa corresponde típicamente a la adolescencia. Se da incluso en las personas que después pasan por ateas irremisibles. Éste es el caso, por ejemplo, del actor Paco Rabal, comunista de pro, quien, como adolescente, fue secretario de la congregación de San Luis Gonzaga (Rabal 94:68). Esto me recuerda que yo también fui secretario de la congregación de María Inmaculada durante los años del bachillerato. La tarea de redactar las actas de las reuniones semanales fue muy formativa. Como lo era, al tiempo, el trabajo de escribir los artículos de la revista del colegio (*Reflejos*, se llamaba; fue fundada por Enrique Múgica Herzog). A lo que se añadía la tarea de confeccionar los periódicos manuales (texto y dibujos) del Frente de Juventudes. Todas estas actividades fuera de la estricta obligación estudiantil fueron muy formativas. Exigían una gran disciplina, que a los trece años no suele ser innata. Era inseparable de ellas el fervor religioso y, en el caso del Frente de Juventudes, el patriótico. En mi caso, sin ese temprano antecedente, no podría explicar la ulterior vocación sociológica o literaria.

La asociación de la intensa religiosidad formal con la vida pública no se limita al campo de lo que se ha llamado «nacional-catolicismo», se entiende, el del franquismo. Hay también una versión que se acerca a la destacada influencia clerical en los nacionalismos vasco y catalán. Un biógrafo de Jordi Pujol, el iluminado líder nacionalista catalán, interpreta esa figura como la de un «nacionalista religioso». Su carrera política pasa por el monasterio de Montserrat. «El cielo de Jordi Pujol es Cataluña» (Wirth 81:26). Esa singular experiencia religiosa permanece en los símbolos. La prueba es que el partido de Pujol (Convergència de Catalunya) mantiene las iniciales (CC) de lo que fue en su origen nada menos que el movimiento Crist i Catalunya (p. 68). La asociación de Cristo con Cataluña procede de Josep Torras i Bages, obispo de Vic, durante los primeros lustros del siglo actual.

Hoy no se reproduce la dramática asociación de la derecha con el catolicismo nacional (sea cual sea la nación) y de la izquierda con el feroz anticlericalismo. Pero quedan suficientes datos para considerar que el rescoldo de esa hoguera sigue caliente. Consideremos el testimonio del poeta Rafael Alberti, muchos años después de la guerra civil: «Aunque en la actualidad deteste y odie el imbécil alarde antirreligioso... quiero consignar una vez más en mi obra la repugnancia que siento por ese último espíritu católico español, reaccionario, salvaje, que nos entenebreció desde niños los azules del cielo, echándonos cien capas de ceniza, bajo cuya negrura se han asfixiado tantas inteligencias verdaderas» (Alberti 75:29). Qué antiguo suena todo esto.

Hay una extraña revelación en la biografía de Enrique Tierno que me resulta inexplicable. Es el momento en que está de profesor de español en la Universidad de Princeton, en el curso 1961-1962. Nuestro hombre nos dice que casi todos sus colegas eran religiosos practicantes y cómo les parecía «un atrevimiento» que él se declarara agnóstico (Tierno 81:257). La historia es sencillamente inverosímil. Por esas mismas fechas estudiaba en Princeton Juan F. Marsal y yo mismo en Columbia. Algunas veces platicábamos ambos sobre la sociedad secularizada que nos había acogido como estudiantes. Nos hubiera asombrado que un profesor de entonces llamara la atención por ser agnóstico. Es más, casi todos lo eran. Realmente, lo extravagante hubiera sido lo contrario, encontrar a un docente que fuera un «creyente fervoroso» (*true believer*). Otra cosa era entonces la universidad española pero, aun así, tampoco se nos antojaba raro que los profesores fueran agnósticos.

31. Resentimiento

El clásico estudio de Max Scheler sobre el resentimiento nos proporciona algunas pistas para sospechar que estamos ante un factor del carácter social muy característico de la vida española. Distingue especialmente a las clases ilustradas: escritores, artistas, científicos. En seguida mostraremos cómo se puede aplicar ese rasgo general al caso español.

Scheler considera el resentimiento como un estado anímico complejo, que incluye diferentes pasiones: venganza, odio, rencor, envidia. La raíz de todas ellas está en el «sentimiento de la impotencia para traducir [esas pasiones] en actividad; entonces se *enconan*, ya sea por debilidad corporal o espiritual, ya por tener temor y pánico a aquel a quien se refieren dichas emociones» (Scheler 15:26). Es decir, lo peculiar del resentimiento es la ambivalencia, la procesión que va por dentro, el respirar por la herida, el nadar y guardar la ropa, el reconcomerse. Obsérvese la gran riqueza de imágenes populares en castellano sobre la pasión española más sobresaliente.

El resentimiento se apoya sobre una concepción pesimista y desengañada de la vida (el prójimo es mi adversario) y se defiende con el dominio de la apariencia, el disimulo. Los tres grandes mitos literarios españoles (don Quijote, don Juan y la Celestina) son tres formidables resentidos, por simuladores.

El resentimiento se descompone en una serie de reacciones más simples: odio (no perdonan), rencor (no olvidan), desconfianza (no se fían), recelo (echan la culpa a los demás), envidia (no resisten el éxito ajeno). Como puede verse, se trata de actitudes negativas. Lo lógico sería tratar de ocultarlas, pero, aunque así ocurra, se suelen dar suficientes muestras para deducir su existencia.

Dionisio Ridruejo observa que la historia de España, en relación a las otras europeas, se distingue por una trayectoria «más sobresaltada y más probada por el azar o las interferencias extrañas». Y añade la consecuencia para el carácter nacional: «Quizá de esa imagen le venga al español su atávica afición a culpar al prójimo, al *elemento extraño*, de todos sus males» (Ridruejo 64:38). No se trata de una especulación. Nuestro hombre se atreve con una interpretación nada fácil de la represión política de los primeros años del franquismo. No debe atribuirse a los jueces vengadores, los policías crueles o las autoridades inmisericordes. «La sociedad española dio un amplísimo y vergonzoso consenso a esta inquisición profana... La envidia, el resentimiento, la pequeñez, el arribismo, mostraron el poder que ejercían —como vicios seculares— sobre nuestra destartalada sociedad.» Los represores no eran propiamente los «triunfadores», sino los «mediocres» (p. 96). Hay que reconocer que, sobre el particular, Ridruejo sabía lo que decía.

Al reflexionar sobre su infancia, el ilustre cirujano del siglo XIX Federico Rubio llega al concepto de lo que él llama *impatía*. Es uno de los más profundos y primeros sentimientos que surge en el niño y lo hace humano. Cuando se extrema, puede llegar a ser patológico. «La *impatía*, moviendo hacia adentro la sensibilidad, concentra el sentimiento, predispone a la tristeza crónica, a la envidia, a la malquerencia, al resentimiento torvo y mudo, que a ciertos organismos los lleva a fraguar proyectos de rencor y de venganza» (Rubio 77:61). Es asombroso que hace más de un siglo se pudiera escribir ese enjundioso análisis sobre el resentimiento, antes de Freud, eso es lo que cuenta. La obra de Rubio se redacta hacia 1888. Por esa fecha, Freud empezaba a estudiar los casos de hipnotismo e histeria, pero todavía no había escrito ningún libro. Rubio cree incluso que tiene que haber una variante de las ciencias médicas que se dedicara a curar los derivados patológicos del resentimiento. Quizá se pueda añadir la necesidad de una variante de las ciencias sociales que se ocupe de los conflictos de la sociedad ocasionados por la extensión del resentimiento.

Una de las tesis favoritas de Salvador de Madariaga es que la envidia —como expresión más sutil del resentimiento— es el pecado original de los españoles. Naturalmente, él mismo se siente libre de tal culpa. Escribe un libro con recuerdos de personajes que ha conocido. Estampa en el prólogo: «Detesto el mando y no sostengo el rencor» (Madariaga 81:12). Pero el libro es muchas veces un perfecto ajuste de cuentas contra los que le han impedido mandar o no han reconocido sus méritos. Por ejemplo, no le perdona a Rafael Merry del Val (embajador en Londres durante los años veinte) que no le diera el voto para una cátedra de español en la Universidad de Londres (p. 34). Así describe al diplomático: «tozudez obtusa, incapaz de matices, de intuición, de perspicacia alguna... de pocas ideas y éstas casi todas no diría que falsas, pero sí usadas, heredadas, dogmas nuestros» (p. 32). Menos mal que el autor no es rencoroso. A Alejandro Lerroux lo pone literalmente a caldo en su papel de ministro de Estado con la República. Era su jefe inmediato, al estar destacado Madariaga en la Sociedad de Naciones en Ginebra. Pero sobre todo le recuerda el hecho de que Lerroux, en sus memorias, callara sus «servicios a él como ministro» y sus «servicios al país» en su puesto de Ginebra (p. 46), entre otras «fechorías» que le hizo (p. 49). Es un recuerdo verdaderamente resentido hacia el hombre a quien ve como «un emigrado del tiempo», como si fuera de otro siglo, y lo que es peor, «podrido de corrupción» (p. 49). Es un ejemplo de auténtico resentimiento, porque no consta que estos juicios se los dedicara en vida a don Alejandro. Tampoco es que fuera algo estrictamente personal contra Lerroux. El asunto es sistemático contra todas las personas que no le reconocen sus méritos y no le dejan ascender.

Miguel de Unamuno nos ha dejado un certero tratado sobre la envidia en forma de novela (*Abel Sánchez*). Volveremos en seguida sobre este monumento psicológico. El verdadero envidioso, para Unamuno, es el envidiado, el que pasa por tal, el que por todas partes siente que le envidian. Se detecta, entre otras cosas, por la táctica de ensalzar a las personas contra las que está secretamente resentido. Este retrato cuadra perfectamente con ese *test* del libro de Madariaga que comento. Sólo puedo elegir unos cuantos ejemplos de ese proceso mental o sentimental que se desprende del análisis de Unamuno. Desde luego, Madariaga ve envidiosos por todas partes, hasta llegar a elevar la envidia a «vicio nacional» (p. 192). Añade que su «experiencia me hacía siempre tener la irritación y el mal humor que solía producir la mera rapidez de mi ascensión en los ambientes literario e internacional» (p. 219). En esa categoría de los que le envidian pone a su superior, Fernando de los Ríos, a quien alaba desmesuradamente (p. 219).

Otro intelectual alabado por Madariaga es Américo Castro. Pero le llama la atención su continua suspicacia. «En el fondo de su pasión discutidora latía como un resentimiento. ¿Por qué? Muy sencillo. Llegué a la conclusión de que Américo me tenía tirria.» El caso fue una conferencia que dio en alemán Madariaga, situación que provoca la envidia de Américo Castro, lo cual explica «sus obstinados silencios sobre mi obra», la de Madariaga (p. 290).

No para ahí la cosa. Madariaga echa pestes de Luis Araquistain, no sin reconocerle algunas buenas cualidades, pero «no hablaba bien en ninguna lengua, ni aun en la suya» (p. 313). Pero «su verdadero defecto [era] un resentimiento oculto» (p. 314). El Madariaga políglota juzga un fracaso la intervención de Araquistain en una de tantas conferencias internacionales de Ginebra, donde Madariaga se movía con soltura (p. 313). Luego coinciden en Londres, pero ya ni se saludan (p. 315).

Madariaga se entretiene al final de su reseña sobre Araquistain con una fruslería que explica todo lo anterior. Resulta que una revista pidió sendos artículos a Araquistain y a Madariaga sobre la cuestión de Gibraltar. No estaban muy de acuerdo, pero lo grave es que la revista «hizo una publicidad vigorosa al artículo de Araquistain y guardó silencio ante el mío» (p. 315).

Acabáramos. Era envidia. Las loas de Madariaga se extreman con Ramón Pérez de Ayala, a quien considera uno de los mejores escritores del siglo, «culto, ameno, original, sensible», entre otros adjetivos altamente laudatorios (p. 247). Todo para recoger el testimonio de Azaña, quien oye decir a Pérez de Ayala que Madariaga era un «infatuado y trepador». Con una aparente condescendencia, atribuye ese «eclipse» de Pérez de Ayala «a la rapidez de mi ascensión sobre el horizonte de Ginebra». «La gente, aun perspicaz, como Ayala o Zulueta, no quería creer que subía sin ágiles esfuerzos de *trepador* y combinaciones de *infatuado*, actitudes y formas de ánimo que me son y fueron siempre desconocidas» (p. 249). Por cierto que, entre los que le envidiaban introduce ahora a Luis de Zulueta, ministro de Estado, «aquel hombre excelente de total carencia de envidia» (p. 192). Se repite el mismo esquema: los ministros todos de quienes depende, Madariaga los ve como envidiosos de sus triunfos como literato y diplomático. La verdad es que esos triunfos no pasaron de discretos. Pero esa irrealidad es la característica del verdaderamente envidioso, según Unamuno. Por cierto, se dice que Unamuno (¿o fue Ortega y Gasset?) retrató a Madariaga como «un tonto en cuatro idiomas». No he podido certificar la cita, que tantas veces se repite, pero ésas son las cosas de Unamuno. Tanto Unamuno como Ortega y Gasset a su paso han creado leyenda. Por cierto, puestos a hablar de rencor, nada como este dardo envenenado de Ortega y Gasset, conjugado en plural mayestático: «No es la primera vez que hemos pensado si el matiz rojo y encendido de las torres salmantinas les vendrá de que las piedras venerables aquellas se ruborizan oyendo lo que Unamuno dice cuando a la tarde pasea entre ellas» (*O. c.*, I:132). Está claro que los adobes con que se ha edificado la torre de las letras españolas se ha amasado con envidia.

Volvamos por un momento a la extraordinaria novela de Unamuno, *Abel Sánchez*, que tiene más elementos autobiográficos de lo que parece. Su autor, como Madariaga, se sintió siempre un envidiado y secretamente fue un envidioso. El título de la novela puede sorprender al lector, puesto que el protagonista de la narración es Joaquín Montenegro, el arquetipo del envidioso, la encarnación de Caín. El envidiado es su amigo del alma, Abel Sánchez, el bondadoso, de quien se nos cuenta muy poco en la novela. Pero el título está bien puesto (una paradoja más de Unamuno). Abel Sánchez se lleva todos los triunfos, hasta este póstumo y simbólico de hacerse inmortal con el título de la novela. La cual viene a ser —ésa es la paradoja— una especie de diario de Joaquín Montenegro, reconcomido siempre por la envidia. En el prólogo de la segunda edición hay una escueta frase de Unamuno que nos dice mucho sobre el juego de sus personajes: «Al releer, por primera vez, mi *Abel Sánchez* para corregir las pruebas... he sentido la grandeza de la pasión de mi Joaquín Montenegro y cuán superior es, moralmente, a todos los Abeles» (Unamuno 28:13). Es decir, la envidia que tantas veces rumia Joaquín no es tanto una tacha suya como del taimado Abel, que pasa por el «bueno» y es, en el fondo, un simulador. Es una magistral intuición de que la envidia es una pasión recíproca que necesita dos sujetos, como el amor, el secreto y tantas otras formas de relación.

Al principio parece que Unamuno se identifica con Abel, pero acaba compadeciéndose con el pobre Joaquín, a quien le hace rumiar esta cavilación: «El que todos sus fracasos los atribuye a ajenas envidias es un envidioso. ¿Y no lo seremos todos?» (p. 69). La envidia de Joaquín es demasiado consciente para ser verdadera. La auténtica envidia es la que va por dentro, la resentida, la que simula una gran bondad. Ésta es la que caracteriza a Abel. En el caso de Joaquín, la envidia más taimada es la que se contiene en el episodio donde alaba con entusiasmo la obra de Abel (p. 104). Por eso, la auténtica envidia no es tanto «pesar del bien ajeno» como comezón por el éxito del prójimo. Tanto es así que genera una actividad obsesiva por agradar y merecer. De ahí la reflexión final, que nos devuelve al mito bíblico, que ya había desarrollado lord Byron de parecida forma: «La envidia no puede ser entre personas que no se conocen apenas... la mayor envidia, entre hermanos... Decididamente, la envidia es una forma de parentesco» (p. 210). Aquí está la clave del mito. Abel extremaba el homenaje a Dios (el Padre) para ocultar la radical envidia hacia Caín. (No olvidemos que Caín era el primogénito.) De esa forma, Abel excitaba en Caín la pasión de los celos. El drama es nada menos que el origen de la civilización humana. El Génesis nos dice que Caín edificó la primera ciudad.

Volvamos a la biografía. Al final, Unamuno deja ver su drama personal, uno de tantos. Resulta que Miguel de Unamuno tuvo un hermano, Félix, que era bastante excéntrico. Los señoritos de Bilbao se reían de él, comparándole con el genio de su hermano. El pobre Félix de Unamuno, enfurecido, paseaba con un cartel al cuello que decía: «¡No me hable usted de mi hermano!» (Hudson 91:71). Los dos hermanos apenas se relacionaron, pero el suceso sirve para entender las anfractuosidades de la novela de Miguel de Unamuno. Es la gran aportación española al mito bíblico de la envidia, en la raíz misma de la humanidad.

Maravilla el ambiente mefítico de resentimiento que domina en la república de las letras. Se trata, quizá, de un efecto del clima extraordinariamente competitivo, de la llamativa escasez de recursos. Al valorarse tanto la firma, da la impresión de que el éxito de un autor se alza en detrimento de los colegas que esa vez no lo alcanzan. Se pueden aducir dos ilustraciones paralelas. Tanto Benito Pérez Galdós como Concha Espina fueron escritores que en su día fueron propuestos para el Premio Nobel de Literatura. Ninguno lo obtuvo, precisamente porque a ambos les faltó el apoyo de la Real Academia Española, esto es, el respaldo oficial de su propio país (Lavergne 86:106). Se sospecha incluso que, en el caso de Galdós, los otros escritores españoles se movieron para que el premio *no* se le concediera a un compatriota.

La envidia está presente en la biografía de muchos escritores y artistas. Por ejemplo, en el caso de Gabriel Miró, éste se resiente de la campaña que organizan contra él los «siervos de la clerecía farisaica». Logran que se le elimine como candidato al premio Fastenrath y al ingreso en la Academia Española (Guardiola 35:182). Los premios literarios y oposiciones han sido siempre el caldo de cultivo de rencores y envidias.

Las relaciones traicioneras entre los escritores se pueden ilustrar en el caso de la biografía de F. Navarro Ledesma, un crítico más bien mediocre pero afamado en su tiempo. Utiliza la amistad con Emilia Pardo Bazán para introducirse en la república literaria. Halaga ostentosamente a la escritora, pero, a través de la correspondencia con Ganivet, sabemos cuánto la detestaba. Se refiere a ella como «la Pardo Bacín» (De Zulueta 68:39). Bacín era tanto como orinal. Hay que entender la grosera analogía como el recordatorio de ciertas efusiones amatorias de la condesa con el novelista Galdós. Nada da más envidia que los amores de los otros.

El periodista Alfredo Marqueríe cuenta que, cuando niño, su padre compró un coche de segunda mano, uno de los pocos que entonces circulaban por Segovia. Tuvo que dejarlo por las constantes «críticas y envidias» que despertó la posesión del artefacto «en el ambiente levítico de la capital de provincia» (Marqueríe 71:27). Seguramente sucedió que un automóvil en aquellos tiempos era un símbolo de ostentación que no debía corresponder a un oficial del Ejército, como era entonces el padre de nuestro hombre.

La atmósfera de resentimiento en el que se han desenvuelto las relaciones interpersonales en España no es privativa del mundo intelectual; se aplica a diferentes dominios. Por ejemplo, el de la política resulta particularmente tocado por esa enfermedad, lo que explica el «fulanismo» (que dijo Unamuno) de los partidos. Tomemos el caso de Francisco Largo Caballero. Como dirigente máximo del PSOE expresa un continuo resentimiento contra otros eminentes correligionarios, principalmente Indalecio Prieto, Fernando de los Ríos o Juan Negrín. A Prieto le echa en cara la falta de «disciplina y de respeto a la opinión ajena» (Caballero 76:82). Menos mal que declara: «Afirmo categóricamente que nunca realicé, ni de obra ni de palabra, nada contra [Prieto] ni contra ningún otro correligionario» (p. 135). Pero a renglón seguido añade que «Prieto nunca ha sido socialista» (p. 135). De acuerdo con la fenomenología del resentimiento, atribuye a Prieto «celos» de los éxitos de Largo Caballero. Lo califica de «envidioso, soberbio, orgulloso» (p. 143). Como ministro a cargo de los pertrechos militares en 1936, tacha a Prieto de ineficaz e inútil (p. 182). Aunque le perdone algún desliz, manifiesta que «no podrá ser absuelto jamás del mal que ha ocasionado al Partido Socialista, a la Unión General [de Trabajadores] y a España» (p. 226). Compara a Prieto con Negrín, para concluir que no se puede deducir «cuál era más despreciable de los dos» (p. 244). No cabe mayor resentimiento respecto a los íntimos, correligionarios y compañeros de partido, de sindicato y de gobierno. Los dicterios contra Prieto y Negrín, entre otros, por parte de Largo Caballero son mucho más fuertes que los que dirige contra Franco. Se comprende, sólo por esto, que la guerra civil estuviera perdida para los republicanos. No es que Franco no estuviera resentido contra sus conmilitones (Primo de Rivera, Mola, Sanjurjo). Ahora bien, el azar pudo con ellos. Y cuando no, se impuso la disciplina de la «unificación», *manu militari*, nunca mejor dicho.

Recordemos que las actitudes de envidia o resentimiento suelen ser en las dos direcciones. Santiago Carrillo, que conoció de joven a los líderes de la II República, se refiere a «la inquina con que Azaña habla de Prieto» (Carrillo 96:63). Bien es verdad que «Prieto no ha dejado escrito ningún papel hablando mal de Azaña» (p. 63). Pero no eran del mismo partido. En cambio, Prieto muestra una «actitud de resentimiento... contra el doctor Negrín» (p. 71).

En contra de lo que suele suponer el público lego, los científicos se mueven en un mundo de agrios celos profesionales, es decir, de resentimiento. Ramón y Cajal, ya casi octogenario (hacia 1930), aconseja al joven médico Ortiz Picón, vocado hacia la histología, que se dedique mejor a la clínica, donde se gana más dinero «e incluso puédese hacer una buena boda, como Gregorio Marañón». Al parecer se trataba de una agria relación entre los dos famosos médicos. La razón de la enemistad mutua fue de tipo ideológico. Cajal había manifestado cierta simpatía por el general Primo de Rivera. Marañón hacía gala de republicanismo y criticó ostensiblemente a Cajal (Ortiz Picón 92:82).

Un testimonio impresionante sobre la figura del resentimiento es la obra póstuma de Pío del Río Hortega, el famoso biólogo, discípulo de Cajal y de Achúcarro. Precisamente es esa doble relación de discipulado lo que dibuja su enfermiza pasión. Indica, por otro lado, que el mundo de las eminencias científicas no tiene el aura de noble trabajo en equipo y desinterés con que se suele presentar. Visto así, el testimonio de Del Río es un monumento de sinceridad y de penetración psicológica que no tiene precio. Lo citaré por extenso ya que es poco conocido. Podría ser la base de un gran guión cinematográfico. El hombre gozó de la relación discipular con dos grandes celebridades de la ciencia. Pero el resultado fue una continua frustración, una lacerante amargura que seguramente precipitó su muerte temprana. Ve con envidia cómo los discípulos predilectos de Cajal, Tello y Achúcarro, se dedican a ganar dinero o a otros menesteres que los alejan de la «ciencia pura». Es a la que nuestro hombre quiere dedicarse, pero por todas partes encuentra zancadillas y obstáculos personales. Su mal humor es continuo, hasta el punto de producirle un permanente dolor de estómago. A los otros discípulos de Cajal los desestima por plagiarios o incompetentes. El personal subalterno del Instituto Cajal es para Del Río un conjunto malévolo y parásito. «El único que había hecho dedicación absoluta al laboratorio [de Cajal] era yo» (Del Río 86:61).

Estamos en los años veinte, con un Cajal próximo a la setentena. Pío del Río lo considera senil: «Propendía al monólogo salpicado de interrogaciones, pues le gustaba conocer el pensamiento de sus interlocutores» (p. 68). Se queja de que el Maestro (así lo trata, con mayúscula) no considerara los méritos de su discípulo, ni siquiera le tratara con cordialidad. Nuestro hombre rumiaba estos pensamientos: «No logro conquistar el cariño de don Santiago. Y esto me dolía porque, después de mi padre, a nadie veneraba yo más» (p. 71). Se da cuenta de que ha conseguido descubrir nuevas técnicas que mejoraban las de Cajal. Pero don Santiago no reconoce ese mérito; es más, su discípulo entiende que se enoja por ello, lo mismo que sus compañeros del laboratorio. Por todas partes ve «resentimiento». Ésta es una palabra que repite varias veces en su memorial. Hasta su estómago lo encuentra «bastante resentido» como consecuencia de este clima de desconfianza y celos (p. 85). Realmente, Del Río trabajaba en una sección del Instituto Cajal que dirigía Achúcarro. Esto es motivo de nuevos celos. El drama culmina con la decisión de Cajal de expulsar del instituto a su discípulo. Como salida honorable le propone la constitución de otro laboratorio en la Residencia de Estudiantes. Éste sería pronto famoso, asociado a los trabajos de Del Río, Cabrera, Negrín. Al final colaborarían, entre otros jóvenes investigadores, Severo Ochoa y Francisco Grande Covián. Así que este notable laboratorio de «la colina de los chopos» se inició por el azar de la ruptura de Del Río con Cajal. La pelea es una estupenda ilustración de hasta dónde puede llegar el clima de disensiones y zancadillas en el mundo científico. Nuestro hombre atribuye a Cajal envidia y mezquindad por el hecho de no reconocerle la primacía en ciertos descubrimientos (p. 92).

En realidad, la escuela de Cajal se distingue más bien por los avances de las técnicas de observación. La maestría de Cajal se derivaba de que era más aficionado a la fotografía que a la medicina clínica. Del Río le reprocha su forma de trabajo, sin dejar que sus discípulos participaran en los «secretos» del oficio. La verdad es que esta crítica, por resentida que pueda ser, echa un jarro de agua fría a la leyenda del trabajo en equipo de Cajal. La relación entre los dos investigadores no sólo estalla con la expulsión del discípulo sino con la afrenta que supone el hecho de que, «para vilipendiarme, [Cajal] llegaba al ensañamiento de hacer pública la carta mendaz e injuriosa —baldón de ignominia— clavándola en el muro del laboratorio y dejándola expuesta muchos días para ejemplaridad de todos. He perdonado todo el mal que me hizo, pero no puedo olvidarlo» (p. 99). Y, como desahogo, escribe el memorial que deja inédito a su muerte. Su frustración la resume así: quiso ser el discípulo predilecto, pero se dio cuenta «de que en el orden de las afecciones íntimas [de Cajal] yo figuraba entre los últimos» (p. 101). Es un caso estremecedor de resentimiento, equivalente de lo que podría ser un gran desengaño amoroso. Menos mal que por este lado se comprueba que los científicos son seres humanos.

El resentimiento, en la corte de los intelectuales, se manifiesta a veces con la siguiente sutileza. Se ensalza abiertamente a una figura para denigrar, sin nombrarlos, a los que le rodean. Un ejemplo. Enrique Tierno alaba la seducción intelectual que le produjo el magisterio de Ortega y Gasset. Pero el estudiante no llegó a discípulo. Así se explica el lacerado comentario: «Buscaba siempre en torno suyo alumnos o amigos de inteligencia brillante con quienes discutir. Por desgracia, quizá me equivoque, tuvo la decepción de no encontrar más que talentos adocenados que no sobresalían del sentido común» (Tierno 81:61). Hay que suponer que la andanada va contra Julián Marías.

Precisamente, Enrique Tierno da, sin querer, una estupenda definición de resentimiento: «Es frecuente odiar lo que se desea.» Y a continuación ejemplifica el aforismo con su personal sentimiento: «Los socialistas que recuerdo de antes de la guerra y de la guerra, y los que después he tratado, dentro y fuera de España, me han parecido, salvo excepciones, una notabilísima mezcla de petulancia, honradez, seguridad en sí mismos y rígidas actitudes de desconfianza» (Tierno 81:80). Este desahogo se escribe en 1981, con un Tierno integrado a regañadientes en el PSOE. El partido lo deja varado como alcalde de Madrid cuando don Enrique se creía llamado al gobierno de la nación o por lo menos del partido. Luego iba a ser un alcalde muy popular, pero ésa es otra historia. El nervio del asunto es que Tierno despreció siempre a los socialistas, desde Besteiro hasta González. Su drama es que quiso ser el caudillo del Partido Socialista (en el interior), papel que le arrebató bonitamente González. El cual queda descrito en el párrafo citado, un prodigio del estilo «tácito» de don Enrique. Lo fabricó conscientemente así en los tiempos de la censura, pero luego ya no logró evadirse del *tacitismo*. O no le interesó.

El resentimiento es la dificultad, no ya para olvidar, sino para perdonar. Suele darse en personas o grupos que acumulan mucho esfuerzo o sufrimiento y se encumbran rápidamente. Veamos, por ejemplo, esta orgullosa confesión del vástago de una familia de inmigrantes judíos que llega a la cúspide del poder económico: «Somos acusadas personalidades poco proclives a la mediocridad y que no saben perdonar a los espíritus tristes ni apagados, ni aunque éstos sean nuestros propios padres: ése es el rasgo fundamental de los nuestros» (Koplowitz 92:27). Es la cara oculta de lo que socialmente brilla como espíritu emprendedor.

Carlos Barral relata muy bien el brusco cambio de mentalidad que se introduce en el gremio de los escritores con el apogeo económico de los años sesenta. También ellos empiezan a destacar por el éxito material, el dinero. «Por fin los escritores eran productores, pero en el peor sentido de la palabra... Los juicios estaban llenos de envidia, sobre todo si el éxito ajeno era de ventas más que de crítica» (Barral 88:216).

El resentido es alguien que niega constantemente sus sentimientos. Por eso el prefijo *re*, para indicar que la procesión va por dentro. El resentido suele manifestar, paradójicamente, una excelente opinión de sí mismo. Acudamos, una vez más, al magnífico testimonio de Enrique Tierno. «He procurado mantenerme ecuánime y ser continuamente generoso» (Tierno 81:7). «Quizá sea por mi propia incapacidad para el rencor por lo que en los demás hay una neutralidad frente a mí y hasta alguna propensión a disculparme» (p. 218). No se observa nada de eso entre las personas que trataron a don Enrique. Desde luego es inverosímil que nuestro hombre desplegara, como dice, la «incapacidad para el rencor». Al menos, sus memorias son una continua demostración de lo contrario. Por eso resultan atractivas.

Aranguren destaca de sí mismo la «incapacidad total para guardar rencor a nadie. He sufrido persecuciones, en mi opinión, totalmente injustas, de algunas de las cuales será menester hablar, aun cuando lo menos posible. Sus autores me son, sin embargo, indiferentes; no siento hacia ellos el menor odio —un cierto, ligero desprecio, sí—, y si se me presentara la ocasión de hacerles un moderado favor, lo haría sin vacilar» (Aranguren 69:31). La aplicación de esa sibilina actitud de resentimiento se presenta unas páginas más allá del texto autobiográfico. Aranguren narra el episodio por el que es desposeído de su cátedra por motivos de orden público. El beneficiario de esa barrabasada fue el padre Todolí, quien se ocupó de la cátedra que quedaba vacante por la fuerza bruta. No lo menciona por su nombre. Simplemente señala que era «persona muy limitada» que «ni remotamente [podía ser apto] para catedrático de universidad» (p. 94). La historia es descarnada, pero revela muy bien el ambiente inmisericorde de los claustros universitarios. Está bien la imagen. Se trata de un reducto cerrado en el que sus moradores dan vueltas incesantes, siempre los mismos, viéndose unos a otros.

A través de un raro ejercicio de sinceridad, Elena Soriano escribe unas patéticas memorias sobre la historia de un hijo drogadicto. Reconoce que el estímulo para su trabajo fue «el resentimiento y el rencor». Los distingue así: «el resentimiento duele y el rencor promueve a la venganza» (Soriano 85:12). Según esta autora, los rasgos de recelo y desconfianza entre los españoles proceden de la conciencia de pertenecer a uno de los dos bandos mutuamente excluyentes de la guerra civil (Soriano 85:58).

La guerra civil es el tajo biográfico más profundo que corta las vidas de muchos españoles del siglo XX (véase cap. 13). Sean vencedores o perdedores, el suceso suele producir memorias extraordinariamente resentidas. Éste es el caso, por ejemplo, de Eduardo Haro Tecglen a través de su libro de recuerdos *El niño republicano*. Resulta iluminador, para entender sus posiciones políticas posteriores, el embalse de resentimiento como niño burgués perdedor de la guerra. Termina así su recreación de la infancia. «Así se acabó lo que todavía considero como mi patria, aunque esta palabra me desagrade profundamente: a fin de cuentas, la tierra que sí fue de mis padres y no lo volvió a ser nunca más» (Haro 96:307). Este autor nos proporciona una estupenda definición del resentimiento cuando reflexiona sobre sus recuerdos: «En realidad, no tuve nunca odio... Algunos que parecen grandes miserables en este relato [sus memorias] fueron grandes amigos míos» (p. 327). ¡Ay de los que fueran sus enemigos!

Como vemos, el resentimiento es una disposición mental muy típica de los científicos e intelectuales. Es insaciable en ellos la sed de reconocimiento por parte de los pares. Tomemos el caso de un escritor tan polémico y exitoso como Juan Goytisolo, voluntariamente marginado de los círculos literarios, digamos, oficiales. Esa especie de exilio deseado le hace identificarse con los otros escritores que a lo largo de la Historia tuvieron que enfrentarse a envidias y maledicencias. Escribe, proyectando su caso: «El impacto de una obra, ya sea la de Clarín, ya la de Américo Castro, se mide por las arremetidas —más sañudas cuanto más íntimas— que el autor suscita en vida y, de manera más solapada e hipócrita, por el silencio estruendoso de los aduladores y panegiristas profesionales» (Goytisolo 86:108). Toda la obra de nuestro autor respira por la herida de quien no se sabe suficientemente reconocido. La reacción paradójica es la de extrañarse aún más, renegando de todas sus *señas de identidad*. Desde esa posición de automarginado contempla distanciado la serie de «cumplidos que acogen hoy *urbi et orbe* [*sic*] cualquier parto o engendro» literario, se supone, los de los demás (p. 108). Pocas biografías literarias como la de Juan Goytisolo se atreven a dejar ver la amargura del resentimiento.

Juan Goytisolo narra muy bien el camino hacia el marxismo a partir de la experiencia personal, antes incluso que las lecturas. Se trata de una suerte de «rencor a mi clase social [la burguesía barcelonesa], cuya decadencia y precariedad creía ver reflejadas en el declive de la propia familia» (Goytisolo 85:199). Es una demostración muy expresiva de cómo el radicalismo ideológico surge de una especie de resentimiento de clase. En este caso de una clase media venida a menos.

Post scriptum para eruditos. Aludo a la supuesta cita de Unamuno a Ortega y Gasset recogida en la página 284. No he podido verificarla porque pertenece a la tradición oral. Me fío de la experticia de José Luis González Quirós. Su explicación es que en Alemania circula un dicho genérico sobre el rasgo de «ser tonto en varios idiomas». Al joven Ortega le llamó la atención el refrán y lo aplicó a Madariaga. Tenía que dar mucha envidia a la clase intelectual el poliglotismo del diplomático español.

32. Sexualidad

No hay que confundir sexo con sexualidad. El sexo es un principio clasificatorio, una capacidad orgánica y psíquica. La sexualidad es una especial relación, la que persigue la más intensa comunicación a través del contacto táctil, que por otra parte agudiza el sentimiento. La sexualidad es el ejercicio del sexo como estímulo de placer y de extremo afecto. Ése es el ideal, claro está. La realidad nos dice que las relaciones sexuales pueden establecerse para otros muchos propósitos, desde la procreación hasta la vanidad. Pero casi nunca dejan indiferentes a los sujetos que se relacionan.

Las relaciones sexuales son un capítulo imprescindible para definir la vida de un individuo. Sin embargo tropezamos aquí con la lógica pudibundez que imponen los usos sociales, de tal manera que nos es muy difícil acceder a este recinto íntimo. No es tanto una cuestión de modestia como de literal ausencia de verdadero afecto en el capítulo vital de las relaciones sexuales. A menudo se mantienen en el campo de la sordidez.

Sólo en el caso de las autobiografías de algunos escritores más o menos desinhibidos la sexualidad se documenta abiertamente. Y aun así cabe toda suerte de disimulos. La mayor parte de los testimonios simplemente ignoran las relaciones sexuales o las simplifican con ocultamiento y vergüenza. Esta «inhibición expresiva» la explica J. F. Marsal por el fondo religioso que asiste en todo momento a su biografiado, un emigrante anónimo. Aduce también el «tratamiento secundario y pragmático» que suelen dar las personas de ambiente rural a su vida sexual (Marsal 72:335). Puede entonces que ese ocultamiento sea más «natural» de lo que parece, por lo menos si lo contrastamos con la exhibición donjuanesca de las hazañas libidinosas de algunos escritores libertinos: Carlos Barral, Jaime Gil de Biedma, Juan Goytisolo o José Manuel Caballero Bonald. Puede que la actitud de alarde sobre este particular esconda una posición culposa, o por lo menos incómoda, respecto al insuficiente compromiso político. Nótese que los testimonios donjuanescos a los que me refiero califican a lo que se ha llamado «generación de los 50». Son los escritores nacidos en los años veinte, de buena familia, socialmente favorecidos por el franquismo, y críticos de la situación a través de un penoso proceso de liberación personal. La combinación los lleva a ser «compañeros de viaje» del comunismo o a sumirse en los ambientes etílico-prostibularios. Son dos formas de exquisitez. Como tal, sólo afectan a una minoría de refinados personajes. El resto practica más bien el púdico ocultamiento de sus aventuras amorosas.

Las combinaciones que pueden formarse con las relaciones sexuales son muy limitadas, por mucha imaginación que se quiera echar, si excluimos los actos verdaderamente perversos. No es de ahora, por tanto, la exhibición de conductas tenidas por contrarias a la moral tradicional. Véase esta cruda descripción del ambiente escolar en el Madrid de fines de siglo pasado: «Los alumnos [de los Escolapios] cuando iban a confesar y estaban en las capillas armaban las grandes orgías masturbándose. Los confesores daban por supuesto que nos dedicábamos a ese deleite... Los chicos no teníamos miedo ni sentíamos remordimiento, la depresión que sufríamos después del placer nos daba una tristeza animal» (Barga 64:226).

Lo que sí distinguía a los usos amorosos tradicionales es que la sexualidad explícita estaba reservada a los varones. No ya la sexualidad, la vida social más o menos disipada era hasta hace muy poco materia exclusivamente masculina: «Los cafés en Córdoba [hacia 1925] eran exclusivamente para uso de los hombres; ninguna mujer arriesgaba entrar en ellos, ni sola ni en compañía» (Barga 59:341). Eso sí que era inseguridad ciudadana.

El alarde de las relaciones sexuales promiscuas caracterizaba a la generación de los escritores que empiezan a hacerse notar durante los años cincuenta. Así, Juan Goytisolo narra su definición —o mejor, indefinición— sexual de la manera más cruda. Confirma que nunca sintió atractivo por las mujeres y durante muchos años tampoco por los varones. Lo más seguro era que «continuaba masturbándome con monótona regularidad». Apunta el recuerdo, realmente brutal, del orgasmo que sintió al ver «cómo un gitano golpeaba salvajemente a su mula» (Goytisolo 85:171). A cualquier cosa se llama literatura.

Todavía más sórdida es la experiencia de lo que podríamos llamar pederastia incestuosa, narrada por J. Goytisolo. El sujeto es el autor cuando niño. La figura adulta es la de su abuelo. La escena es mejor no repetirla. Hay veces en que hasta el lector más curioso lamenta que las autobiografías sean explícitas (Goytisolo 85:102).

El poeta Jaime Gil de Biedma nos hace un descarnado relato de sus experiencias homosexuales y prostibularias. Es el caso más claro de sinceridad sobre esos aspectos, que por otra parte se adivinan tan comunes en ciertos ambientes literarios y artísticos. La biografía íntima del autor (deliberadamente póstuma) nos revela en este caso el arquetipo de lo que luego se han llamado «actividades de riesgo» ante la prevalencia del sida. De hecho, Jaime Gil de Biedma falleció a causa de esa enfermedad. Son innúmeras las relaciones sexuales (por lo general homosexuales) promiscuas, prostibularias, ocasionales que relata Gil de Biedma. A veces se rebela contra el necesario carácter frío y efímero de esas relaciones: «no me importa pagar, pero quiero que me aprecien» (Gil de Biedma 91:26). Claro, eso es lo más difícil. Cuando, en una rara ocasión, la aventura dura todo el día, se maravilla. «Creo que nunca me había ocurrido desear de nuevo a alguien en la misma tarde en que le he tenido» (p. 43). Francamente, ya es triste ese descubrimiento.

La iniciación sexual de los que hoy son adultos (y famosos) resulta bastante penosa. La enseñanza a través de las prostitutas, para los adolescentes, no es la mejor escuela para educar el sentimiento amoroso. Salvador Pániker sintetiza así el lamentable aprendizaje de toda una generación: «A los dieciocho años practiqué el coito por primera vez con una prostituta, pero hasta los veinte no supe que las mujeres menstruaban» (Pániker 85:42).

Carlos Barral cuenta, con entera naturalidad: «A mitad del bachillerato comencé a frecuentar los prostíbulos, a pesar de que los pantalones de golf me exponían a chascos y broncas» (Barral 75:124). Su vida de relación sexual es bastante lamentable. No ganaríamos gran cosa con exponerla aquí.

Como contraste con la experiencia de la generación etílico-prostibularia, Francisco Ayala nos ofrece una visión más tradicional, siendo como es de izquierdas. «Hay en la raíz de mi ser algo que, en cuanto al sexo se refiere, impide que me aparte de la normal relación, simple y privada, con una mujer y, por cierto, no indistintamente una mujer cualquiera, sino alguien a quien yo pueda estimar como persona... Jamás he pagado servicios sexuales» (Ayala 82:18). También es curioso que una conducta así, tan sensible, pueda pasar por extravagante en el gremio de los escritores. Quiero creer que al de Granada le influyó su formación sociológica.

Como es natural, los textos biográficos ocultan púdicamente los aspectos más íntimos de la sexualidad; más aún si se refieren a las relaciones legítimas. Como ejemplo extremo de esta sublimación literaria, cabe la narración de Julián Marías con el único amor de su vida, Lolita Franco. Vale retener la pudibunda descripción de uno de los primeros accesos eróticos entre los novios. Eran compañeros de estudios. Lolita iba un día cargada con sus libros, entre ellos un voluminoso diccionario de latín. Narra así la escena el excitadísimo galán: «Sentí el vivísimo deseo de acariciarla, y puse la mano en la encuadernación de su diccionario; puede parecer absurdo, pero fue una auténtica caricia, llena de emoción, y estoy seguro de que así lo sintió ella» (Marías 88:295). Desde luego, eran los años de la posguerra, pero aun así la historia no tiene parangón.

Julio Caro Baroja, impenitente solterón, traslada al papel una sincera reflexión sobre los largos noviazgos de los años cuarenta: «La vida de los novios en Madrid y en las grandes capitales, con su centro en los pequeños cafés de barrio y los cines lóbregos, me produce ahora, después de haberla llevado durante bastantes años, una de las grandes miserias de los tiempos modernos» (Caro Baroja 72:426).

Durante los años cuarenta, la sexualidad desatada en la adolescencia era compatible con el clima de religioso fervor que imponía lo que luego se llamó «nacional-catolicismo». Jesús Pardo cuenta de sus años adolescentes la constante actividad masturbatoria. Pero esa obsesión se superponía a la de no dormirse en pecado mortal. Así que todos los días tenía que encontrar algún cura para confesarse, siempre distinto, claro está, puesto que, al no haber propósito de enmienda, el mismo confesor no le hubiera absuelto (Pardo 96:121). Esta doble angustia puede que explique la evolución posterior de nuestro hombre, realmente agobiado por las relaciones promiscuas.

El mundo de la prostitución se hace cotidiano, entrañable, en el testimonio de Francisco Jurdao, un obrero autodidacta. Desaparece cualquier petulancia literaria. «Siempre me hallé bien entre putas. Siempre me trataron bien. Hasta en una época de mi vida viví un tiempo en una casa de citas y jamás he recibido más cariño a mi alrededor... Siempre les di cariño [a las putas]; ellas rápidamente respondieron a él. Entre el mundo de las *decentes* sí que he recibido cornadas. De las prostitutas guardo buenos recuerdos» (Jurdao 96:87). La verdad es que resulta un balance bastante pobre. Manifiesta muy bien lo que ha debido de ser la miseria de las relaciones afectivas de muchos españoles. Ya es triste el hecho de lograr la máxima expresión del cariño en un burdel. Pero hay algo más. Nuestro autor revela algunos aspectos insólitos. «La prostituta supone para algunos hombres una atracción inexplicable. Son mujeres que hoy las tienes tú y al rato otro. Pero tú, en el tiempo que la tienes, la posees tú. Y sólo tú. Se la quitas en ese momento a los demás... Existe, en este acto de ladronzuelo que paga, una gran fascinación» (Jurdao 96:227). Bien mirado, se trata de una tristísima fascinación.

Se observará que todos los casos de sinceridad sexual se deben a varones. En las biografías de las mujeres, las relaciones sexuales se difuminan. Todo lo más, las mujeres se ennovian, se casan y tienen hijos, pero ésa es otra historia. ¿Realmente llegaron a saber que la sexualidad es el gozo de provocar placer a la otra persona a través de una intensa comunicación? Hay que temer la contestación a esta pregunta. Seguramente aquí está la clave de una sociedad particularmente bronca, agria y resentida. Hay que sospechar que estamos ante una de las más tristes consecuencias del oscurantismo.

La cuestión no es sólo que muchas mujeres hayan tenido un tardío acceso a los grados escolares. La periodista María Mérida confiesa que llegó «a los veinte años sin saber exactamente cómo se tenían los hijos». A esa edad tenía ya el título de enfermera y llevaba dos años de estudiante de Periodismo (Massanés 78:84). Se agradece la confesión. Lo que nadie nos dice es cuántas mujeres han aprendido cómo se tienen los hijos, pero de ahí no han pasado. Claro que los varones tampoco han adelantado mucho si el placer sexual lo han obtenido de forma mercenaria, esto es, sin comunicación intensa. Si en la relación amorosa media el interés, se difumina lo que es su verdadero alimento: la admiración mutua. Ese vacío se da, naturalmente, en la prostitución, pero puede coexistir también con el matrimonio. Una vez más, el déficit mayor de la sociedad española no es económico, ni siquiera científico o cultural, sino afectivo.

33. Tertulias

La *tertulia* era una expresión asociada a la afición teatral en el siglo XVII. No sólo se asistía al teatro, sino que los espectadores más aficionados se agrupaban por tendencias y gustos. Discutían entre ellos, como hoy se hace en las peñas taurinas o futbolísticas. En el siglo XIX el ágora de esas tertulias pasó a los cafés o los casinos. Es difícil la comprensión de la sociedad española contemporánea, sobre todo su parte política y cultural, sin referirnos a las tertulias. Tanto tiempo se han pasado conversando los escritores que maravilla la cantidad de obras publicadas. El escritor o el político no buscan sólo lectores o votantes. Desean sobre todo que se los escuche, a poder ser por un pequeño grupo de incondicionales, los otros tertulianos.

Lo que podríamos llamar *cultura oral* califica muy bien el ambiente de los políticos del siglo XIX y del primer tercio del XX. Uno de ellos lo ejemplifica de modo admirable Práxedes Mateo Sagasta. Una biografía reciente lo describe así: «Poco dado al trato de los libros y mucho al de los hombres, su escuela... fue la tertulia, la redacción de los periódicos, la barricada y los cenáculos del exilio. Uno de estos hombres, muy españoles, que todo lo aprenden oyendo y viviendo» (Cepeda 95:60). No es que don Práxedes (no hay otro en la Historia) fuera así. Es realmente un arquetipo que imitan literatos e intelectuales. Si hay que escribir, se escribe, pero lo que se hace bien es parlotear, perorar, platicar.

Un café madrileño famosísimo durante la época de la Restauración fue el de Fornos, situado en la calle de Alcalá, esquina con Peligros. Responde al apellido del fundador, Francisco Fornos, un antiguo criado del marqués de Salamanca que hizo una pingüe fortuna a la sombra de su pródigo señor. Casó con una doncella de María Bushental, la mujer del financiero con el que haría Salamanca tantas operaciones de agio y especulación. El café de Fornos fue el lugar de agitadas tertulias de políticos, escritores, artistas y toreros. Tuvo fama de albergar reuniones galantes (Espina 95:236).

La oposición entre cultura oral y escrita se manifiesta de modo eminente en el caso de Francisco Navarro Ledesma. Perteneció mecánicamente a la generación del 98, pero hoy queda olvidado por su estilo un tanto retórico y plomizo, por sus obras más bien menores. Sin embargo gozó en vida de un amplio reconocimiento. «Gran parte de su prestigio se debía no a lo que escribía, sino a lo que decía.» Tuvo una intensa relación epistolar y de tertulia con algunos egregios contemporáneos, desde Galdós hasta Ortega y Gasset. Como tantos otros, fue un conversador más que un escritor (De Zulueta 68:84). Es el autor de una renombrada vida de Cervantes, obra que escribió mientras intervenía en una tertulia con los amigos. Al tiempo que conversaba sobre los diversos temas del día, iba tomando notas sobre la vida de Cervantes. Al finalizar la tertulia las pasaba a limpio y, sin más correcciones, iban a la imprenta (p. 201). Sabemos que este mismo sistema lo siguieron otros notables tertulianos, como Mariano de Cavia o César González Ruano. Todos ellos eran, más que nada, maestros del ingenio en las charlas con los amigos. La escritura era sólo una vicaria obligación para poder comer.

Las tertulias de los cafés madrileños no eran sólo de escritores. Las había también de profesionales, como la del eminente médico Carlos Cortezo a fines del siglo pasado. Se reunía todos los días en Fornos a las ocho de la noche, que para muchos era después de cenar. Era la hora en que se iba al teatro (Álvarez-Sierra 45:76). Estas tertulias eran el equivalente de los clubs ingleses. Su función latente era la de relacionar a los que luego iban a dirigir la política o las profesiones.

Un tertuliano casi profesional —pues no tenía muchas más obligaciones— es Antonio Botín Polanco, emparentado con la más encumbrada burguesía santanderina. Nace cabalmente en 1898 y es, por tanto, un genuino «hijo del 98». Su dorada ociosidad en el Madrid de entreguerras le permite asistir a diversas tertulias. Está la que mantienen los actores Fernando Díaz de Mendoro y María Guerrero. Acude también a la Gran Peña, de índole conservadora, y a la del café Pombo, oficiada por Ramón Gómez de la Serna, de carácter vanguardista. Se incorpora asimismo a la tertulia de la *Revista de Occidente* que reúne a Ortega y Gasset con sus discípulos (Rodríguez Cáceres 96:33). Todo ello equivalía a una verdadera carrera literaria. La muerte prematura de nuestro autor (en 1956) y sobre todo su vida demasiado fácil de dandi explican que no llegara a ser el creador que podía haber sido. Es un magnífico ejemplar del tipo de cultura oral que distingue a la república literaria española. Fue «un hombre extraordinariamente brillante e ingenioso» (p. 45). Sus contemporáneos lo pudieron apreciar mejor que nosotros.

El agudo observador de la vida madrileña Josep Maria de Sagarra, hacia 1916, da cuenta del espectáculo de las conferencias y tertulias, entonces verdaderamente esplendoroso. Se extasía ante la facundia de un Ortega y Gasset, quien le asegura que «lo más apasionante era ser un gran orador» (Sagarra 81, II:324).

Las tertulias o las conferencias no constituían la única institución de la cultura oral. El novelista Alberto Insúa nos transmite la vivencia de la reunión doméstica que establece un repatriado de Cuba de la clase acomodada. Había un día fijo «de recibo», los miércoles. Asistía un elenco fijo de personalidades, que se vestían formalmente para la ocasión: militares, escritores, políticos. Se bailaba, se comía, pero sobre todo se conversaba (Insúa 52:310). Hay que imaginar la tupida red de relaciones sociales que se formaba con esos «días de recibo», aunque sólo fuera en unos pocos domicilios.

La tertulia principal de Azaña, aparte de las reuniones del

Ateneo, se reunía cotidianamente en la Granja del Henar, a la salida de los teatros. Así que se podía prolongar hasta las altas horas de la madrugada. Esto significaba para don Manuel el tormento de tener que levantarse pronto para acudir a su puesto funcionarial en el Ministerio de Justicia (Rivas Cherif 81:25). Se comprende que a estos escritores, que tanto tiempo dedican a platicar, les costara mucho escribir.

Josep Pla se refiere, en 1919, a una nutrida tertulia de escritores de Barcelona. Asistían, entre otros, Eugenio d'Ors y Josep Maria de Sagarra. La presidía Quim Borralleres, un curioso personaje que podría entenderse como profesional del género. Enlazaba una tertulia después de comer con otra a media tarde. Con la sola interrupción de la cena, iniciaba una tercera reunión que podía durar hasta el amanecer. Las clientelas eran distintas, lo que proporcionaba al organizador la posibilidad de tratar al día, «sin moverse de su silla, a doscientas personas divertidísimas» (Pla 94:408). Era una extraordinaria densidad de relaciones sociales. El tipo de Quim Borralleres representa la apoteosis de la cultura oral. El hombre «que presidiera la reunión de los autores y poetas mejores de Cataluña no había escrito una página, y no había leído mucho» (Arbó 82:128). ¿Cómo iba a leer o escribir si se pasaba todo el tiempo hablando y convocando a los tertulianos?

La tertulia tradicional se montaba muchas veces en torno a los juegos de mesa, primordialmente los de envite. Ese carácter amistoso y familiar les quitaba malicia. Josep Pla observa que esos juegos no tenían el carácter de prohibidos que en otras partes suelen mostrar. El jugador no aparece como un vicioso, sino con «un punto de vanidad y fanfarronería». El jugador «más bien es un hombre permanentemente rodeado de misterio, de sugestión y de interés... es un ciudadano que hace marchar el comercio... El juego es una evasión de las humillaciones de la vida» (Pla 94:243). Por una razón, en el juego (y no en la vida) todo el mundo gana alguna vez. Éste es el verdadero carácter igualador del juego.

Una tertulia muy curiosa es la que mantuvo Juan March en

el Palace de Madrid, lugar donde concertaba sus citas tanto eróticas como mercantiles. Asistían a la tertulia, entre otros, Josep Pla, Juan Estelrich (hombre de Cambó), Víctor Ruiz Albéniz (el periodista que haría famoso el estrafalario seudónimo de *El Tebib Arrumi*) y Emiliano Iglesias (diputado lerrouxista de Barcelona). Juan March nunca se sentaba en la tertulia y nunca pagaba. Era su fuente de información y de transmisión de influencias (Garriga 76:211). Todavía hoy se puede contemplar intacta la rotonda del Palace, o el amplio salón del Ritz, como los lugares para conversar con los techos más altos.

El placer de la conversación entre amigos y la dedicación a las tertulias se aplican incluso a un personaje tan aparentemente reservado como Francisco Franco. Durante sus años de carrera militar su máximo (y acaso único) placer consistió en reunirse con sus compañeros de armas o de ideología en interminables tertulias de café (Preston 93:53). Se sobreentiende que estamos ante una actividad eminentemente masculina e incompatible con una vida familiar intensa. Ni los escritores ni los militares han sido muy hogareños.

Antonio Díaz-Cañabate dedica un libro entero al relato de la tertulia de José María Cossío en el café Lyon d'Or de Madrid durante los años cuarenta. Este café estaba situado en la calle de Alcalá, esquina Sevilla. No debe confundirse con el café Lyon, en la calle de Alcalá también, frente a Correos. En el sótano de este último funcionó la tertulia «La Ballena Alegre» de José Antonio Primo de Rivera y los primeros escritores falangistas. La tertulia de Cossío es una curiosa mezcla de tres ambientes: escritores (Josep Pla, Eugenio d'Ors, Emilio García Gómez, Gerardo Diego), artistas (Regino Sainz de la Maza, Federico Sopeña, Ignacio Zuloaga) y taurinos (toreros, críticos de toros, ganaderos). La fórmula era la de una única conversación bien dirigida. Se premiaba el ingenio, el arte de contar historias con gracia, a poder ser vividas por el narrador. Por ejemplo, ésta era una admirable cualidad de un célebre tertuliano, el torero Rafael Gómez *el Gallo* (Díaz Cañabate 52). De la crónica de esa tertulia se desprende que una de las funciones del género era el que los contertulios llamaran la atención sobre sí mismos.

Carlos Barral relata muy bien el carácter oral de la república literaria barcelonesa de los años cincuenta y sesenta. Concretamente se refiere a sus largas estadías en el pueblecito de Calafell, donde confluyen algunos escritores de muy distintas procedencias. Las charlas y las copas eran interminables, lo que inhibía el necesario aislamiento («intimidad y soledades») del escritor. Barral achaca a esa continua interacción la falta de productividad como creador (Barral 88:155). Como tantas veces sucede, se producía aquí el maleficio de que uno acababa siendo lo que no quería ser. Muy a su pesar, el Barral-escritor cede ante el Barral-empresario. Las tertulias le sirven para informarse sobre el mercado literario, conocimiento que llegó a dominar como nadie. Cuando subía a Madrid, las tertulias de Barral se prolongaban en el hotel Suecia.

Naturalmente, lo que queda de los escritores es la retahíla de sus textos. Pero ese resto material nos dice poco de la *vida* de los escritores. La cual se manifiesta típicamente en la incesante conversación con sus pares. Decididamente la (alta) cultura literaria española es una cultura oral, de hablistas más que de escritores. Dionisio Ridruejo lo reconoce de sí mismo, al considerarse más como orador y conversador que como escritor. Y eso que su escritura es un portento de elegancia y precisión. Generaliza así: «Vivir literariamente no es tanto vivir escribiendo como vivir hablando y leyendo para volver a hablar» (Ridruejo 76:28). Quien esto escribe puede certificar que Dionisio Ridruejo, como conversador, encandilaba. Su estilo podrá ser preciosista, pero resulta romo cuando lo comparamos con el arte efímero de su conversación. Recuerdo específicamente una tarde entera de charla entre Dionisio (nadie le llamaba por el apellido), el sociólogo argentino Gino Germani y yo mismo, introductor de los dos. Debía de ser hacia 1970. La conversación del antiguo falangista simplemente embelesaba. Es una sensación parecida la que me ha producido escuchar la conversación de algunos de sus coetáneos y conmilitones: Eugenio Montes, José María de Areilza, José María Alfaro, Eugenio Suárez. El mismo Ridruejo acusa el rasgo que comento, pero referido a Eugenio Montes. Después de admirar su prosa preciosista y caligráfica, añade: «Pero su palabra hablada, conversante, es mucho más rica» (p. 159). Insisto en que la apreciación puede aplicarse a Ridruejo y a toda su generación de hablistas.

Ignacio Agustí comenta los casos de Rafael Sánchez Mazas o Pedro Mourlane Michelena, «enormemente dotados para el arte literario, pero que quedaban en un valor teórico que no iba más allá de la conversación» (Agustí 74:359). Se podrían añadir otros muchos. Son los intelectuales que brillan en su momento, pero que no dejan huella escrita. O en todo caso, cultivan el género de la colaboración periodística. Pero lo suyo es la tertulia, antaño de café, hogaño radiofónica. Son hábiles para enhebrar epigramas, comentarios y artículos, pero son incapaces de pergeñar un par de libros. Utilizan la memoria o el ingenio más que el intelecto. Su público es el de sus contemporáneos, muy poco la posteridad. Dominan la facundia, la inventiva, la cita erudita, la anécdota vivida.

Juan Benet describe una peculiar tertulia, la que sostenía regularmente en su casa Pío Baroja ya de viejo. Dominaba «la falta de respeto [frente] a casi todo lo vigente», excepto las figuras en torno a los Baroja. «Allí no se discutía jamás.» Todos los componentes de la tertulia participaban de las mismas filias o fobias (Benet 87:24). El talante de la reunión era que allí «se enseñaba a perder toda clase de confianza en el entusiasmo» (p. 28). Era el talante de don Pío, mimetizado hasta el detalle por su sobrino Julio Caro Baroja. El grupo entero representaba la cristalización en estado puro del tono pesimista y desanimado que dominaba la vida española de la posguerra. Puede que fuera un buen cultivo para promover la creación intelectual.

Jesús Pardo, un habitual de las tertulias del café Gijón durante sus años mozos, reconoce el papel integrador, narcotizante, que tuvo esa institución. Era una forma de canalizar la protesta intelectual que podía haberse dirigido contra el franquismo. «Trataba de tener allí sujetos y mansos a los escritores jóvenes no atados ya al régimen por la cadena del enchufe o la esclavitud del pluriempleo, y dio bastante buen resultado, pues acalló todo afán de innovar, y casi hasta de escribir» (Pardo 96:180). Es una amarga reflexión autocrítica. El autor sólo salva a Camilo José Cela de esa función esterilizadora de las tertulias literarias.

34. Trabajo

En contra del estereotipo vulgar, no se puede decir que los españoles sean indolentes por naturaleza. Pero tampoco se puede afirmar que el trabajo sea el centro de la vida, como lo es en otras sociedades complejas. Sólo excepcionalmente encontramos en algunas biografías rastros de la ética del trabajo.

Los regeneracionistas de finales del siglo XIX insistían en el deseo de las «clases productoras» de que sus hijos estudiaran por encima de todo. El objetivo era que algún día pudieran vivir sin trabajar, sin «producir» realmente. Ahí incluían las huestes de funcionarios y rentistas. El eminente cirujano Federico Rubio se adelanta a esa crítica regeneracionista y hacia 1888 habla ya de la obsesión de los agricultores y comerciantes para dar estudios inservibles a sus hijos. «Así va resultando una llamada clase media exuberante, improductiva, hambrienta, parladora, rapada de saber, pretendiente y pretenciosa o presumida, [en definitiva] un proletariado de levita o de uniforme» (Rubio 77:137). La frase pertenece a la doctrina que por esas fechas predicaba Joaquín Costa. Su influencia ha permeado hasta nuestros días. Es la creencia de que el funcionariado no produce. Extrañamente la asimilan, todavía hoy, muchas personas de izquierdas.

El país de campesinos y funcionarios, que es la España en el siglo XIX, se va transformando lentamente en una sociedad industrial. El tránsito lo acusan algunas biografías. El proceso resulta bastante duro desde la perspectiva de las personas que iban a aportar una gran cantidad de esfuerzo. Está, por ejemplo, el recuerdo de un empresario barcelonés de origen humilde. Narra su experiencia de trabajo infantil a principios de siglo. A los trece años el chico está al frente de la sección de niñas de una pequeña fábrica textil. «Salíamos del pueblo hacia las cinco de la mañana, pues el trabajo se iniciaba a las cinco y media, y teníamos que recorrer una distancia que nos llevaba media hora. Tras una jornada de trece a catorce horas salían hacia las ocho de la noche... A la salida, las mujeres iban en grupos para rezar el rosario por el camino. [Había niños de diez años.] No hubo jamás una protesta contra el *amo*» (Estrada 56:30).

El novelista Arturo Barea narra la experiencia del primer trabajo en un banco madrileño hacia 1915. Hay sesenta adolescentes que empiezan a trabajar como meritorios, es decir, gratis. Cada año, de los sesenta, dos o tres pasan a empleados fijos y el resto se va a la calle. Son sustituidos por otros tantos nuevos aprendices (Barea 59:165). Como se ve, lo de los hodiernos «contratos basura» no es nada nuevo.

Otro novelista, Juan Perucho, cuenta la experiencia del primer trabajo de su padre como meritorio (ca. 1900). «Eran los tiempos en que los aprendices dormían en la tienda, encima del mostrador. El dueño les administraba el sueldo y sólo les daba una módica cantidad los domingos, después de ir a misa con la familia a la que servían» (Perucho 93:35).

La centralidad del trabajo se revela en la biografía de José (Pepín) Fernández, creador de Galerías Preciados. «En la casa [la empresa] había temor y devoción reverencial. No se transigían los errores [de los empleados] y raramente se concedía una segunda oportunidad... Era el primero en llegar a la tienda y el último en marchar. Las mañanas del domingo las dedicaba también al negocio» (Cuartas 92:441). No sólo eso. «Durante décadas —sobre todo en los primeros tiempos de la empresa— todo el equipo directivo de la casa tuvo que hacer acto de presencia en la tienda no pocos domingos», aunque no hubiera nada que hacer e incluso hasta la noche (p. 589).

Frente al mundo industrial, donde la acumulación de esfuerzo es verdaderamente notable, el círculo más tradicional del funcionariado o de las profesiones transcurre por vías más livianas. La vocación profesional no es siempre una llamada cuasi religiosa. Influyen factores de azar, de tradición familiar o ambiental. El que había de ser eminente médico internista, Eduardo Ortiz de Landázuri, decide la carrera de una manera bien española: mete en una bolsa todas las posibles carreras que se podían estudiar en Madrid, saca un papelillo a la suerte y le toca Medicina (López-Escobar 94:47). Otro médico ilustre se decide por la carrera de Medicina por «el deseo de satisfacer a mi padre». A ello se añade el factor casual de haber sacado buena nota en el examen de histología en el curso preparatorio (Ortiz Picón 93:42).

La carrera de Derecho cumple muy bien la función de facilitar las relaciones sociales de los que van a heredar la posición familiar. Por eso hay en España muchos más licenciados en Derecho que abogados. Carlos Barral se resiente de esa vocación vicaria de jurista que jamás intentó ejercer, ni por aproximación. «Asumí la carrera de Derecho, como la mayoría de la gente de mi condición, como un período de particular vida social antes de sumergirme en las aguas de la industria familiar» (Barral 75:198). La industria era editorial. Nuestro hombre no llegó a entenderse bien con su familia empresarial. Fue un gran descubridor de autores al que le faltó la oportunidad de una verdadera empresa.

No está clara la correspondencia entre las cualidades de la persona y su ejercicio profesional. Intervienen entre medias muchos elementos de azar. Junto al caso de Barral podríamos citar el de Salvador Pániker, ambos paisanos y coetáneos. Los dos quisieron ser escritores de creación, poeta el uno (Barral), ensayista y sobre todo novelista el otro (Pániker). Aun cuando los dos se adentraron por esa vocación auténtica, sus obras más difundidas han sido precisamente las testimoniales, las que incorporan elementos autobiográficos. Es ahí donde se lucen; son obras de una pieza. A través de ellas sabemos de la facilidad de ambos para «improvisar sobre cualquier tema» (Pániker 85:307). Es decir, destacan por la acumulación inmensa de lecturas, por su facilidad de conversación, por el don de gentes. De ahí que triunfaran como editores y no tanto como escritores. Desde luego, de poco les sirvió su carrera original (Barral fue jurista y Pániker ingeniero). Realmente el verdadero éxito material lo obtuvo Pániker como hombre de negocios en asuntos del todo ajenos al mundo intelectual.

Deberá observarse que la incorporación de las mujeres a las ocupaciones extradomésticas se realiza primero a través de algunas escritoras. Aunque excepcional y esporádico, ese primer movimiento no es azaroso. La prueba es que tres grandes escritoras del siglo XIX (y no hubo muchas más) son gallegas y parientes entre sí: Concepción Arenal, Rosalía de Castro y Emilia Pardo Bazán (Campo Alange 73:31).

A través de las memorias de Mercedes Formica se nos revela un hecho histórico tan silencioso como relevante. Durante los años cuarenta, y contra todo pronóstico, aparece por primera vez un número suficiente de matrimonios en los que él y ella son figuras destacadas del campo artístico o literario. El testimonio más próximo es el de Mercedes Formica y de su marido Eduardo Llosent, ambos escritores. Quizá el primer impulso para la salida airosa de la mujer se había dado durante la República, pero el hecho es que la España franquista no supone en esto un retroceso. Estamos todavía ante un cambio reducido que afecta al pequeño círculo artístico o literario, pero es un cambio decisivo. Desde luego contrasta con la sordidez que en otros muchos órdenes de la vida supuso la de la posguerra. Mercedes Formica expresa muy bien el ambiente de la Sección Femenina durante los años cuarenta. Representaba una nueva sensibilidad «social» por oposición a la caridad y beneficencia tradicionales. Bien es verdad que la nueva sensibilidad de unas cuantas mujeres falangistas se vio pronto sobrepasada por la derecha tradicional (Formica 84:12).

Ya sabemos que la muestra de textos biográficos resulta escorada del lado de las profesiones liberales. De ahí que sea difícil rastrear el mundo de las relaciones industriales a través de la fuente aquí manejada. Tenemos el testimonio excepcional de las memorias de Francisco Jurdao, un obrero de origen muy humilde que va escalando posiciones sociales de cierta responsabilidad. El autor explica muy bien su vivencia del conflicto social dentro de la fábrica donde él trabajó en diversos niveles de responsabilidad. «El sistema era diabólico, ya que los conflictos se gestaban entre encargados y obreros, que al fin y al cabo pertenecían a la misma cultura y clase social. El encargado era un obrero al que se le quita la pala de las manos para darle el garrote con el que pegar... Los directivos permanecían inmaculados ante los obreros; los encargados, cubiertos de mierda» (Jurdao 96:109).

Como puede verse, España se industrializa, pero cuesta la instalación de una verdadera cultura del trabajo. El reciente testimonio del obispo de Salamanca, un típico cura moderno, es muy ilustrativo. Se da cuenta de la obsesión de los antiguos emigrantes, que vuelven durante el verano. Su deseo es convertirlo en una permanente fiesta con el pretexto de «recuperar las tradiciones». Se pierde la ética del trabajo. «Tenemos demasiada juerga, demasiada marcha, no hay ningún pueblo en Europa que se divierta tanto como el español... Todo está montado para el fin de semana» (Elordi 96:186). Éste es el riesgo de la economía turística. Ha hecho que los españoles se sientan también un poco turistas dentro de su país.

35. Transición democrática

Uno de los sucesos más apasionantes de la historia de España en este siglo es el paso de un régimen autoritario como el de Franco a una democracia consolidada como es la actual. Todo ello con gran suavidad y hasta elegancia. Es lo que se ha llamado la Transición, el equivalente de la Restauración de un siglo antes. Suárez y Cánovas fueron respectivamente los dos adalides de esas sorprendentes variaciones, pero exigen la comprensión de procesos muy complejos. La equiparación no es caprichosa. Nótese que tanto Cánovas como Suárez fueron destacadas figuras en el respectivo «régimen anterior». Ahí está el secreto del carácter pacífico de ambos experimentos democráticos.

La transición es algo más de lo que indica su nombre, un tanto fluido. Se puede interpretar como la coronación de una larga ausencia que menciona Ridruejo. Dionisio Ridruejo muere en junio de 1975, unos pocos meses antes de que falleciera su antagonista, el general Franco. Cabe la tentación de comparar ese declinante Ridruejo con la patética figura de Moisés que divisó pero no llegó a entrar en la Tierra Prometida. La transición no pudo hacerse antes porque no se cumplía la condición que señala Ridruejo: «Una clase social que fuera al mismo tiempo y consecuentemente clase económica [dirigente] y clase liberal e ilustrada no ha existido entre nosotros» (Ridruejo 64:57). Pues bien, esa laguna histórica va a poder rellenarse precisamente en los años que llamamos de la transición, a partir de 1976. Se cumplía un siglo del experimento de Cánovas. Qué lenta es la historia española, a pesar de lo que se diga sobre la aceleración de los tiempos.

Lejos de ser de una pieza, el franquismo fue un sistema articulado que facilitó mucho la evolución posterior. Lo atestigua uno de los que protagonizaron el cambio hacia la democracia: «Es curioso comprobar que, bajo una apariencia monolítica de mantenimiento de las esencias, quizá nadie ni nada cambió tanto como él [Franco] y su régimen, mientras él vivió. Con lo que resulta ser el primero de los muchos que, desde dentro, hicieron la transición» (Jiménez Blanco 94:274). El autor citado intenta la comprensión de los grandes procesos a través de los sucesos mínimos, individuales. Pone el caso de un tal Carmelo, dueño de un bar de Granada, arquetipo de la clase media que fuera republicana, que no desea la vuelta de la tortilla. Esa intuición de la no exigencia de represalias contra el régimen autoritario es la clave de la pacífica transición: «El paso a la democracia fue posible porque desde muchos años antes de la muerte del dictador, única base del sistema, infinitos Carmelos en toda España iban creando, en torno a mesas o a mostradores, amistades profundas en las que todos coincidían en que lo único que estaba claro era que jamás habría más guerras civiles entre nosotros» (Jiménez Blanco 94:89). ¿No será que Suárez y los suyos supieron encarnar ese espíritu de los «infinitos Carmelos»?

Max Aub, al volver del exilio en 1969, se asombra de lo que le cuentan sobre la nueva actitud de los católicos eminentes hacia el franquismo. El antiguo azañista no puede creer que sea verdad. Su axioma es: «El que cree en Dios cree en Franco» (Aub 71:89). El bueno de don Max se murió muy pronto y no pudo llegar a lo que iba a ser la plena transición democrática. La cual la iban a hacer en gran medida los católicos. O, por lo menos, a ello contribuyeron algunos círculos influyentes del catolicismo no franquista. Es un episodio interesantísimo del cambio social de los últimos tiempos. Las *Confesiones* del cardenal Tarancón son una buena muestra de cómo la Iglesia realiza previamente su transición democrática.

La historia del franquismo es la de sus defecciones, disidencias y, si se quiere, traiciones. Es una historia que está llena de episodios de una gran dignidad personal, de un valor admirable, desde Dionisio Ridruejo hasta Adolfo Suárez, ambos conversos entusiastas a la democracia. Un caso más intelectualizado es el de Laín Entralgo, que escribe su palinodia, como él mismo dice con gracia. Su «descargo de conciencia» consiste en explicar los errores totalitarios del fervor juvenil. Matiza que no se trata de ningún sentimiento de vergüenza por el pasado fascista, sino de estricto arrepentimiento por los errores de juventud. Los yerros lo fueron «por ingenuidad o por desconocimiento» (Laín 89:279). Se podrá discutir, acaso, la oportunidad o la sinceridad de la conversión o de los reniegos, pero resulta admirable el gesto. Sobre todo porque no fue un suceso individual. Realmente afectó a casi todos los amigos iniciales de Laín: Dionisio Ridruejo, Rodrigo Uría, José Luis L. Aranguren, entre otros muchos. Es toda una generación de primeros disidentes o desengañados del franquismo, sin cuya influencia no se hubiera podido realizar la transición democrática posterior. Por cierto, también tiene lugar una cierta «conversión» en el caso de los antiguos totalitarios por la izquierda, fundamentalmente los comunistas, que también se hacen demócratas. Sin ese doble impulso la transición no hubiera sido tal. Con todo, los antiguos totalitarios de la izquierda no escriben el «descargo de conciencia» tan sincero de los ridruejos o los laínes. Las cosas como son.

El relojero de la transición fue Adolfo Suárez (en secreta comunión con el Rey Juan Carlos). Ya Franco lo consideró «muy audaz» (Hernández 96:28). Su conmilitón, Rodolfo Martín Villa, le reconoce un especial «encanto personal» (p. 29). Con esas dos raras cualidades se atreve a hacer lo que parecía obvio, pero que nadie supo pronosticar: «elevar a la categoría política de normal lo que a nivel de la calle es simplemente normal» (p. 21). La frase no es un ejemplo de buena sintaxis, pero todo el mundo la entendió y se hizo célebre. Por si no fuera así, su autor la repitió muchas veces con diversas variantes. Prueba una cosa: que la transición no fue más que el reconocimiento institucional de lo que se había gestado de hecho.

El proceso lo facilita un hecho anterior, que el régimen franquista, en sus últimos tiempos, «era un verdadero Estado de Derecho. Es decir, un Estado en el cual, pese a su precaria legitimidad, los poderes públicos actuaban según normas preestablecidas y donde jueces y funcionarios nos tomábamos muy en serio ese genio expansivo del gobierno de las leyes en lugar del gobierno de los hombres» (Herrero de Miñón 93:22). El autor de ese provocativo aserto fue siempre antifranquista activo, bien que solícito funcionario (letrado del Consejo de Estado). Luego formó parte de la comisión redactora de la Constitución de 1978. (Por cierto, el presidente de esa comisión fue Manuel Fraga, antiguo ministro de Franco.) Se trata, pues, de una interpretación auténtica. A través de sus memorias políticas, imprescindibles para entender el camino jurídico de la transición, nos percatamos de que ese experimento se hizo desde dentro del régimen franquista. No fue enteramente racional. Contaba también la «fascinación» que ejercía Suárez sobre los «barones» del centro político (p. 109). Es la constante caudillista de la historia contemporánea española. Luego ha continuado con Felipe González.

La transición se explica como una natural evolución de las ideas políticas al compás de las transformaciones sociales. Hay una historia mínima que puede ilustrar este proceso. Es la del héroe anónimo del relato antropológico de Juan Maestre Alfonso. Hasta su primera juventud mantiene un cierto idealismo falangista, con resabios anarquistas. Luego evoluciona hacia un ingenuo socialismo, que se traduce, por ejemplo, en la esperanza de que «algún día los transportes públicos serán gratuitos» (Maestre Alfonso 76:127). Lógicamente acaba en el PSOE, pero admira la organización de los comunistas. Es un apólogo que bien podría extenderse a la evolución del conjunto de la sociedad española.

En todo este proceso de las primeras fases de la transición asombra el peso tan liviano que tuvo Felipe González, a partir de 1982 tan preeminente. Siempre anduvo extramuros del franquismo, pero también ajeno a las conspiraciones de la oposición. Es un verdadero misterio que el que fuera ya líder del PSOE en las postrimerías del franquismo no pasara por la cárcel. Fue una falta de delicadeza del régimen franquista.

Aunque puede parecer inverosímil, Enrique Tierno, líder de los «socialistas del interior» durante el franquismo, asegura que no conoció físicamente a Felipe González hasta 1976. Tampoco es que ese conocimiento le despertara entusiasmo: «Guerra y Felipe juntos, o por separado, me daban la impresión de colegiales», aunque se apresura a decir que «es idea que tiene mucho más de simpatía que de censura». Colegiales, no en el sentido de estudiosos, sino de zangolotinos que andan cambiando cromos y jugando a indios (Tierno 81:529). Prácticamente es todo lo que dice sobre los dos líderes máximos del PSOE, partido con el que se integró Tierno y todas sus huestes. Este desconocimiento dice mucho sobre el carácter deslavazado de los grupos de la oposición al franquismo. Se incluye el socialista que, por las fechas en que Tierno estampa sus recuerdos, está a punto de convertirse en el poder hegemónico. Desde luego, nadie ha sabido explicar por qué el caudillo de ese PSOE tan dominante no era conocido por los demás sujetos de la oposición durante los últimos años del franquismo. Los historiadores tienen aquí un buen filón.

La crítica al sistema democrático puede hacerse desde una postura aristocratizante, que es la típica de la derecha. Después de todo, la democracia, y más en su versión española, significa el culto a las medianías. Vista así, la UCD fue una auténtica *aurea mediocritas*. Pero maravilla que esa misma crítica se haga desde la izquierda. Volvemos al testimonio de Enrique Tierno, quien traza una descripción descarnada del tipo humano de los diputados en el Congreso, donde él se asienta silente. No ve más que «ramplonería» y «mediocridad» a derecha e izquierda (Tierno 81:373). También es verdad que las personalidades más vocales en los tiempos de la oposición, ahora con la democracia establecida, no estaban en el Parlamento. O, si allí se sentaban, no eran los que más hablaban, como el mismo Tierno. De ahí que respire por la herida.

Leído entre líneas, el libro testimonial de Tierno rezuma resentimiento contra el PSOE, aunque al final fuera su partido. El resentimiento era recíproco. Cuenta Francisco Bustelo, dirigente del PSOE, que en los comienzos de la transición se redactó un escrito de profesores pidiendo la readmisión de Tierno en la universidad. «Casi en seguida me llegó por conducto de mi mujer recado de la Comisión Ejecutiva del PSOE emplazándome a que retirara mi firma del escrito, cosa que tuve que hacer con harto pesar» (Bustelo 96:92). Cuesta creer que la presión moral de un partido democrático pudiera llegar a tales extremos.

La transición democrática ha supuesto un colectivo «descargo de conciencia» de los que mandaron en el «régimen anterior», como púdicamente se dice. Esa operación consiste a veces en «lamentar lo que fue» y otras en «negar que lo fuera». Dado que el átomo social no es el individuo, sino la familia (por cierto, una idea muy cara al franquismo), la operación de «negar lo que fue» se aplica a los progenitores. Tómese el caso de ese libro, por otra parte tan honrado, de Francisco Bustelo. Su padre estuvo durante toda la cuarentena franquista en el fichero de altos cargos, lo que, entre otras cosas, supuso un gran privilegio económico. Pues bien, la consideración del hijo, socialista de izquierdas, es que «después de la guerra mi padre no se hizo franquista, pero le faltó poco». No sólo eso, sino que logró «mantener un talante abierto y relacionarse con los pocos liberales declarados que entonces había en España» (Bustelo 96:16). Bien, aceptemos el descargo de conciencia extensivo a la familia. Pero entonces ¿quiénes eran los franquistas? La pregunta me recuerda la confesión que me hizo un director general de un ministerio en 1970. «Te prometo que yo no soy del régimen. Si estoy en esta mesa es porque tengo que terminar de pagar el piso.» La verdad es que era y es un hombre cabal. Su confesión no me extrañó. Yo ya sabía que muchos de los que dirigían el régimen (no se decía cuál) eran ajenos al franquismo. Esta apreciación corroboraba la famosa definición que dio mi maestro

Juan J. Linz del franquismo como «régimen autoritario». Esto es, no totalitario y algo distinto a una simple dictadura. Esa maravillosa ambigüedad iba a ser, paradójicamente, la que posibilitara el fascinante experimento de la transición.

36. Universidad

La combinación española es asaz peculiar. Por un lado, la población valora extraordinariamente la ostentación de los grados educativos. Recuérdese que hasta hace poco se decía muy seriamente que el título de don o de doña correspondía sólo a las personas que hubieran pasado por el bachillerato. Por otro lado, el desarrollo educativo ha ido siempre por detrás de otras transformaciones sociales. Durante los últimos decenios ha crecido espectacularmente la cifra de alumnos universitarios, pero la calidad de la enseñanza deja mucho que desear. Se mire como se mire, la universidad ha sido una institución anquilosada. Hemos tenido en algunos campos ejemplares universitarios egregios, pero casi se podría decir que a pesar de la enteca alma máter. Realmente poco ha podido nutrir. Los escasos fermentos culturales de la vida española del último siglo han tenido lugar fuera de los recintos universitarios.

El valor social de la educación es tan alto que en las notas biográficas que se emitían sobre Ramón Areces, el fabuloso artífice de El Corte Inglés, se contiene el dato de que se licenció en Ciencias Económicas. Al parecer, tal detalle es sencillamente inexistente (Cuartas 92:109). Más pícara es la exhibición de títulos académicos por parte del ex director general de la Guardia Civil, Luis Roldán, títulos que no obtuvo.

Se cuenta el caso de la primera mujer que asistió a la universidad, de manera subrepticia, pues no podía matricularse, ni siquiera aparecer como oyente, siendo mujer. Fue Concepción Arenal, hacia 1842-1845. Era soltera y menor de edad, lo que implicaba el permiso paterno. Lo extraordinario del asunto no fue esa osadía, sino que la escritora tuviera que disfrazarse de hombre para pasar inadvertida (Campo Alange 73:62). Es difícil de creer que ésa fuera la verdadera razón para el disfraz y que no fuera reconocida. El atuendo masculino fue un acto deliberado de positiva significación. La prueba es que Concepción Arenal continuó adoptando prendas masculinas (pantalones, corbata) a lo largo de su vida (p. 72). Es más verosímil, por tanto, que Concepción Arenal rechazara resueltamente el papel femenino tal como entonces se entendía. El carácter de valiente anticipación que tuvo la conducta de doña Concha se percibe a través de estos hechos. Hasta 1888 no se admite la matrícula oficial de las mujeres en la universidad. La primera licenciada es de 1890. Las primeras alumnas se sentaban aparte, junto al catedrático (p. 67). Es increíble que nos separe poco más de un siglo de ese acontecimiento. Hoy día, el alumnado de la universidad española cuenta con más mujeres que varones.

El médico y escritor Antonio Espina nos relata la vida de la Facultad de Medicina de Madrid hacia 1870. «Todas las lecciones eran orales [sin prácticas], incluso la de disección, donde nos tocaba alguna que otra piltrafa desconcertante, pues nunca pudimos ver un cadáver por entero» (Espina 26, II:246).

Aunque pomposamente llamada Central, la Universidad de Madrid de hace un siglo era todavía minúscula y provinciana. Un dato. Doña Emilia Pardo Bazán, en el ápice de su gloria, es nombrada catedrática de Literatura. Se encarga de un curso de doctorado, pero no se matriculó ningún alumno, hasta que lo hizo Pedro Sainz Rodríguez, que cuenta su llegada a aquel gineceo. Porque, al no tener alumnos, doña Emilia invitaba como oyentes a un grupo de «señoritas de la buena sociedad». De este modo se cubría el expediente (Sainz Rodríguez 88:15).

El novelista Arturo Barea nos da la visión de los estudiantes universitarios de Madrid desde la posición resentida del autor, que no pudo acceder a los estudios superiores. Los ve jugando en la calle «al peón», o «corriendo unos detrás de otros, chicos y chicas», o peleándose como si fueran golfillos. Él es ya un empleado, con catorce años, y considera que no puede dedicarse a esas chiquillerías (Barea 59:188). Estamos a comienzos de siglo. La verdad es que por entonces los estudiantes universitarios eran extremadamente jóvenes. Bartolomé Cossío se licencia a los diecisiete años, a los dieciocho Manuel Azaña; a los diecinueve años José Antonio Primo de Rivera. Carlos Cortezo es doctor en Medicina a los veinte años. La carrera militar era todavía más prematura. Francisco Franco ingresa en la Academia de Infantería (después de intentarlo en la Naval) a los quince años. A los dieciocho termina sus estudios y obtiene su primer destino de alférez (Preston 93:13). No eran casos excepcionales. Nótese que, a efectos legales, a esas edades se era entonces todavía menor de edad. No hay que asombrarse, por tanto, del aire un tanto infantil que podía tener entonces el estudiantado universitario.

Los recuerdos de la universidad de finales del siglo pasado y comienzos del actual se solazan con los últimos restos de «La casa de la Troya». Las clases eran lugar para el estrépito, la juerga y el tumulto. Muchos profesores eran vejados, zaheridos por aquellos díscolos mozalbetes. Las memorias de Baroja o de Pla, separados unos años, contienen muchos testimonios de ese estilo (Pla 94:418). Contradicen la noción de «juventud rebelde» que se ha dado después al estudiantado de la época del franquismo. Los vándalos eran realmente sus abuelos. Lo eran por la razón elemental que hemos citado: eran unos críos. En las épocas de Baroja o de Pla, los estudiantes universitarios eran los verdaderos adolescentes.

No es de extrañar que los recuerdos universitarios del primer tercio del siglo XX se refieran a un ambiente de verdadero jolgorio en las aulas. El médico Ortiz Picón nos relata el ambiente de la Facultad de Medicina de Madrid hacia 1919. La primera fila del anfiteatro, donde se sentaban los alumnos, se reservaba para las pocas alumnas (alrededor del 2 %). Las chicas «no entraban hasta que no lo hacía el catedrático, como para resguardarse en la respetabilidad a éste debida» (Ortiz

Picón 93:35). De otra forma, el bullicio y el desorden hubieran sido mayúsculos.

El que había de ser eminente cirujano, Federico Rubio, recuerda que, en la escuela, hacia los años treinta del siglo pasado, llegó a obtener el título del «más burro de la escuela». Literalmente le castigaban a ponerse un disfraz ridículo con el cartel de «Por burro». La razón es que se negaba a aprender las lecciones de memoria (Rubio 77:123). Quizá suene este recuerdo a una vieja historia ya superada. Pero la puedo completar y confirmar con otra mucho más reciente. Afecta no ya a las «cuatro reglas», sino a la enseñanza universitaria. Mi experiencia como estudiante de Derecho se interrumpió bruscamente en un examen oral de Derecho Penal. El catedrático, un insigne ignorante, hijo del autor del texto obligado, exigió que yo recitara párrafos de memoria. No sólo me negué, sino que allí mismo colgué ostentosamente la hipotética toga. Era bien doblada la mitad del siglo XX. El Derecho no se perdió gran cosa.

Una institución peculiar del sistema universitario español es la de la selección del profesorado a través de las oposiciones a cátedra. Se han escrito muchos testimonios sobre el particular. Predomina la crítica del elemento aleatorio que contienen, aparte de la lógica endogamia que supone esa selección. Las oposiciones a cátedra son un azar en más de un sentido. Severo Ochoa cuenta el fallido intento de ser catedrático en España. El asunto es de un increíble retorcimiento. Su maestro, Juan Negrín, le insta a que se presente a una oposición. Estamos en 1935. El tribunal, como es lógico, estaba perfectamente controlado por el doctor Negrín. Pero todo era un ardid resentido. La cátedra «era» realmente para el joven Pi Suñer, hijo del político. Negrín se vengaba así de su querido discípulo Severo Ochoa, que había entrado a colaborar con Carlos Jiménez Díaz (Gómez-Santos 93:77). La monogamia académica no podía tolerar tal traición. Pero obsérvese lo alambicado de la venganza, que por eso es resentimiento. Aunque, como no hay bien que por mal no venga, este fracaso supuso para Ochoa el estímulo para emigrar. De no haberlo hecho, seguramente no habría llegado a la cúspide de la ciencia.

Severo Ochoa estudia Medicina, pero desde el primer momento deseaba seguir por la carrera investigadora, no la clínica. De ahí que su expediente no fuera brillante. Incluso recibe dos suspensos, en oftalmología y pediatría (Gómez-Santos 93:60).

Francisco Ayala revela, con total sinceridad, que en 1933 oposita a una cátedra en la Universidad de La Laguna, «aunque en manera alguna pensaba ir a desempeñarla». En efecto, gana la oposición, toma posesión y pide la excedencia (Ayala 82:176). El hecho no era extravagante en la carrera universitaria, por escandaloso que hoy pudiera parecer. No se buscaba un puesto de trabajo, sino el acceso a un cuerpo, el de catedráticos.

Aranguren recrea el episodio de su oposición a cátedra. Es evidente que le favoreció la conjunción de Ruiz Giménez al frente del ministerio y de Laín Entralgo como rector de Madrid. Los tres eran grandes amigos, unidos por el mismo proceso de lenta defección del régimen franquista. Aranguren rechaza de plano el posible favoritismo que supuso esa combinación, entonces tan decisiva para formar los tribunales. Afirma enfático que «jamás se me había pasado por la imaginación la posibilidad de llegar a ser catedrático» (Aranguren 69:93). Esta última afirmación resulta inverosímil a la luz del sentido común. Es impensable qué otra vocación, que no fuera la de catedrático, podía tener el joven Aranguren. La afirmación se explica como una defensa reactiva frente a los que pensaron que su cátedra «estaba dada». El resto de su vida se pasó mereciéndola. Pocos catedráticos tan vocados ha tenido la universidad española. Fue lo que se llama un verdadero maestro.

Todas estas miserias de las oposiciones a cátedra proceden de un hecho más general, la extraordinaria estrechez del reducto universitario. Los profesores provenían de la misma clase funcionarial a la que se dirigían. La mayor parte de los alumnos pertenecían al reducido estrato de las clases medias. En el mejor de los casos, la enseñanza se orientaba a «reproducir» profesores. La vía de las oposiciones, y de la enseñanza universitaria en general, era una de las pocas vías establecidas de movilidad social. Se trataba, más que nada, de una movilidad dentro de las clases medias.

Cuando yo estudiaba en la universidad se exageraba la cerrazón social de esa institución al repetir que sólo era de origen obrero el uno por ciento de los estudiantes. La proporción real era bastante mayor, pero quizá no llegara al 10 %. Así que yo me sentía un tanto desplazado por mi origen humilde. Mi padre era un modesto ordenanza, con galones, pero subalterno. El error de percepción puede ser el inverso, exagerar la movilidad social que había entonces. Por ejemplo, Juan Antonio Vallejo-Nágera recuerda de sus tiempos de estudiante que «era muy habitual que el muchacho de pueblo, despierto, los hijos de los obreros cualificados, los de clase media modesta, se orientaran hacia la medicina» (Vallejo-Nágera 90:74). Es una evidente aberración del recuerdo. Medicina precisamente era una carrera muy elitista. No podía ser de otra forma.

37. Vascos

El País Vasco, qué duda cabe, se asienta sobre dos Estados, Francia y España. Pero esa bisagra no es simétrica. Domina la parte española. José María Salaverría solía decir que la historia de Francia se puede escribir muy bien sin que se tenga que mencionar a ningún vasco. Pero eso mismo sería impensable si se tuviera que escribir la historia de España. Se puede añadir algo más. Cuando se hace esta excursión por las biografías de los españoles contemporáneos, la presencia de los vascos es continua. No sólo eso: son abundantes las opiniones que los hombres públicos mantienen respecto de los vascos, positivas o negativas, raramente neutras.

La presencia de los vascos en la vida española ha sido siempre muy notable porque se trata de un pueblo que emigra de forma muy selectiva. La prueba es que se detectan muchos apellidos vascos fuera de Euskal Herría. Es un constante enigma el impulso emigratorio de los vascos, cuando partían de un país con recursos, si no cuantiosos al menos equilibrados. José María Salaverría, al escribir la biografía del trotamundos que fuera José Mari Iparraguirre (el autor del himno *Gernikako Arbola*) avanza una explicación. «Otros pueblos emigran por una necesidad económica, porque las mujeres son demasiado prolíficas, porque no caben todos en la tierra, por miedo al hombre. Pero el vasco abandona la patria por la ambición de ser poderoso. Todo lo que el vasco ha hecho de grande, y a veces de genial, en la historia, lo ha hecho fuera de su propio país» (Salaverría 32:83). No hace falta pensar en Ignacio de Loyola, Miguel de Unamuno o Pío Baroja. El genio exportador de los vascos se extiende a los altos funcionarios, ingenieros o empresarios. Hasta no hace mucho tiempo, el País Vasco carecía de centros universitarios públicos. No obstante, los vascos siempre se han sentido muy vocados a los estudios. Esta tendencia explica que una buena parte de la burocracia del Imperio español en la colonización americana proviniera de las Vascongadas. En tiempos más recientes, las vocaciones universitarias de los vascos se orientan hacia las carreras ingenieriles o mercantiles.

Un empresario bilbaíno recuerda, a finales del siglo pasado, su paso por las aulas universitarias de Valladolid: «Valladolid... nos tenía a los vascongados, poco hablistas, sumidos en muda admiración. Raro era el muchacho de más de once años, nacido en Valladolid, que no compusiera poemas, dramas, églogas o sonetos por lo menos» (Orueta 52:107). Se enfrenta aquí el doble estereotipo del castellano retórico frente al vasco de pocas palabras, atento a su formación técnica.

Naturalmente, Unamuno rompe ese estereotipo del vasco parco y mesurado. Don Miguel es un converso a las esencias del castellanismo místico. Su facundia no tiene límites. Desde esa distancia contempla y juzga la manera de ser de sus paisanos. Reinventa así el estereotipo del vasco tímido: «El más fuerte distintivo del vascongado es la vergonzosidad. Encontraréis en mi tierra hombres arrojados y resueltos, capaces de embarcarse en un cascarón de nuez durante una galerna o de jugarse la vida en cualquier peligro, pero a esos mismos hombres, si queréis obligarlos a que se produzcan en público o siquiera delante de una mujer a la que no conozcan, los veréis aturullarse y confundirse» (Unamuno 75:89). Esa estereotipada timidez es un signo rústico, corresponde al *jebo*, el habitante del caserío (*baserri*). Representan una pequeña porción de la población vasca, pero constituyen su representación más típica. La timidez puede obedecer simplemente a la dificultad que para algunos vascos supone la traducción al castellano desde una lengua con una estructura tan distinta como es el vascuence. Hay que recordar el episodio del vizcaíno en *El Quijote*.

El filósofo Xavier Zubiri relata que su lengua materna fue el vascuence y que lo hablaba con fluidez. Este conocimiento le sirvió después para aprender con facilidad otras lenguas aglutinantes, como el sumerio (Castro 92:62). Fuera de esa conexión, la verdad es que todo lo demás supone dificultades para el vascoparlante.

No se puede desconocer que entre los vascos y el resto de la población española hay una continua tensión. No hay más que recordar las sucesivas guerras carlistas del siglo XIX, aunque desbordaran el perímetro de las Vascongadas y de Navarra. Lo que llamamos terrorismo no es más que la expresión última y desorbitada de ese perenne estado de conflicto étnico. Los vascos se saben diferentes y quieren mantener algunos privilegios en la vida pública española. El resto de la sociedad expresa un cierto resentimiento respecto del particularismo vasco, quizá porque perciben la superioridad de los euscaldunes.

Realmente, estamos ante un juego de superioridad étnica, pero al tiempo de dependencia o subordinación a «Madrid». Ésta es la esencia del nacionalismo vasco. De ahí el «aire quejumbroso y reivindicativo» que se expresa en la siguiente historia; más bien parece una traducción de algún canto de los *versolaris*: «Jugaba el Athlétic de Bilbao frente al [Atlético] de Madrid una semifinal de copa en San Mamés cuando un gol de penalty eliminó a nuestro equipo. Al explicar su desolación sin límites ante los micrófonos, Duñabeitia, su presidente, luego alcalde de Bilbao, profirió una queja memorable: "¿Cómo se puede hacer esto a un pueblo que ha sufrido tanto?"» (Guimón 96:23).

Manuel Azaña representa el españolismo de izquierdas y también la mentalidad antiempresarial y anticlerical. La combinación significa necesariamente un gran desprecio por los vascos. «La generalidad de los vascos, que desde la guerra [europea] para acá han amontonado millones, son unos bárbaros. Al primitivismo de su raza, tardíamente incorporada a la civilización, juntan una soberbia insoportable» (Azaña 90, III:887; escrito en 1927). Obsérvese la paradoja de ver a los vascos como «primitivos», pero también como prósperos negociantes. Realmente, el País Vasco ha sido en la España contemporánea una región muy avanzada en todos los órdenes, a pesar de sustentarse sobre una agricultura no muy rica. Pero la economía de subsistencia del caserío pasó pronto a la fabril y a la financiera. El talismán para ese prodigioso cambio fue la gran capacidad que tienen los vascos para asociarse, para confiar en el prójimo.

Pedro Laín Entralgo recuerda, de sus años mozos, el «evidente prestigio social» que tenía todo lo vasco, desde el periodismo hasta el deporte, desde las empresas hasta la arquitectura popular (Laín 89:44). Esa imagen admirativa de todo lo vasco se empaña recientemente por el fenómeno del terrorismo, del vandalismo callejero. El reciente testimonio de un nacionalista vasco se lamenta de la persistencia del terrorismo, que está destrozando a su tierra. «Hace poco estuve en Jerez y vi una pintada. Me acerqué. Y vi que ponía *Pepa, te quiero.* Y pensé en la suerte que tenía esa gente, que podía estar en otras cosas.» El hombre recuerda que las pintadas en el País Vasco «son siempre de lo mismo», es decir, odio y violencia (Elordi 96:261). La culminación de ese rencor acumulado es el grito brutal de «ETA, mátalos». Resuena la España áspera que fue de las guerras civiles.

La violencia que hoy asignamos al País Vasco no debe extrañar a los españoles ilustrados. Después de todo es un resto de la España tradicional que se conserva mucho mejor en las tierras vascas. Por algo las llaman sus habitantes «territorios históricos», como si los demás no lo fueran tanto. Y en verdad que no lo son por lo que atañe a ese mantenimiento del culto a la violencia. Obsérvese el gesto masculino, violento, al menos brusco de los deportes típicamente vascongados: la pelota, la *sokatira,* el levantamiento de piedras, la corta de leña por los *aizkolaris,* hasta las regatas de traineras. Los bailes rituales (*aurresku,* danza de las espadas) presentan el mismo signo de fuerza y violencia corporal, naturalmente de forma simbólica y muy hermosa.

38. Viejos

Lo que se ha llamado el «carrusel de las edades» no significa lo mismo en una u otra época. Uno de los fenómenos sociales más impresionantes del último siglo ha sido el aumento sistemático de la esperanza de vida. Al principio significaba sobre todo que se morían menos niños. Pero, doblada la mitad del siglo actual, quiere decir ampliación de la longevidad. Esto es, los viejos empiezan a vivir más años. Estos sutiles cambios demográficos suponen una notable alteración de la vida toda.

Hoy tenemos el hecho social de la jubilación anticipada. Significa que muchas personas se retiran de la vida activa antes incluso de la edad que establecen las leyes. Quiere esto decir que, desde el momento de la jubilación real, pueden quedar todavía veinte o treinta años de vida más o menos ociosa o contemplativa. Nótese que es un lapso que se acerca al que representa el de la vida activa, que además suele estar provisto con fondos públicos. Esa situación hubiera sido impensable a principios de siglo. Bien es verdad que entonces existía una situación de retiro voluntario a edades muy tempranas, pero sólo se aplicaba a las clases acomodadas. Éste es el testimonio de un empresario catalán: «Entonces había muchos caballeros que, a los cincuenta años, hacía ya tiempo que habían dejado sus negocios. Y se dedicaban a vivir cómodamente de sus rentas» (Estrada 56:99). La diferencia no sólo era la reducida clase social que podía apuntarse a ese descanso. Aun para las clases acomodadas, la longevidad era mucho menos apreciable que en la época actual. Esto no quiere decir que entonces no hubiera algunos individuos longevos. Pero no pasaba de ser una circunstancia extraordinaria, que equivalía a una vejez muy dura si la familia no contaba con una buena instalación.

Con el tiempo, avanza la longevidad y el derecho a la pensión, pero la situación de los viejos no es tan deseable como pudiera parecer. La mayor parte de los jubilados integran hoy una clase social desfavorecida, medrosa y marginada. El viejo se adapta mal a las complicaciones técnicas y organizativas de las sociedades complejas. La vejez no es siempre un triunfo.

Francisco Jurdao visita a su madre, recluida en una «residencia de la tercera edad», según se llama ahora a los asilos. «Estos viejos parece que se despiden de la vida. Abandonaron su casa, sus cosas, y van a parar a *casas para morir*. Son como reliquias humanas.» Añade el detalle organizativo de que, cuando uno de ellos muere, a los demás los llevan al patio para que no se den cuenta de la baja (Jurdao 96:34).

El aumento de la esperanza de vida no significa que muchas personas no vivan con verdadero agobio la llegada de la vejez. Carlos Barral, al doblar el medio siglo de vida, empieza a sentir «el miedo que, a partir de un cierto momento, puebla las soledades de la madurez. Miedo a la locura, a la incapacidad, a la debilidad, a la cobardía» (Barral 78:308). Y sigue con el catálogo de terrores que le anuncian la vejez. Ese «viejo prematuro» teme «la falta de respuesta del cuerpo... el miedo a volverse tonto, a perder imaginación y memoria... el miedo a enfermar, a verse disminuido, y en definitiva el miedo a uno mismo, a no saberse soportar más» (p. 311). Quizá el envejecimiento sea esa cadena de temores. Hay que anotar la circunstancia del cuerpo de Carlos Barral, atlético y curtido por la rosa de los vientos, pero sometido a fuertes excesos. El hombre falleció en 1989, a los sesenta y un años, una edad realmente prematura para estos tiempos. Castigó su cuerpo con todo tipo de abusos, que para él eran estímulos.

Julián Marías es el ejemplo opuesto de una persona longeva con una vida morigerada. Acusa así el sentimiento de envejecer: «Me había sentido joven hasta los sesenta y tres años», en que fallece su mujer (Marías 89a:271). Se trata de un corte brusco por el que el filósofo siente que pasa de una imaginaria plenitud a la vejez. Aun así, ese corte tuvo lugar hace dos decenios. Durante ese tiempo, don Julián ha seguido produciendo libros, artículos y conferencias a buen ritmo. Realmente en su oficio intelectual la vejez no significa un estilo de vida distinto del que pueda caracterizar a la madurez.

La historia de un obrero de Ensidesa al que le dan la jubilación anticipada en 1993 es un excelente documento de lo que significa esa nueva situación en nuestros días. Su vida consiste en hablar de dinero todo el día y en acompañar a su mujer a la compra. El drama es que, «a los ojos de tu mujer y de tus hijos, pierdes el misterio que rodea al hombre que se pasa la jornada fuera» (Elordi 96:45). Acaso sea ése el misterio de la dedicación laboral. De ahí que no pueda ser suplida con ningún subsidio, ayuda o pensión.

39. Violencia

La violencia continua, sistemática, de uno u otro signo, ha contaminado la vida española del último siglo por lo menos. Sería muy fácil recordar los casos esperados de violencia desde el poder, sobre todo cuando ha sido autoritario. Pero también está la violencia como amenaza desde los márgenes del sistema político o incluso de la oposición en un régimen parlamentario. Pocas figuras aparecen con una imagen tan pacífica como la de Pablo Iglesias, «el abuelo», como cariñosamente le llamaban sus partidarios. Pues bien, ya como diputado, en 1910, ataca a Maura en el Congreso y le espeta esta famosa amenaza: «Antes de que su señoría suba al poder, debemos llegar hasta el atentado personal.» Frase que luego ratifica y la recoge su apasionado biógrafo con intención de encomio (Zugazagoitia 65:131). Ya que estamos con el PSOE, partido más bien moderado y pacífico, recordemos que Francisco Largo Caballero, en las vísperas de la guerra civil, señala que «la clase obrera marcha a la dictadura del proletariado». No es una frase hecha. Insiste en que, si no le dejan hacerlo por medios pacíficos, «saltará por encima de conveniencias y de circunstancias especiales, porque no ha nacido ningún régimen sin que haya habido derramamiento de sangre y violencia» (citado en Madariaga 81:82). La profecía se cumplió.

Hoy asociamos la violencia extrema al terrorismo y a la inseguridad en la calle. Pero la incidencia de esos fenómenos ha sido todavía mayor en ciertas épocas del pasado. No se puede entender el siglo XIX sin el bandolerismo, las partidas, las guerras civiles y pronunciamientos. En el siglo XX tenemos pistolerismo y terrorismo, aparte de la monstruosa violencia en torno a la guerra civil (véase cap. 13).

José Antonio Muñoz Rojas narra el ambiente de la Andalucía rural, la comarca de Antequera, hacia 1920. Se refiere al modo de vida de su padre, profesional y gran propietario: «En sus tiempos no se podía salir [al campo] sin ir armado, ni sentarse de espaldas a una puerta, ni salir de noche con luces, ni volver por el mismo camino» (Muñoz Rojas 94:51). Se empieza a entender la atrocidad de la guerra civil una generación más tarde.

La violencia rural de la España de la Restauración no sólo afectaba a las tierras andaluzas. Claudio Sánchez Albornoz rememora la sociedad rural abulense de principios del siglo XX. Cuando su padre emprendía un viaje no se lo comunicaba a nadie «para que no salgan al camino a cortarle a uno el cuello». No era una alegoría. «El año pasado degollaron al sacristán con una hoz para robarle la cruz de plata de la iglesia. El cura anterior al de ahora tenía que decir misa con una pistola en el bolsillo. Y mi madre venía desde Ávila custodiada por la partida de bandoleros que mandaba *el Cano*, cuya amistad había logrado mi abuelo» (Sánchez Albornoz 74:24). Es decir, los recuerdos nos llevan a los comienzos de la Restauración, pero nos indican que no era ésa la época de paz social que a veces nos imaginamos. Al contrario, la violencia era extrema y cotidiana. Lo que ahora llamamos «inseguridad ciudadana» no es nada comparada con la que podía sufrir la España de hace un siglo. Obsérvese la figura del «bandolero bueno», que se convierte en protector frente a otros menos controlados.

El modelo del bandolero contemporáneo es el madrileño Luis Candelas, que ejerce durante los años treinta del pasado siglo. Él no se considera un «bandido», puesto que esa categoría implica matar, y Luis Candelas no mata, sólo se apropia limpiamente de lo ajeno. Para su moral particularísima, «bandidos» serían los asesinos, incluidos jueces y policías (Espina 29:66). Candelas utiliza el ingenio y la astucia más que la violencia. Por eso domina el arte de la fuga de las cárceles más guardadas o de las cuerdas de presos más nudosas.

El bandolero es un personaje simpático y popular en España porque trata de realizar el sueño del reparto. Consiste en trasvasar medios de los que tienen a los que no tienen. La moral del reparto se basa en una creencia aún más general, filosófica, podríamos decir. Es la creencia de las sociedades pobres. La riqueza de unos sólo puede hacerse a costa del empobrecimiento de otros. Naturalmente, esa creencia genera desconfianza. Ése es el clima social donde florecen los bandoleros. No tanto como excrecencias, sino como arquetipos merecedores de cierta estima popular. Luis Candelas se convierte en mito y leyenda, como corresponde a la época romántica en que le tocó vivir. «El pueblo le admira. El burgués le teme. A las mujeres no deja de impresionarlas su perfil donjuanesco y rebelde, y la policía arde en deseos de capturarle de una vez para siempre» (Espina 29:129).

Corpus Barga cuenta la historia del padre de los hermanos Machado, que fuera gobernador civil de Sevilla a finales del siglo XIX. Sigue la táctica de un tal Zugasti, vasco, gobernador de Córdoba, para acabar con los bandoleros. Consistía en secuestrarlos, a ellos o a sus familias; entonces se decía «raptarlos». Luego les aplicaba la «ley de fugas», de la cual Zugasti fue su inventor. Simplemente los mataba por la espalda. Era una prueba para alegar que habían intentado escapar (Barga 63:62).

El bandolerismo es un suceso romántico que termina con el ferrocarril. Pero continúa bajo la figura de otras manifestaciones. Por ejemplo, la de algunos activistas del anarquismo. El más representativo puede ser el leonés Buenaventura Durruti. Una reciente biografía de carácter ensalzador, al justificar tanto la violencia, termina haciendo antipático al personaje. Se emplean expresiones vergonzantes, como «comunismo libertario» o «expropiación colectiva», para significar el puro pillaje, la coacción o la insolencia. Con todo, el personaje logra transmitir un personalísimo halo romántico, si no fuera por la comprensión que se quiere dar a los sucesos violentos. Así, el libro comienza con el asesinato del cardenal Juan Soldevila en 1923. Es muy posible que fuera promovido, si no ejecutado, por Durruti. El biógrafo comenta: «La noticia de la muerte del prelado llenó de terror a las autoridades locales y de alegría a las clases humildes» (Paz 96:47). Extraña alegría la de las clases humildes. Todo es cuestión de dar la vuelta al argumento, es decir, echar la culpa a la víctima. Durruti y los suyos consideraban al cardenal Soldevila como uno de los «responsables directos de la política terrorista que se estaba llevando a cabo contra los anarquistas» (p. 92). Incluso se le «acusaba del patronazgo de las casas de juego... y de sus orgías semanales en cierto convento de religiosas» (p. 101). Como puede verse, se estaba ya incubando la guerra civil, que fue, antes de todo, una guerra ideológica. Menos mal que se nos asegura que, «por naturaleza, Durruti odiaba la violencia» (p. 383). Todo es cuestión de manipular el lenguaje. En 1936, el teniente José Castillo «era asesinado», pero del diputado José Calvo Sotelo se dice que «se encontró su cadáver» (p. 456). Era la guerra civil, ya no ideológica, sino sencillamente vengativa.

La imagen de los bandoleros, desde el romántico terrorista Luis Candelas hasta el anarquista Durruti, se aduce aquí porque permea hasta nuestros días. La comparación más próxima en el tiempo es la que puede hacerse con Eleuterio Sánchez, alias *el Lute*. Es un magnífico ejemplo de cómo el clima de violencia va más allá de la simple conculcación de los códigos. Desde luego, su figura se acerca más al romanticismo de Luis Candelas que al terrorismo de Durruti.

La trepidante peripecia que es la vida de Eleuterio Sánchez se convierte en una lección de criminología práctica. Estamos ante el último supérstite de la tradición del bandolerismo del siglo XIX, mucho después del ferrocarril, al que se atribuye la extinción de esa especie. En la historia del Lute, una y otra vez se contrapone el «hurto famélico» con las penas desproporcionadas que recibe. Un primer robo de unas gallinas le suponen a nuestro hombre dos años de cárcel. Se castigaba su pertenencia al grupo de los *quinquis* (quincalleros o buhoneros). «No es el delito lo que se juzga. Es la clase social a la que se pertenece» (Sánchez 77:79). Más que la pérdida de libertad que supone la cárcel, lo que impresiona es el calvario de torturas, vejaciones y humillaciones que llueven sobre nuestro personaje (p. 133). El suceso crítico es un robo a una joyería con otros dos jóvenes compinches. Uno de ellos dispara, asustado, al guarda y lo mata. Luego acusa al Lute del disparo. El hecho no queda claro y el juez condena a los tres a la pena de muerte. Se conmuta por treinta años de cárcel para cada uno. Resulta estremecedora la descripción de la estadía en la cárcel, primero en la celda del pabellón de los condenados a muerte (p. 153). El tribunal que juzgó este caso fue un consejo de guerra. El defensor fue un militar de oficio, que no era abogado y que no supo qué hacer (p. 163). Resulta emocionante la narración del momento en que les conmutan la pena capital por la cadena perpetua. La cárcel entera vibra (p. 191). La cárcel se describe como un microcosmos, como un reflejo de la sociedad toda. «La única diferencia es que en el *talego* todo se sabe, todo se ve y, como los hombres que están recluidos llevan una etiqueta, los defectos parecen mayores» (p. 204). El recluso manifiesta un curioso error de percepción, de percepción protectora, podríamos decir. Dentro de la cárcel, sigue Eleuterio Sánchez, «hay mucha gente con cualidades excelentes, superior incluso en su porcentaje a los que están fuera» (p. 211). Es evidente el carácter defensivo que tiene una percepción así.

Lo más espectacular de la historia de Eleuterio Sánchez es el arte, riesgo e ingenio de sus diversas fugas. Pasa de penado a fugitivo. No se sabe qué es peor para él. Lo curioso es que la fuga no consiste en aislarse. Al contrario, aunque el riesgo sea mucho mayor, el fugado o *fuguista* se reúne con su numerosa familia, de origen y de fundación. Eleuterio Sánchez se propone redimirlos de la marginación enseñándoles a leer, integrándolos en la sociedad. Bien es verdad que tiene que seguir robando para subsistir. Porque nuestro hombre sigue fugado, en continua «caza y captura», incluso con recompensa para quien colabore a descubrirlo. Así pasa meses y aun años, con continuas zozobras. No se sabe qué puede maravillar más, si la capacidad de adaptación y sobrevivencia del Lute o la incapacidad de la policía y la Guardia Civil. Un detalle que llama la atención en una biografía tan doliente, realmente desgraciada, es la capacidad para gozar de algunos buenos ratos. A lo largo del intenso relato, el autor señala varias veces que el efímero momento al que se refiere fue el más feliz de su vida (p. 439). Es otra manera de defenderse.

En una segunda parte de las memorias de Eleuterio Sánchez se complica todavía más la truculenta historia de los fugitivos, ahora la familia entera, con un doble enlace de dos hermanos con mujeres gitanas. Las dos parejas llegan a «residir» meses enteros en las cloacas de Sevilla. En ese increíble ambiente de catacumbas apestosas se escribe el libro de memorias. El cual va tomando un aire distanciado del grupo étnico de *quinquis* y gitanos para convertirse a veces en una especie de crónica antropológica. Es un caso insólito en la historia de la literatura.

La experiencia carcelaria no es la misma según sean unos u otros los presos, comunes o políticos. Las memorias de Eleuterio Sánchez nos revelan un trato carcelario denigrante. Estamos a finales de los años cincuenta, cuando ya se va suavizando la represión a los presos políticos con tal de que fueran de familias bien, como antes se decía. Por ese tiempo, la experiencia carcelaria de Francisco Bustelo (hijo de un alto cargo político y sindical) no puede ser más benévola. Aunque interrogado por el tristemente famoso Conesa, un policía desalmado, como entonces tenía que ser, «no me tocaron un pelo de la ropa. No creo que fuese por falta de ganas. Pero el ministro de la Gobernación había prometido a algún amigo de nuestras familias, según nos enteramos más tarde, que no emplearía la violencia con nosotros» (Bustelo 96:26). Un tío segundo de la mujer de Bustelo era general. Se viste «con todas sus medallas» y acude a la comisaría a interceder por su sobrino (p. 65). Era natural. Esto por lo que se refiere al trato con la policía. El que recibió nuestro hombre en la cárcel, junto a otros estudiantes, fue realmente versallesco. «Éramos algo señoritos, pues nos aprovechábamos de los privilegios que no buscábamos, pero que nos conseguían nuestros allegados» (p. 33). El plural alude a un grupo de estudiantes detenidos por socialistas. Casi todos pertenecían a buenas familias. Uno de ellos era, por ejemplo, Mariano Navarro Rubio, hijo de un coronel de la Policía Armada. El estudiante se casó más tarde con una prima de Francisco Bustelo. Una hermana del cual (Carlota) matrimonió con Juan Manuel Kindelán, otro líder de los estudiantes socialistas de entonces. Todos ellos llegarían a altos puestos políticos veinte años después. Bustelo reconoce que en ese grupo «se practicó mucho la endogamia» (p. 41). Kindelán era el vástago de una familia monárquica y franquista.

De mí sé decir que, detenido y encarcelado años más tarde por un delito de injurias al Ejército, el trato que recibí fue respetuoso. Acaso porque me consideraban un oficial del Ejército, bien que «de complemento». Lo digo con ironía porque la reacción de la justicia realmente fue infamante. Después de todo, el delito consistió en la expresión de una opinión sobre la guerra civil («no fue una cruzada»). Fue un raro azar. Por entonces eran muy comunes las opiniones orales, y aun escritas, que socavaban los fundamentos del franquismo. Uno espera que una dictadura sea consecuente y ejerza la más estricta represión no con los presos comunes sino con los políticos. No fue así durante la segunda mitad del franquismo. Lo cual fue una medida muy inteligente por parte de las autoridades franquistas; las ayudó a conservar el poder hasta la extinción física de Franco. Lo que se perdía en coherencia se ganaba en oportunidad.

Más deprimente que la cárcel fue todavía para mí la experiencia de cómo funcionaba la justicia. Diré simplemente que mi abogado defensor (Miguel Fenech, catedrático de Derecho Procesal) me comunicó, antes del juicio, que ya estaba decidida la condena de seis meses. Es decir, la defensa era inútil, todo era una farsa. Me encontraba ante una forma mínima de violencia, pero a mí me afectó profundamente. Lo compensó la brillante defensa que, después de todo, hizo Fenech. Fue una lección de profesionalidad.

No todos los testimonios biográficos acusan esa realidad de la violencia como parte inseparable de la sociedad española contemporánea. El mundo delincuente o carcelario es ajeno a las incidencias de las biografías tenidas por respetables. La violencia es un suceso marginal que no se percibe cuando se discurre por la avenida principal de las clases bien instaladas.

Casi por definición, las autobiografías son nostálgicas. Idealizan el pasado de la niñez, sobre todo si ha tenido lugar en un pueblo o aldea. Pero, si leemos con atención, vemos que esas relaciones sociales de las pequeñas comunidades vecinales no eran tan idílicas. Un caso. El sacerdote Jesús Iribarren idealiza la vida arcaica de su aldea alavesa donde nació. «No recuerdo reyertas: la navaja no se usaba más que para cortar la hogaza de pan casero» (Iribarren 92:6). Como imagen está bien. Pero luego nos cuenta lacerantes historias de violencia de otro tipo. Está el marido que deja preñada a una joven de un pueblo próximo. El adúltero no sólo se vio obligado a emigrar a América, sino que ya no se habló nunca más de él. Hasta sus hijos se cambiaron el apellido. O está el padre que enviuda y se casa otra vez. La madrastra (parece un cuento infantil) exige que los hijos del primer matrimonio, adolescentes como eran, emigren a la Argentina (p. 8). No habría reyertas, pero sí odios atroces en aquel paradisíaco valle vascongado. Como puede verse, tampoco era ajeno a las historias de «evaporados» (véase cap. 11).

La violencia no es un hecho tan objetivo como parece. Pasa también por la experiencia personal. El congénito optimismo de Julián Marías le hace recordar que, hacia 1934, «se había *iniciado* un proceso de politización, pero éste todavía no había invadido las almas. La vida cotidiana seguía siendo normal, agradable, en su última instancia pacífica» (Marías 88:165). Se trata quizá de un mecanismo de memoria selectiva. Esos años dramáticos y violentos que preparan la guerra civil coinciden con la primera juventud de Marías. De ahí que los vea, proyectivamente, con tonos esperanzadores. Su testimonio no concuerda con otros muchos. La verdad es que no tiene por qué.

Con rara sinceridad, Enrique Tierno refiere la opinión de los líderes de la oposición respecto a la ETA de los tiempos del franquismo. El punto de partida es que «todo lo que fuera contra el régimen, incluso la violencia, nos parecía bien». Ahí entraba la simpatía por los terroristas vascos. La ETA «contaba con las simpatías de todos o casi todos nosotros», se refiere a los «demócratas» de entonces (Tierno 81:382). Esta legitimidad de origen es fundamental para entender lo que vagamente se conoce como «apoyo social» a la ETA. Es la última expresión de la tradicional simpatía popular por el bandolerismo.

Hay otra razón interna que explica la implantación de la violencia de la ETA en el País Vasco. Es una consecuencia de la intensa secularización que ha experimentado esa región, que antaño era el epítome del catolicismo más vivo. El testimonio corresponde a Julen Guimón, un político y jurista vasco de extracción democristiana. Según él, «la Iglesia vasca, más que ninguna otra, sufrió el descalabro de que un considerable número de sus miembros, obnubilada o perdida la fe trascendente, desviaron sus fervores, sustituyendo la religión por la lucha nacional, la salvación por la liberación popular, la mística por la revolución». En consecuencia, muchos clérigos vascos pasaron a equiparar «las dos violencias, las llamadas institucional y revolucionaria, justificando con ello la segunda» (Guimón 96:26). Curiosamente, esta misma lógica de equiparar las dos violencias es lo que ha llevado a destacados misioneros vascos en Iberoamérica a comprender los movimientos guerrilleros.

40. Yo (la presentación del)

El método biográfico permite acumular un tipo de datos que no se obtienen con tanta facilidad a través de otro tipo de fuentes. Me refiero a la parte de la intimidad de las personas, su vida interior, la forma como cada yo se presenta ante los demás. A lo largo de los capítulos anteriores se han incluido numerosas ilustraciones de esa vertiente más personal. Ahora podemos redondear el relato con algunas averiguaciones sobre esa faceta más psicológica. Al final se puede ensamblar una especie de carácter social de los españoles. Los datos son suficientes para contrarrestar la inveterada tendencia de los materiales biográficos a revelar sólo los sucesos externos. El español mantiene una gran resistencia a dejarse ver por dentro. Es más, cuando se manifiesta ese ejercicio de introspección, el resultado suele ser una reacción de disgusto por parte de los observadores. El uso social estima que la mismidad debe mantenerse oculta, o por lo menos recluida.

Julio Caro Baroja observa la incapacidad introspectiva de los escritores españoles: «La literatura española moderna es la más desgraciada de todas las literaturas desde el punto de vista del hombre interesado por cuestiones psicológicas. ¡Qué retratos hemos hecho y nos han hecho! [Hemos sido incapaces de retratar] los estados del alma» (Caro Baroja 72:73). Ahora comprenderá el lector lo gravosa que ha sido la tarea de recomponer esos «estados del alma» española contemporánea a través de los retazos biográficos. Los libros de memorias se escriben para dar cuenta de uno mismo, pero también para cerrar las estancias más íntimas. La metáfora me lleva a recordar esa obsesión de las madres españolas por mantener la casa en la penumbra. No sólo el clima explica esa fotofobia.

Fernando Fernán-Gómez confiesa que, a lo largo de su vida profesional, «he dado preferencia a la vida sentimental... Para mí los logros más importantes que se pueden alcanzar, los que pueden ser más auténticamente satisfactorios, están siempre en la vida íntima» (Fernán-Gómez 90, I:366). Sin embargo, a partir de esta confesión, la que sigue de relato autobiográfico es sobre todo una detallada exposición de logros profesionales. La vida íntima que se expone del personaje termina con la adolescencia. Este rasgo se reproduce en otras muchas autobiografías de hombres de éxito. La vida aparece más bien como el currículum externo, la lista de méritos y recompensas. Paradójicamente el yo desaparece.

La lengua castellana se puede escribir sin utilizar mucho el pronombre «yo»; a diferencia del inglés, por ejemplo. Acaso tenga que ver este rasgo con lo escuálido y escasamente íntimo que resulta el género de las confesiones. Recuérdese la fórmula del «yo pecador». Por cierto, de forma desusada, Azorín emplea con generosidad el pronombre «yo» en *Las confesiones de un pequeño filósofo.* Quien tantas palabras ahorrara, se entretiene en añadir ese casi superfluo «yo». Remacha así el carácter de primera persona que da a su narración. No suele ser un expediente común.

Caballero Bonald confiesa el hábito, inveterado en él, de no contar a nadie sus emociones íntimas: «Muy pocas veces he compartido con los demás mis quebraderos de cabeza... Tampoco deja de ser una buena fórmula para no arruinar en exceso la propia reputación» (Caballero Bonald 95:17). Esto se escribe en un libro de memorias.

La decisión de no transmitir las emociones confiere al sujeto un cierto dominio sobre las relaciones sociales. Es un rasgo del triunfador. Ramón Areces, el empresario que hizo de El Corte Inglés la primera empresa del país, expresa muy bien el alto valor que los triunfadores conceden a la contención de las emociones. En la culminación de su carrera confiesa que «él no había llorado jamás» (Cuartas 92:86). Tendría que haberle preocupado una cosa así.

Se podría pensar que el hombre de éxito es el que está a gusto rodeado de mucha gente. Nada de eso. Son muchos los ejemplos en los que los personajes analizados manifiestan el gusto por la soledad. El novelista Alberto Insúa nos cuenta sus sensaciones de adolescente a comienzos de siglo. Acababa de ingresar en la universidad. Manifiesta el sentimiento de «misantropía» ante las «recepciones de los miércoles», esto es, la tertulia semanal en el hogar paterno. Huía de tal ocasión porque «le gustaba estar solo» (Insúa 52:311).

Otro novelista, pero de la época actual, nos da un trazo certero sobre el descubrimiento del yo: «Cuando se está solo durante mucho tiempo, cuando se deambula un día entero por una ciudad desconocida sin mantener con nadie una verdadera conversación, la figura de uno, en vez de confundirse con el fondo que le es extraño, resalta más nítidamente contra él» (Muñoz Molina 95:239). El texto se refiere a su encuentro con la ciudad de San Sebastián por el azar del servicio militar. Tengo que hacer una confesión. Aunque sea la ciudad de mis años adolescentes, o quizá por ello mismo, siento un inmenso placer cuando paseo por sus calles en soledad. Si es con lluvia, mejor. El sirimiri ayuda a pensar. Siento entonces como un deleitoso redescubrimiento de mi yo más íntimo, si puede decirse así. Puede que no sea nada más que nostalgia, pero lo cuento como lo siento.

Puede resultar extraño que un sociólogo o un novelista gusten de estar solos. Pero así es. No hay que confundir el interés por la observación de la realidad social con el gregarismo. Este último sentimiento es el más común y probablemente el más sano. Pero el contrario debe registrarse como posible. Me identifico un tanto con la misantropía de un Pío Baroja, que sobre el particular ha conseguido el mayor estado de pureza: «Soy un hombre que no ha ido al teatro, ni a los toros, ni a los partidos de fútbol. Celebro mucho no sentir entusiasmo por esas cosas y no haber tenido amistad ni con autores dramáticos, oradores, cómicos, toreros, futbolistas y bailarines, ni con la demás gente que dependa del público, y que por eso para mí no es interesante. Prefiero tener la moral de perro vagabundo que de perro en jauría... La confusión y el ruido no me han gustado nunca» (Baroja 70, I:100). Pues bien, un hombre así ha sido el agudo cronista de la sociedad de un siglo entero.

El género autobiográfico permite vislumbrar ese yo más auténtico que va por dentro, y que puede contrastar con lo que se imagina uno que es el memorialista. Un personaje, aparentemente calmo, como Aranguren manifiesta una gran ansiedad. «Me entusiasmo excesiva y febrilmente por las personas y las cosas que acabo de conocer, pero consumo muy pronto esa exaltación. Por otra, me siento empujado incesantemente hacia adelante. Uso un reloj de pulsera cuya manecilla que señala los segundos es del tamaño de las otras y recorre la misma esfera que ellas» (Aranguren 69:26). El detalle del reloj puede resultar inquietante. Claro que cabe otra opción, que es la que yo sigo. Simplemente, mi reloj de pulsera no tiene segundero. Me he quedado con esta fórmula como respuesta a otro tipo de obsesiones. Sin segundero no me puedo tomar el pulso, lo que es un alivio del hipocondríaco. El reloj doméstico sí tiene segundero; me recuerda el valor del tiempo. Me horrorizaría un reloj que transmitiera fracciones de segundo, como he visto que los hay.

Los libros de memorias logran recoger a veces la imagen que uno va haciéndose de sí mismo a lo largo de la vida. Mejor dicho, esa imagen la van haciendo los demás. Uno mismo la alimenta, entre otras razones, porque, una vez medio hecha, es más fácil la conducta que se debe emitir. Tomemos el caso del escritor César González Ruano, el típico representante de la bohemia periodística, del aventurerismo literario. Recuerda que, de niño, los profesores repetían a su familia que el chico «es muy inteligente, pero es un vago». El autor reflexiona. «Yo sabía que no era verdad. Pero empecé a encontrar más agradable esta ficción... Ha sido un símbolo repetido continuamente a lo largo de mi vida: la incorporación por halago o por comodidad de la personalidad inventada a la personalidad auténtica» (González Ruano 79:51). Es decir, nuestro hombre se da cuenta de que hay un yo íntimo y verdadero que no se corresponde con el que se le atribuye. Él no se ve como un frívolo y un ocioso, sino como un disciplinado trabajador de la pluma. Es más, «contra la opinión que tienen de mí mis amigos, soy tímido, igual que la mayoría de los españoles, cuya individualidad tímida da un precipitado colectivo de pueblo audaz, sobre todo cuando se anda por el extranjero» (González Ruano 56:56). Esta teoría es aún más osada. Puede que estemos ante un interesante rasgo del carácter social de los españoles. ¿Sería un tímido don Juan Tenorio? Precisamente se rebela González Ruano contra su imagen de tenorio. Reflexiona así ante sus primeros fracasos amorosos: «Comprendí entonces que no sería fácil que me entendieran las mujeres ni los hombres, y que llevaba en mí como un idioma muy raro que no servía más que para hablar conmigo mismo, y eso con sus correspondientes silencios» (González Ruano 79:47). Es otra forma de reconocer su timidez, la disociación entre lo que siente que es realmente y lo que se espera que sea.

Uno de esos rasgos indelebles de la personalidad colectiva del español es su manera de hablar alto, con un cierto engolamiento. Así nos ven incluso nuestros hermanos de lengua del otro lado del Atlántico. Posiblemente es una extensión a todos los españoles de un modo de ser genuinamente vascongado. Luego no es el idioma lo que nos lleva a hablar así, declamando, sino los usos sociales. Es la afectación del yo que quiere ser reconocido a toda costa, y que actúa, acciona más que simplemente habla. El político José Prat —notable orador, por cierto, de los pocos que ha dado la transición democrática— recuerda lo mal que lo pasaba de pequeño cuando su padre le reprendía diciéndole: «¡Habla alto!» (Prat 94:14). El español que hable quedo está perdido. Descubre así su timidez, y eso no lo permiten los usos establecidos.

El lenguaje castellano tenía esa maravilla del manejo de la distancia social en las relaciones personales que es la sutileza del tú y del usted. Digo *tenía* porque ese artefacto es ya de museo. Una de las últimas personas públicas que se resistió a rendir tal arma fue Enrique Tierno. No es sólo que los que habían sido alumnos o fueran más jóvenes le reservaran el tratamiento de usted. Es que el «viejo profesor», haciéndose más viejo de lo que era, procuró siempre tratar él mismo de usted a todos los demás, incluso a sus colaboradores más íntimos. Lo reconoce expresamente: «Conseguí no apearme del *usted*... El haber concedido en esto me hubiera parecido algo semejante a una humillación» (Tierno 81:105). Lo cual revela un detalle inquietante de la personalidad de don Enrique: el sumo cuidado que pone en la presentación de su yo. No lo parece a primera vista, porque se trata de un personaje aparentemente despistado, como lo son los miopes y los sordos.

Enrique Tierno recoge una curiosa observación sobre el Manuel Azaña que él conoció durante la guerra civil. «Había en él cierto profundo descontento en cuanto a su organismo, por el modo de abrocharse la chaqueta, cruzada, y la frecuencia con que, inconscientemente, se llevaba la mano al vientre» (Tierno 81:39). Lo extraordinario de esa mínima y sagaz observación es que don Enrique se describe con ella a sí mismo medio siglo después. Hasta el final se vistió siempre con trajes de chaqueta cruzada. Reproducía el mismo gesto inseguro de abrochársela continuamente para después llevar la mano al vientre. Era un gesto doblemente protector, inseguro.

La república de las letras no suele ser un buen ejemplo de armonía y desinterés. Creo que el asunto está suficientemente demostrado. Camilo José Cela me contó una vez, medio en broma, que una táctica para humillar al adversario era la de equivocar deliberadamente su nombre. Es algo que irrita sin que quepa la protesta. Pues bien, es una técnica que emplea algunas veces Enrique Tierno en su autobiografía con algunos personajes. Por cierto, que el ejemplar de su libro me lo envió mi antiguo profesor con esta amable dedicatoria: «Para mi buen amigo Armando [*sic*] de Miguel con agradecimiento y sincera admiración del viejo profesor.» Lo del *viejo profesor* era un apelativo, entre el cariño y el desdén, que le puso Raúl Morodo. Era como se le conocía a Hegel. Don Enrique lo hizo suyo y logró sacarle mucho partido.

No hay que olvidar el carácter justificativo, defensivo incluso, que suelen tener las memorias de los personajes públicos. Hay que concederles un humanísimo margen de insinceridad. Es tan evidente que no suelen engañar a nadie. Recordemos un caso eminente en todos los sentidos, pues se trata de un cardenal. Ya hemos visto parte de esta historia a partir de una fuente posterior. Lo que interesa ahora es la constante de la estudiada humildad con que se presentan muchos personajes exitosos. El admirado cardenal Tarancón declara enfáticamente, refiriéndose a los años anteriores a su nombramiento como obispo, que «nunca había soñado» con serlo (Enrique y Tarancón 84:240). La contradicción es evidente, pues toda su vida de sacerdote estuvo dedicada a tareas de organización. No sólo eso, se relacionaba mucho con obispos o con personas que luego serían obispos, como don Ángel Herrera Oria. El círculo de sus amistades incluye a Alberto Martín Artajo, que iba a ser ministro y en la práctica propondría los nombres de los «obispables». Luego es claro que nuestro hombre sí había soñado con ser obispo. Resulta inverosímil la declaración posterior de que su nombramiento como obispo, en 1945, «fue para mí una auténtica sorpresa que me desconcertó» (p. 358). Es una declaración que indicaría doblez si se la creyera alguien. Forma parte de la estudiada humildad con que los hombres públicos reinterpretan su carrera de honores.

Todas estas observaciones apuntan hacia una cuidadosa presentación del yo que hacen los españoles ilustres. No sólo son lo que son, sino que cuidan mucho lo que los demás puedan pensar sobre ellos. De ahí la extraordinaria relevancia del gesto, el atuendo, los signos externos. Es muy posible que este carácter afectado se esté perdiendo, no sea ahora tan señalado como en otros tiempos. Lo dejo así para que el lector aporte sus particulares experiencias.

Un experimento social interesante es el del viaje de retorno a España que realiza Max Aub en 1969 después de treinta años de exilio. Se asombra de muchos pequeños incidentes de la vida cotidiana. Por ejemplo, la ausencia de limpiabotas. Lo achaca a que ahora tienen una mejor oportunidad como camareros más allá de los Pirineos (Aub 71:37). No es la única explicación, puesto que otras personas podían haber rellenado el hueco que dejaban los limpiabotas al emigrar. El hecho era cierto y de mayor calado, aun en su aparente superficialidad. Los españoles empezaban a perder el tradicional culto a la apariencia. Este sutil cambio de mentalidad iba a ser tanto o más llamativo que lo que groseramente se entiende por industrialización o desarrollo.

Al llegar al ocaso de este relato, el lector se queda con ganas de que manifieste un poco más de mi propio yo. He ido espigando algunos rasgos de mi carácter, ciertas vicisitudes de mi existencia, a lo largo de las páginas anteriores. Más, sería presunción. No era la intención de este libro desvelar mis memorias, sino interpretar las de algunos de mis compatriotas. Por otra parte me considero poco representativo de mi tierra, de mi tiempo y hasta de mi profesión. Vamos, que ejerzo poco. Quizá nací a deshora y la cigüeña se equivocó de lugar. Salvador Pániker hace una benévola descripción de mi persona que me ahorra muchos ejercicios de introspección. Utiliza el pasado porque congela la imagen en 1971, cuando nos vimos por primera vez cara a cara (aunque él cree que la fecha es 1968; curioso errorcillo): «Amando era, es, tímido y apasionado, aparentemente llano, complejo en su candor, perceptivo, deliberadamente polémico. Huía del lenguaje abstruso de los profesores y alardeaba de quedarse en la superficie de las cosas. Lo cual... era una provocación... En cualquier hipótesis, Amando era un hombre dotado de un gran sentido de la amistad... No llevaba todavía barbas de fraile, pero tenía ya los ojos tristes y hermosos, ojos de ciclotímico sensible, ojos de devorador de libros» (Pániker 88:280). El detalle ocular se puede aplicar mejor al autor de esa descripción. Se agradece la expansión proyectiva. De todas formas compruebo que la descripción de mi rostro se corresponde con la interpretación que ha hecho Pepe Carralero de mi retrato. Si dos artistas con tanto cacumen se muestran coincidentes, es que la descripción traduce la realidad. Así que ahora no me queda más remedio que parecerme a ese doble retrato, literario y pictórico. Espero que Dios me ayude.

Bibliografía

AGUSTÍ, Ignacio, *Ganas de hablar,* Barcelona, Planeta, 1974.

ALBERTI, Rafael, *La arboleda perdida. Memorias,* Barcelona, Seix Barral, 1975.

ÁLVAREZ MORALES, Miguel, *Vicente Mortes,* Madrid, Palabra, 1995.

ÁLVAREZ-SIERRA, Javier, *Doctor Cortezo,* Madrid, Editora Nacional, 1945.

ARANGUREN, José Luis L., *Memorias y esperanzas españolas,* Madrid, Taurus, 1969.

ARBÓ, Juan Sebastián, *Memorias. Los hombres de la ciudad,* Barcelona, Planeta, 1982.

AUB, Max, *La gallina ciega,* México, Joaquín Mortiz, 1971.

AYALA, Francisco, *Recuerdos y olvidos,* Madrid, Alianza, 1982.

AZAÑA, Manuel, *Obras completas,* Madrid, Ediciones Giner, 1990, 4 vols.

AZORÍN, José Martínez Ruiz, *Las confesiones de un pequeño filósofo,* Madrid, Caro Raggio, 1920.

BAREA, Arturo, *La forja de un rebelde,* México, D.F., Ediciones Montjuich, 1959.

BARGA, Corpus, *Los pasos contados. Una vida española a caballo en dos siglos (1887-1957). I. Mi familia. El mundo de mi infancia,* Barcelona, EDHASA, 1963.

— *Los pasos contados. II. Puerilidades burguesas,* Barcelona, EDHASA, 1964.

BAROJA, Pío, *Desde la última vuelta del camino,* Barcelona, Planeta, 1970. Dos volúmenes. Primera edición en 1944.

BARRAL, Carlos, *Años de penitencia,* Madrid, Alianza Editorial, 1975.

— *Años sin excusa,* Barcelona, Barral Editores, 1978.

— *Cuando las horas veloces,* Barcelona, Tusquets, 1988.

BARREIRO, Javier, *Raquel Meller y su tiempo*, Zaragoza, Gobierno de Aragón, Departamento de Cultura y Educación, 1992.

BENET, Juan, *Otoño en Madrid hacia 1950*, Madrid, Alianza Tres, 1987.

BLASCO, Eusebio, *Memorias íntimas*, Madrid, Leopoldo Martínez, 1904.

BOHIGAS, Oriol, *Desde los años inciertos. Dietario de recuerdos*, Barcelona, Anagrama, 1991.

— *Entusiasmos compartidos y batallas sin cuartel*, Barcelona, Anagrama, 1996.

BUQUERAS, Ignacio, *Josep Pla. El «seny» irónico*, Madrid, Sílex, 1985.

BUSTELO, Francisco, *La izquierda imperfecta. Memorias de un político frustrado*, Barcelona, Planeta, 1996.

CABALLERO BONALD, José Manuel, *Tiempo de guerras perdidas*, Barcelona, Anagrama, 1995.

CACHO VIU, Vicente, *La Institución Libre de Enseñanza*, Madrid, Rialp, 1962.

CAMÍN, Alfonso, *Los hombres y los días*, Madrid, Renacimiento, 1927.

CAMPO [DE] ALANGE, María de los Reyes (Lafitte Pérez del Pulgar, condesa de), *Concepción Arenal, 1820-1893*, Madrid, Revista de Occidente, 1973.

— *Mi niñez y su mundo*, Madrid, Castalia, 1990. Primera edición de 1956.

CÁNDIDO, Carlos Luis Álvarez, *Memorias prohibidas*, Barcelona, Ediciones B, 1995.

CANSINOS ASSENS, Rafael, *La novela de un literato. 1*, Madrid, Alianza Tres, 1995.

CARANDE, Ramón, *Recuerdos de mi infancia*, Madrid, Espasa Calpe, 1987.

CARO BAROJA, Julio, *Los Baroja*, Madrid, Taurus, 1972.

CARRILLO, Santiago, *Juez y parte. 15 retratos españoles*, Barcelona, Plaza & Janés, 1996.

— *Un joven del 36*, Barcelona, Planeta, 1996a.

CASTAÑOS, José María, *Un hombre desde las dos orillas: César Rodríguez*, Madrid, Fundación César Rodríguez, 1969.

CASTRO DE ZUBIRI, Carmen, *Biografía de Xavier Zubiri*, Málaga, Edinford, 1992.

CAVERO, José, *El político. Biografía de Francisco Fernández Ordóñez*, Madrid, Ediciones Ciencias Sociales, 1990.

CELA, Camilo José, *Memorias, entendimientos y voluntades*, Madrid, Plaza & Janés, 1993.

CEPEDA ADÁN, José, *Sagasta. El político de las horas difíciles*, Madrid, Fundación Universitaria Española, 1995.

CHACEL, Rosa, *Desde el amanecer. Autobiografía de mis primeros diez años*, Madrid, Revista de Occidente, 1972.

CIGES APARICIO, Manuel, *Joaquín Costa. El gran fracasado*, Madrid, Espasa-Calpe, 1930.

CORTEJOSO, Leopoldo, *El dolor en la vida y en el arte. Ensayos medicobiográficos sobre tuberculosos célebres*, Barcelona, Iberia-Joaquín Gil, 1943.

CUARTAS, Javier, *Biografía de El Corte Inglés*, Barcelona, Libros Límite, 1992.

DÍAZ-CAÑABATE, Antonio, *Historia de una tertulia*, Madrid, Castalia, 1952.

DUQUESA VIUDA DE CANALEJAS (María Pura Fernández Cadenas), *La vida íntima de Canalejas*, Madrid, Afrodisio Aguado, *c.* 1953.

ELORDI, Carlos, *Antes que el tiempo muera en nuestros brazos. Recuerdos y reflexiones de quienes vivieron con Franco*, Barcelona, Grijalbo, 1996.

ENRIQUE Y TARANCÓN, Vicente, *Recuerdos de juventud*, Barcelona, Grijalbo, 1984.

— *Confesiones*, Madrid, PPC, 1996.

ESPINA Y CAPO, Antonio, *Notas del viaje de mi vida*, Madrid, Talleres Calpe, 1926, I: «1850-1860. Ante mis libros y mis recuerdos». II: «1861-1870. La formación de mi pensamiento».

— *Luis Candelas. El bandido de Madrid*, Madrid, Espasa-Calpe, 1929.

— *Las tertulias de Madrid*, Madrid, Alianza, 1995.

ESTRADA SALADICH, Feliu, *Memorias de un comerciante catalán*, Barcelona, Quiris, 1956.

FERNÁN-GÓMEZ, Fernando, *El tiempo amarillo. Memorias*, Madrid, Debate, 1990. Dos volúmenes.

FORMICA, Mercedes, *Escucho el silencio*, Barcelona, Planeta, 1984.

FRANCÉS, José María (Cándido Bretón), *Memorias de un cero a la izquierda*, México, Olimpo, 1962.

GALLEGO MORELL, Antonio, *Ángel Ganivet. El excéntrico del 98*, Granada, Editorial Albaicín, 1965.

GARCÍA VENERO, Maximiano, *Melquíades Álvarez. Historia de un liberal*, Madrid, Tebas, 1974.

GARRIGA, Ramón, *Juan March y su tiempo*, Barcelona, Planeta, 1976.

GIL DE BIEDMA, Jaime, *Retrato del artista en 1956*, Barcelona, Lumen, 1991.

GIL PECHARROMÁN, Julio, *José Antonio Primo de Rivera. Retrato de un visionario*, Madrid, Temas de Hoy, 1996.

GIMÉNEZ-ARNAU, José Antonio, *Memorias de memoria*, Barcelona, Destino, 1978.

GIMÉNEZ CABALLERO, Ernesto, *Memorias de un dictador*, Barcelona, Planeta, 1979.

GIMÉNEZ REYNA, Francisco, *Memorias de un cirujano*, Málaga, Universidad de Málaga, 1989.

GÓMEZ RUFO, Antonio, *Berlanga. Contra el poder y la gloria*, Madrid, Temas de Hoy, 1990.

GÓMEZ-SANTOS, Marino, *Vida de Gregorio Marañón*, Madrid, Taurus, 1971.

— *Severo Ochoa. La emoción de descubrir*, Madrid, Pirámide, 1993.

GONZÁLEZ RUANO, César, *Memorias. Mi medio siglo se confiesa*, Madrid, Tebas, 1979.

GOYTISOLO, Juan, *Coto vedado*, Barcelona, Seix Barral, 1985.

— *En los reinos de taifa*, Barcelona, Seix Barral, 1986.

GUARDIOLA ORTIZ, José, *Biografía íntima de Gabriel Miró. El hombre y su obra*, Alicante, Imprenta Guardiola, 1935.

GUIMÓN, Julen, *Euskadi y la transición. Una narración en marcha*, Bilbao, Editorial Burguete, 1996.

HARO TECGLEN, Eduardo, *El niño republicano*, Madrid, Alfaguara, 1996.

HERMOSILLA MOLINA, Antonio, *Memorias de un niño de entonces*, Sevilla, Ediciones Guadalquivir, 1992.

HERNÁNDEZ, Abel, *Fue posible la concordia: Adolfo Suárez*, Madrid, Espasa, 1996.

HERNÁNDEZ GIRBAL, Florentino, *José de Salamanca. Marqués de Salamanca. El Montecristo español*, Madrid, Ediciones Lira, 1963.

HERRERO (Y RODRÍGUEZ) DE MIÑÓN, Miguel, *Memorias de estío*, Madrid, Temas de Hoy, 1993.

HUDSON, Ofelia M., *Unamuno y Byron: La agonía de Caín*, Madrid, Editorial Pliegos, 1991.

INSÚA, Alberto, *Memorias*, Madrid, Editorial Tesoro, 1952.

IRIARTE, M. de, *El profesor García Morente, sacerdote. Escritos íntimos y comentario biográfico*, Madrid, Espasa-Calpe, 1951.

IRIBARREN, Jesús, *Papeles y memorias*, Madrid, Biblioteca de Autores Cristianos, 1992.

JIMÉNEZ BLANCO, Antonio, *Los niños de la guerra ya somos viejos*, Madrid, Unión Editorial, 1994.

JIMÉNEZ CASADO, Mariano, *Doctor Jiménez Díaz. Vida y obra*, Madrid, Fundación Conchita Rábago de Jiménez Díaz, 1993.

JURDAO ARRONES, Francisco, *Mi tribu y yo*, Málaga, MEGA, 1996.

KOPLOWITZ, Ernesto, *Recuerdos con mi padre*, Madrid, Hakeldama, 1992.

LAÍN ENTRALGO, Pedro, *Descargo de conciencia*, Madrid, Alianza Tres, 1989. Primera edición en 1976.

LARGO CABALLERO, Francisco, *Mis recuerdos. Carta a un amigo*, México, Ediciones Unidas, 1976.

LAVERGNE, Gérard, *Vida y obra de Concha Espina*, Madrid, Fundación Universitaria Española, 1986.

LAZARSFELD, Paul F., «An Episode in the History of Social Research: a Memoir», en *Perspectives in American History*, vol. II, 1968, pp. 270-337.

LINZ, Juan J., «Between nations and disciplines: personal experience and intellectual understanding of societies and political regimes» (original para su publicación en 1997).

LÓPEZ-ESCOBAR, Esteban y Pedro Lozano, *Eduardo Ortiz de Landázuri. El médico amigo*, Madrid, Ediciones Palabra, 1994.

LORENZO VELÁZQUEZ, Benigno, *Enseñanzas de una vida. Memorias*, Madrid, GARSI, 1985.

MACHIMBARRENA, Vicente, *Orbegozo, Historia de un ingeniero*, Madrid, Gráficas Faure, 1941.

MACHO, Victorio, *Memorias*, Madrid, G. del Toro, 1972.

MADARIAGA, Salvador de, *Españoles de mi tiempo*, Barcelona, Planeta, 1981.

MAESTRE ALFONSO, Juan, *Testimonio de un rebelde*, Madrid, Cuadernos para el Diálogo, 1976.

MARÍAS, Julián, *Una vida presente. Memorias 1 (1914-1951)*, Madrid, Alianza, 1988.

— *Una vida presente. Memorias 2*, Madrid, Alianza, 1989.

— *Una vida presente. Memorias 3*, Madrid, Alianza, 1989a.

MARQUERÍE, Alfredo, *Personas y personajes. Memorias informales*, Barcelona, DOPESA, 1971.

MARSAL, Juan Francisco, *Hacer la América. Biografía de un emigrante*, Barcelona, Ariel, 1972.

— *Pensar bajo el franquismo. Intelectuales y políticos en la generación de los años cincuenta*, Barcelona, Península, 1979.

MARTÍNEZ DE BEDOYA, Javier, *Memorias desde mi aldea*, Valladolid, Ámbito, 1996.

MASSANÉS, Nati, *Crecer en España*, Barcelona, Argos Vergara, 1978.

MCDONOGH, Gary Wray, *Las buenas familias de Barcelona. Historia social de poder en la era industrial*, Barcelona, Ediciones Omega, 1989.

MIGUEL, Amando de, *España cíclica*, Madrid, Fundación Banco Exterior, 1987.

— *La España de nuestros abuelos*, Madrid, Espasa, 1995.

MILIÁN MESTRE, Manuel, *Fraga Iribarne, retrato en tres tiempos*, Barcelona, DIROSA, 1975.

MINDÁN MANERO, Manuel, *Testigo de noventa años de Historia. Conversaciones con un amigo en el último recodo del camino*, Zaragoza, Librería General, 1995.

MONTERO, Lázaro, *Memorias de un don nadie...*, La Coruña, Ediciós do Castro, 1990.

MORENO VILLA, Jesús, *Vida en claro*, México, Fondo de Cultura Económica, 1976.

MUÑOZ MOLINA, Antonio, *Ardor guerrero. Una memoria militar*, Madrid, Alfaguara, 1995.

MUÑOZ ROJAS, José Antonio, *La gran musaraña*, Valencia, Pre-Textos, 1994.

NOEL, Eugenio (Eugenio Muñoz y Díaz), *Diario íntimo. La novela de la vida de un hombre*, Madrid, Taurus, 1962. Dos volúmenes.

ORTEGA, Manuel L., *El doctor Pulido*, Madrid, Editorial Ibero-Africano-Americana, 1922.

ORTEGA, Miguel, *Ortega y Gasset, mi padre*, Barcelona, Planeta, 1983.

ORTIZ PICÓN, J. M., *Una vida y su entorno*, Madrid, Consejo Superior de Investigaciones Científicas, 1993.

ORTIZ-ARMENGOL, Pedro, *Vida de Galdós*, Barcelona, Crítica, 1995.

ORUETA, José de, *Memorias de un bilbaíno, 1870 a 1900*, San Sebastián, Biblioteca Vascongada de los Amigos del País, 1952.

OTERO URTAZA, Eugenio M., *Manuel Bartolomé Cossío. Trayectoria de un educador*, Madrid, Residencia de Estudiantes, 1994.

PABÓN, Jesús, *Cambó*, Barcelona, Editorial Alpha, 1952, 3 vols.

PÁNIKER, Salvador, *Primer testamento*, Barcelona, Seix Barral, 1985.

— *Segunda memoria*, Barcelona, Seix Barral, 1988.

PARDO, Jesús, *Autorretrato sin retoques*, Barcelona, Anagrama, 1996.

PAZ, Abel, *Durruti en la Revolución española*, Madrid, Fundación de Estudios Libertarios Anselmo Lorenzo, 1996.

PEÑA BOEUF, Alfonso, *Memorias de un ingeniero político*, Madrid, Estades, 1954.

PERUCHO, Juan, *Los jardines de la melancolía*, Valencia, Pre-Textos, 1993.

PLA, Josep, *Madrid, 1921. Un dietario*, Madrid, Alianza Editorial, 1986. Escrito originariamente en 1921.

— *El cuaderno gris*, Barcelona, Destino, 1994. Escrito en 1918 y 1919.

PLATÓN, Miguel, *Manuel Fraga. La divertida biografía de un gallego incombustible*, Madrid, Temas de Hoy, 1992.

PORCIOLES, José María, *Mis memorias*, Barcelona, Prensa Ibérica, 1994.

PRAT, José, *Memorias*, primer volumen, Albacete, Diputación, 1994.

PRESTON, Paul, *Franco. A biography*, London, Harper Collins, 1993.

RABAL, Paco, *Si yo te contara*, Madrid, El País-Aguilar, 1994. Memorias recogidas y ordenadas por Agustín Cerezales.

RAMÓN Y CAJAL, Santiago, *Mi infancia y juventud*, Madrid, Librería Beltrán, 1946.

RIDRUEJO, Dionisio, *Escrito en España*, Buenos Aires, Losada, 1964.

— *Casi unas memorias*, Barcelona, Planeta, 1978.

RÍO HORTEGA, Pío del, *El maestro y yo*, Madrid, CSIC, 1986. Edición a cargo de Alberto Sánchez Álvarez-Insúa.

RIVAS CHERIF, Cipriano de, *Retrato de un desconocido. Vida de Manuel Azaña,* Barcelona, Grijalbo, 1981.

RODRÍGUEZ CÁCERES, Milagros, *Antonio Botín Polanco. Un narrador de entreguerras,* Santander, Fundación Marcelino Botín, 1996.

ROTH, Günther, *Marianne Weber y su círculo,* en Weber, Marianne, *Max Weber. Una biografía,* Valencia, Edicions Alfons el Magnànim, 1995.

ROVIRA Y PITA, Prudencio, *Maura. Infancia y juventud,* Madrid, Afrodisio Aguado, 1953.

RUBIO Y GALÍ, Federico, *Mis maestros y mi educación,* Madrid, Tebas, 1977.

SAGARRA, Josep Maria de, *Memòries,* Barcelona, Edicions 62, La Caixa, 1981. Primera edición en 1954. Dos volúmenes.

SAINZ RODRÍGUEZ, Pedro, *Semblanzas,* Barcelona, Planeta, 1988.

SALAVERRÍA, José María, *Iparraguirre, el último bardo,* Madrid, Espasa-Calpe, 1932.

SÁNCHEZ ALBORNOZ, Claudio, *Con un pie en el estribo,* Madrid, Revista de Occidente, 1974.

SÁNCHEZ PÉREZ, Fernando, *La vida de un niño en la guerra,* Madrid, Ofigaser, 1993.

SÁNCHEZ RODRÍGUEZ, Eleuterio, *Camina o revienta. Memorias de «El Lute»,* Madrid, Cuadernos para el Diálogo, 1977.

— *Mañana seré libre,* Madrid, Ediciones de la Torre, 1988.

SÁNCHEZ VIDAL, Agustín, *Miguel Hernández, desamordazado y regresado,* Barcelona, Planeta, 1973.

SCHELER, Max, *El resentimiento en la moral,* Madrid, Caparrós, 1993. Primera edición alemana de 1915.

SIERRA, María, *La familia Ybarra. Empresarios y políticos,* Sevilla, Muñoz Moya y Montraveta, 1992.

SORIANO, Elena, *Testimonio materno,* Barcelona, Plaza & Janés, 1985.

TARÍN-IGLESIAS, Manuel, *Los años rojos,* Barcelona, Planeta, 1985.

TIERNO GALVÁN, Enrique, *Cabos sueltos,* Barcelona, Bruguera, 1981.

UNAMUNO, Miguel de, *Abel Sánchez. Una historia de pasión,* Madrid, Renacimiento, 1928.

— *Recuerdos e intimidades,* Madrid, Tebas, 1975.

URBANO, Pilar, *La Reina,* Barcelona, Plaza & Janés, 1996.

VALLEJO-NÁGERA, Juan Antonio y José Luis Olaizola, *La puerta de la esperanza*, Madrid, Espasa-Calpe, 1990.

VEJO VELARDE, Eloy, *Memorias de un emigrante*, Santander, Artes Gráficas Resma, 1976.

VENCE, Auxel, *Doctor Fraga y Míster Iribarne. Una biografía temperamental*, Barcelona, Prensa Ibérica, 1995.

VICENS VIVES, Jaime, *Mil figuras de la Historia: Nombres ilustres, vidas famosas*, Barcelona, Instituto Gallach, 1944. Dos volúmenes.

VINIEGRA, Juan J., *Vida íntima de Manuel de Falla y Matheu*, Cádiz, Imprenta de la Voz, 1966.

WIRTH, Rafael, *Jordi Pujol. Honorable corredor de fondo*, Barcelona, Grijalbo, 1981.

ZAVALA, José M., y Juan J. Morodo, *El último magnate. Alfonso Escámez, de botones a presidente*, Madrid, Pirámide, 1990.

ZUGAZAGOITIA, Julián, *Pablo Iglesias*, México, Editorial Pablo Iglesias, 1965.

ZULUETA, Carmen de, *Navarro Ledesma. El hombre y su tiempo*, Madrid, Alfaguara, 1968.

Índice onomástico

Impreso en Talleres Gráficos
LIBERDUPLEX, S. L.
Constitución, 19
08014 Barcelona